一個香港歷史學者的教學筆記

# 崢嶸歲月

## 當代中國歷史（1949-2000 年）

連浩鋈 著

www.cosmosbooks.com.hk

| | |
|---|---|
| 書　　名 | 崢嶸歲月——當代中國歷史（1949-2000年） |
| 作　　者 | 連浩鋈 |
| 圖片及圖片説明提供 | 徐宗懋 |
| 責任編輯 | 林苑鶯 |
| 美術編輯 | 楊曉林 |
| 出　　版 | 天地圖書有限公司 |
| | 香港黃竹坑道46號 |
| | 新興工業大廈11樓（總寫字樓） |
| | 電話：2528 3671 傳真：2865 2609 |
| | 香港灣仔莊士敦道30號地庫（門市部） |
| | 電話：2865 0708 傳真：2861 1541 |
| 印　　刷 | 亨泰印刷有限公司 |
| | 柴灣利眾街德景工業大廈10字樓 |
| | 電話：2896 3687　傳真：2558 1902 |
| 發　　行 | 香港聯合書刊物流有限公司 |
| | 香港新界荃灣德士古道220-248號荃灣工業中心16樓 |
| | 電話：2150 2100 傳真：2407 3062 |
| 出版日期 | 2018年7月初版 ／ 2021年5月第二版 |

# 目錄

# 第二部份：從「對抗性」到「非對抗性」外交

# 導論 (代序)

　　歷史上很多事情的發生，是意想不到的。這本書的出版，亦非始料所及。讀者也許會問：寫作不是為了出版，為啥？答案很簡單：這本書是另類寫作；具體說，它是我在過去 40 年間不斷進行增補、刪改和修訂的關於中華人民共和國史之教學筆記，是為教學而非為出版寫的。

　　1979 年，我開始在香港大學歷史系任教中國近代史、現代史和當代史，直到 2004 年退休為止。執起教鞭，適逢中國經歷告別革命的大轉折，舉世矚目；鄧小平改革開放之創舉，更在各地掀起了中國熱潮。當年大學生對毛澤東「左」傾年代的好奇，以及對中國未來的憧憬，是不難理解的。無怪歷史系開辦的 20 世紀中國歷史課程非常受歡迎，講堂那座無虛席的情景，至今猶歷歷在目。在 1980 年代教當代中國史，基本上是講解毛澤東時代的中國。由於當時有關毛時代專題研究的中文書刊非常缺乏，又由於港大規定除中文系外一律用英語授課，所以我當年的教學筆記主要取材自西方有關「中國問題研究」（China Studies）的各類書刊，特別是由主流派（即美國哈佛學派）權威學者撰寫的一系列具開拓性的論著。自 1990 年代以來，有關當代中國政治、經濟、社會、文化、外交等各方面的中文書刊，像雨後春筍般湧現。不同類型的中文刊物——檔案及數據彙編；政治人物與知識分子的言論集和回憶錄，以及利用原始資料寫成的專著等等，不只為我提供了極之豐富及珍貴的教學材料，更驅使我嘗試從歷史人物

的角度去了解過往所發生的事情，以彌補一般「中國問題研究」專家用西方觀點去分析中國歷史的不足。1990 年代後期，香港大學大力擴充它與世界各地大學的交換學生計劃，使我在退休前獲得一個新體會。當時我開設了兩門當代中國史課程給二、三年級學生——「從繼續革命到改革開放」與「中華人民共和國的對外關係」。來上課的學生佔半數是來自世界各地的交換生，中國對他們來說是一個陌生的國家；但由於他們對中國有濃厚的興趣，加上喜歡看書、發問、交換意見，故一般都能交出好成績。當時的本地生也多樂於表達己見，表現進取，給我留下了深刻的印象。在香港大學歷史系的 25 年，我的整套教學筆記是用英文寫的。

退休後喜獲香港大學中文學院（前中文系）邀請，給她的碩士課程學生講授中華人民共和國史，直到現在。大概因為我在退休前是香港各大學歷史系中唯一一個講授整段中國近代、現代和當代歷史的學者，所以時任教育統籌局（今教育局）課程發展總主任的李志雄先生在 2004-2007 年期間，先後六次邀請我給香港高中歷史科（世界歷史科）及中國歷史科老師主講有關 20 世紀中國歷史的專題講座，使我有機會和高中老師分享執教的苦與樂，不勝慶幸。由於 2004 年後全用粵語授課，我因此花了數年時間將英文教學筆記用中文重寫，以方便教學之用。2009 年，為了滿足高中老師的要求，我將剛寫好的中文版教學筆記交給李先生，並由教育局按照高中歷史科與中史科的課程分別出版了《中國現代化與蛻變的歷程（1900-2000 年）》與《改革 革命 再革命 繼續革命 告別革命（改革開放）的歷程（1900-2000 年）》這兩本書，以供高中老師在備課時作參考之用。2010 年，又出版了前書的英文版：*China: Modernization and Transformation (1900-2000)*。其後，因得悉不少高中老師渴望對當代中國有更深認識，又為

了提升大學碩士班的教學水準起見，我遂將教學筆記的當代中國史部份（1949-2000 年）增補成為一個進階版本。2016 年 11 月，我在再獲教育局邀請為高中老師講授教師專業發展課程時就用了這個進階版，並選擇了「崢嶸歲月：當代中國社會主義建設的探索與實踐（1949-2000年）」作為講題。

　　課程完結時，李志雄先生也剛從教育局退任。他一向對我寫的東西甚感興趣，退休後就不厭其煩地再三敦促我早日將「崢嶸歲月」講座的內容公開出版，以饗廣大讀者。我雖然感謝李先生對我的鼓勵，惟每次都決然拒絕了他的好意，現在想起來真的感覺很慚愧。其實，我拒絕將教學筆記公開出版是有一個令我覺得非常尷尬的原因：它沒有註釋。身為歷史學者，我當然明白註釋是一部歷史論著的靈魂；沒有註釋，它就會失去學術價值。我每次去逛書店，都必先快速瀏覽書本上的註釋與參考文獻，才決定是否會把它買下來。要我將沒有註釋的教學筆記以論著形式公開出版，首先就過不了自己這一關。不錯，教育局替我出版的三本書都是沒有註釋的，但它們的性質與一般在書店出售的書本不同：首先，這三本書都是以「中國歷史科教師專業發展課程講座記錄」形式出版的（條目印在封面上）；其次，這三本書都是由教育局派贈給學校及圖書館的，從來沒有公開發售。但交由出版社出書則完全是兩碼子事，論著沒有註釋恐怕過不了關。讀者或許會問：為何不考慮補加註釋？做歷史研究的人一定會明白，若要在書稿上加插註釋就要做好基本功夫（即在研究過程中看到有用的資料時就把其出處和頁數記下來），並在寫作時立即把註釋加插在適當的地方。我本來並沒有打算將教學筆記整理出版，所以從來沒有考慮過加插註釋；基本功夫沒有做好，現在想在編寫了 40 年的書稿上補上註釋談何容易？

還有兩個考慮使我對出書有保留。第一，我的專業研究和寫作範疇與中華人民共和國史實在拉不上關係。沒有做過當代中國史的檔案研究就出版這方面的書豈非班門弄斧、貽笑大方？第二，我相信這份教學筆記不符合大眾口味。我從事歷史研究多年，習慣了用辯證思維方式去理解錯綜複雜、矛盾重重的歷史現實。我相信：好人可以做壞事、壞人可以做好事；每一種制度都會有好與壞兩個方面；每一個決定都可能產生好或壞的結果。這與時下不少人非黑即白、非友即敵，全盤肯定或全盤否定的二元思維方式大相逕庭。恕我大膽直說，不少人（包括高級知識分子及社會精英）一提起中國共產黨或中華人民共和國的歷史就會因感情衝動而將二元思維邏輯發揮到淋漓盡致──不全心全意褒揚中共就是反共、不愛國；相反，不痛心疾首斥罵中共就是親共、媚共。儘管上述兩種觀點截然相反，故分別抱持兩種觀點的人不可能開展對話，但他們的思維模式卻是一樣的。我的教學筆記既非為表揚也非為聲討中共而寫的，那就恐怕兩面不討好。筆記既然不會受歡迎，還是留給上課用好了。

　　經我屢次對出書計劃說「不」，李志雄先生似乎比我更着緊了。他主動替我聯繫上天地圖書，於是啟動了我和天地圖書洽商合作事宜。我很高興編輯部認同我的書稿有出版價值，但正如我所料，他們也注意到這份書稿欠缺註釋，故建議我對教學筆記所引用的內容或觀點補上註釋。由於我真的沒有辦法解決這個問題，所以在感謝天地圖書好意之餘，乾脆表示打消出書的念頭。李先生知道我的決定後立即向我和天地圖書建議：可以參考教育局之前的做法，用副標題向讀者表明本書是作者的教學筆記，好讓讀者在購書之前知道這是一本甚麼類型的書，以及理解書裏找不到註釋的原因。經大家反覆斟酌，最後決定在封面上加一顯著句子註明本書是「教學筆記」，既可避免誤解，

也可凸顯本書特色。我很高興這本書現在順利出版了。

看一本歷史書，若能先了解作者對歷史的看法，將會事半功倍。這裏「對歷史的看法」所指的，並非歷史學者對個別歷史事件的闡釋，而是他們對「甚麼是歷史」這個較高層次問題的見解。史學界對這個問題向來沒有共識，爭論不休。我無意參與探討「甚麼是歷史」的學術論戰，只想簡單說明我對歷史的幾點看法，希望有助讀者更易掌握拙著的論述。

古希臘哲學家赫拉克利特（Heraclitus）曾說：「人不能兩次踏入同一條河流。」他的意思是，當那個人再次踏進那條河流時，它已非同一條河流，因為原來的河水已經流走了。在現實生活中，任何事情發生後就成為歷史，不會復現。奇怪的是，一般人都認為「歷史老是重演」（history repeats itself）。這大概是因為他們察覺到有不少看似相同的歷史現象。其實，歷史現象頂多相似，但不會相同，因為每一個在歷史長河中流過的現象都是獨一無二的。歷史不可能重演，我們只能嘗試去理解它的變遷。

研習歷史但求認識、理解過去。這似乎是一件相當簡單的事情：看看相關史實，再按日常慣用的邏輯去分析事件的來龍去脈，然後作出一個合理的論斷，那就大功告成了。問題是，我們應如何去解讀歷史上眾多不合理，甚至荒誕的現象？若以慣用的邏輯去解釋這些令人費解的現象，就必然得出一個簡單的結論：那是人類非理性或反理性的意識和行為的具體表現。誠然，用現代人的眼光和心態去解讀歷史，是有局限性的。這是因為我們和歷史人物生活在不同的時代、不同的環境中。環境的變遷，不單會改變人類的物質生活條件，也會衍生新的道德規範、價值標準、思維模式和行為模式。在人類歷史中，不同的思維和行為模式是廣泛地存在的。要好好認識過去，就要嘗試代入

歷史人物的思維和行為模式框框，盡可能從當事人的角度去了解為何事情如此發生。當然，我們並非當事人，故只能根據那個時代的文化特質——政治與經濟形態、社會心態、思維邏輯、潮流與品味取向等各方面去作些推測。我們只有這樣做才能明白看似不合常理的事情，從而對過去有更好的認識。但我必須指出，認識、了解並不等如認同、接受。

研習歷史的首要任務，是好好掌握曾經存在過的事實。除了尊重史實外，還須進一步對過去所發生的事情作合理而非基於主觀意願的解釋。由於解讀過去是一種思維過程，必然滲入主觀成份，所以歷史學者在闡釋過去時往往持不同看法，以致史學界常常出現百家爭鳴的現象。儘管史實有正確與不正確之分，不同的看法卻並不存在對與錯的問題；兩個或多個不同的看法，只是表明「橫看成嶺側成峰，遠近高低各不同」的觀點與角度問題而已。至於哪一種說法比較令人信服，則見仁見智，也是一個極具爭議性的問題。教歷史、寫歷史沒有觀點、立場不行，但是提出觀點、立場只是提供一種看法，並非宣揚甚麼大道理。

中國有句古語叫「蓋棺定論」，不少人視之為至理名言。不過，筆者並不同意「歷史有定論」這種見解——歷史人物和事件之所以不能論定，是因為每一個時代的歷史學者都會利用新發現的史料，或利用一向乏人注意的史料，對舊課題重新進行探討，提出新問題，得出新結論，從而擴大我們看歷史的視野、加深我們對歷史的認識。近年，美國俄亥俄州哥倫布市首都大學（Capital University）俄裔歷史學教授亞歷山大·潘佐夫（Alexander Pantsov）利用前蘇聯共產黨及第三（共產）國際（the Comintern）的秘密檔案寫成了一部毛澤東傳記。[1]

---

1　Pantsov Alexander V. with Levine, Steven I., *Mao: The Real Story*. New York: Simon & Schuster, 2012；亞歷山大·潘佐夫、梁思文著，林添貴譯：《毛澤東——真實的故事》，台北：聯經出版事業股份有限公司，2015 年。

該書披露了很多鮮為人知、有關蘇共與中共〔尤其是斯大林（Joseph Stalin）和毛澤東〕之間的真相。原來，斯大林從來沒有瞧不起毛澤東；實際上，協助毛澤東在中國共產黨內崛起、最後成為中共一把手的人，正是斯大林（下文將會交代）。這個嶄新的説法，是 20 世紀中蘇關係研究上一項重大的突破，使人們對這個課題有新的認識和了解。對事物有新的認識和了解，便會產生新的觀點和立場。香港人喜歡以「轉軚」一詞來譏諷轉變立場的人；其實，轉變立場不一定是壞事。從事歷史研究，就不應該為了堅守一貫立場而拒絕接受更具説服力的觀點。在過去的 40 年，我對近代、現代及當代中國歷史的看法也由於新史料和新研究成果的不斷湧現而經歷了不少改變，這是無須諱言的事實。

潘佐夫的毛澤東傳記表明，了解毛澤東和斯大林在 1949 年以前的關係，對認識 1949 年後的中蘇關係有莫大裨益。這是理所當然的事，因為凡事皆有前因後果，而因果關係是不會被歷史分期割斷的。歷史學者喜歡將歷史劃分為不同時期來研究，藉此探討人類生活形態在不同歷史時期的變化和特色。可是歷史分期往往給人造成一種錯覺：由於每一個歷史時期都有其獨特性，因此，不同的歷史時期（包括前後兩個相連的時期）是各自獨立存在、互不相關的。這個看法並不正確，因為人類歷史一直是由斷裂（變革）與延續（承傳）兩股對立力量推動發展的；它是一個新舊交錯、貫穿着的連續體，是不能分割的。要了解現在，就要回頭看。所謂「觀今宜鑒古、無古不成今」，就是這個道理。本書旨在探討中華人民共和國首 50 年的發展歷程。從歷史因果關係的角度而言，我認為有需要向讀者簡單交代中共崛起的要點，特別是新史料所披露有關毛澤東與斯大林的關係。

中國共產主義運動的發軔，是與 20 世紀初五四運動時期席捲中

國的反傳統、反軍閥、反帝國主義思潮分不開的。這樣說，是因為創立中國共產黨的陳獨秀和李大釗二人都是新文化運動的先鋒。還有，他們創黨時所接受的西方學說，並非強調無產階級革命的經典馬克思主義，而是經過列寧（Vladimir Ulyanov alias Lenin）改造並且強調反帝國主義的馬克思列寧主義。當時以陳獨秀和李大釗為代表的不少先進知識分子，皆因救亡的愛國動機而走上共產主義革命的道路。

中國共產主義運動的歷程——從中共建黨（1921 年）經第一次國共合作（1923-1927 年）、國共鬥爭（1927-1937 年）、第二次國共合作（1937-1945 年），到國共內戰及中華人民共和國的成立（1946-1949 年），並不是本書的主題，毋庸贅述。要澄清的，是兩個與該運動有關的問題：一、運動是否持續擴張？二、運動是否一直由毛澤東領導？提出上述問題不無道理。歷史學者習慣了事後看問題，這對他們分析事物發展的客觀性必然產生影響。1949 年，毛澤東領導中國共產黨打敗了執政的國民黨，建立中華人民共和國；這個事實直接影響了一般學者對整個中國共產主義運動的看法。

首先，由於中共最終打敗了國民黨，一般學者皆着眼於研究中共如何取得勝利，而往往忽視了 1921-1949 年間中國共產主義運動的起伏和波折。1921-1927 年，中國共產主義運動藉國共合作得以持續擴張；1927 年國共合作破裂，隨即陷入低潮。1930-1931 年，中共在華中地區建立了不少蘇維埃根據地，再次擴張；但經蔣介石五次「圍剿」，中國共產主義運動於 1934-1936 年又轉入低潮。1936 年 12 月發生的「西安事變」是一個重要的轉捩點，它給中共一個休養生息的機會，更奠下了第二次國共合作的基礎。抗日戰爭爆發後，由於國民政府撤退到四川，而日本軍隊只能控制沿岸及鐵路沿線地區，因此，中共得以在廣大的農村腹地開闢、拓展抗日根據地。1939-1941 年，

日軍全力掃蕩華北抗日根據地，使中國共產主義運動再次陷入危機中。直到 1944 年日本向國民黨中央軍發動自 1938 年以來最強勢的「一號作戰」（即豫湘桂戰役），中共才能再度擴張勢力。抗戰勝利後不久，內戰爆發，起初國民黨軍隊勢如破竹、所向披靡，直到 1947 年 7 月中國人民解放軍開始全面反攻，形勢才急轉直下，最後中共取得勝利，國民黨敗北遷台。事實基本如此。

其次，由於毛澤東領導中國共產主義運動取得勝利，而毛澤東一向表示中國革命是農民革命，因此，許多學者着眼於探討由毛領導的農民革命，而往往忽視了整個中國共產主義運動的複雜性。自 1950 年代以來，中共與西方「中國問題研究」的主流派同樣把中國共產主義運動分成兩大陣營：其一是聽命於莫斯科、鼓吹工人革命，並相繼由陳獨秀、瞿秋白、李立三、王明（陳紹禹）、博古（秦邦憲）等人領導的「國際派」；其二是堅持獨立自主、鼓吹農民革命，並一直由毛澤東領導的「本土派」。依中共的說法，由毛澤東領導的農民革命一直是中國共產主義運動的主流，而西方學術界則認為毛派要到遵義會議（1935 年 1 月）甚至延安整風（1942-1943 年）後才成為運動的主流。儘管如此，雙方在以下三個方面的看法是一致的：第一，「國際派」和「本土派」的基本分歧在於如何運用馬克思主義在中國進行共產主義革命：按馬克思學說本子辦事？還是按中國的實況創造地實踐馬克思主義以體現其普遍性？第二，莫斯科理所當然支持「國際派」、排斥「本土派」，蓋因「本土派」所鼓吹的農民革命，是「非正統」的革命模式，有違馬克思學說所倡導的無產階級（工人）革命；第三，蘇聯共產黨最高領導人斯大林長期直接掌控中國共產主義運動，其指示往往對運動產生負面影響。直到近年潘佐夫的毛澤東傳記面世，上述三個觀點大抵為各方接受。

潘佐夫指出，斯大林以其馬基雅維里式（Machiavellian）的銳利眼光監控中國共產主義運動，並以三批人馬為基礎建立起中共的混合領導團隊：一、第三國際舊幹部（以周恩來、張國燾、項英為代表）；二、莫斯科畢業生（以王明、博古為代表）；三、本土的游擊隊幹部（以毛澤東、朱德為代表）。直到 1934 年初，這位權謀政治家還沒有決斷地出面挺上述任何一派。不過，從 1920 年代末期起，已有跡象顯示斯大林開始支持毛澤東。這大概是因為正當中國城市革命屢經挫折時，毛澤東在井崗山建立了中共第一個革命根據地，並且組織起第一支紅軍。1930 年，斯大林表示，根據中國的狀況，「建立完全有戰鬥力的政治上堅定的紅軍……是第一等的任務，解決這個任務，就一定可以保障革命的強大開展。」當時是「朱（德）、毛（澤東）」一併稱頌的。蘇聯報紙也開始大談這「兩位英雄」：「有兩個共產黨員，兩位游擊領袖，光憑他們的威名，就使數以千計的中國名流要人因憤怒、更因慌張害怕而喪膽。他們在境外一樣聲名遠播。」

　　1930 年代初，毛澤東遭到剛從蘇聯回國領導中共中央局的莫斯科畢業生幫猛烈抨擊。他的軍事戰略戰術、土地政策被指罵為「游擊主義」、「富農路線」，亦即犯了「狹隘的經驗論」、「極端右傾機會主義」的錯誤。毛澤東終於在 1932 年 10 月召開的寧都會議上挨批，會後被撤銷紅軍總政委的職務。畢業生幫批鬥毛澤東，原來不是第三國際執委會的意旨，而是這幫人採取先斬後奏的手段，以達到鏟除異己的目的。給這幫人撐腰的，並非斯大林，而是他們在莫斯科中山大學（即中國勞動者孫逸仙大學）讀書時的老師兼校長米夫（Pavel Mif）。實際上，當毛澤東在江西失勢、被博古和蘇聯特派軍事顧問李德（Otto Braun）批鬥時，斯大林已表態支持毛。1934 年 1 月，在斯大林支持下，毛澤東在中共中央全會由政治局後補委員晉升為委員。

1935 年 7-8 月，當紅軍仍在長征途中，第三國際召開第七次代表大會，會上宣佈毛澤東與時任第三國際執委會總書記的格奧爾基·季米特洛夫（Georgii Dimitrov）為世界共產主義運動的兩個「模範標兵」。會後，莫斯科發起對毛澤東的個人崇拜，但毛並不知情。直到同年 11 月中旬，中共駐第三國際代表團特使林育英從莫斯科來到陝北，毛澤東才得知第三國際之前對他的稱讚。12 月初，第三國際的理論與政治喉舌《共產國際》（*The Communist International*）登出一篇題為〈毛澤東——中國勞動人民的領袖〉之長文，對毛褒獎備至；同一作者有關毛澤東的文章又出現在 12 月 13 日《真理報》（*Pravda*）上。

抗日戰爭爆發後，毛澤東被蘇聯形容為「聰明的戰術家與戰略家」。1938 年 9 月，季米特洛夫代表斯大林向中共中央政治局發出指示：「在領導機關中要在毛澤東為首的領導下解決問題，領導機關中要有親密團結的空氣。」1939 年，蘇聯國家出版社根據新編校過的埃德加·斯諾（Edgar Snow）保安訪問筆記，發表官方俄文版的毛澤東小傳，以宣揚毛的英雄形象。[2] 1940 年初，當中共為召開第七屆全國代表大會做準備功夫時，莫斯科傳來一個信息，建議中共領導人不要把王明放進黨內領導要職。須知，王明的靠山米夫早已於 1938 年 9 月被蘇聯特務機關逮捕，並以「人民公敵」罪名處決。1942-1943 年，中共在延安推行「整風運動」，當時王明被指犯了「主觀主義」錯誤之一的「教條主義」而受到批判；毛澤東則在「整風運動」後成為中共的一把手。沒有斯大林點頭，毛澤東大概是不會在 1942 年發起運動批鬥王明的。

---

2　美國左翼記者埃德加·斯諾於 1936 年到保安訪問中共領導人後，寫成 *Red Star Over China*，翌年在倫敦出版；中文版先以《西行漫記》為名於 1938 年在上海出版。三聯書店後來邀請董樂山將 *Red Star Over China* 重新翻譯。這個新的中文版本取名《紅星照耀中國》，並於 1979 年面世。

儘管斯大林出面協助毛澤東成為中共一把手，但這位克里姆林宮的主子從一開始就要毛澤東明白：在世界共產主義運動中，他才是獨一無二的領袖。斯大林的所作所為往往令毛澤東耿耿於懷，在無可奈何的情況下只好暗自把種種屈辱和不滿藏在心底裏。1936 年 12 月「西安事變」發生後，毛澤東親自向第三國際報告：中共中央政治局幾乎一致議決，應將蔣介石公審、處以死刑。中共不知道，這個決議並不符合斯大林的意願，因為他正在擔心德國和日本將聯手侵略蘇聯，認為各國共產黨應盡快爭取與敵對的統治階級組織新的反法西斯、反日統一戰線。斯大林深知，將蔣介石轉化為盟友，是生死攸關的大事；他因此囑咐季米特洛夫向中共轉發一項指示，要它「堅決站穩和平解決衝突」的立場，即要求中共釋放蔣介石。接受這個指令無異要毛澤東出面推翻中共政治局的決議，毛因此深感沮喪、羞愧、丟臉。用埃德加‧斯諾的話來說，「當莫斯科下令釋放蔣介石時，毛澤東氣壞了。毛澤東跺腳、咒罵。」1949 年底，毛澤東以新中國領導人的身份出訪莫斯科，意想不到斯大林大擺架子，對他不理不睬，使他蒙受更大的屈辱，難怪毛澤東返國後在不同場合抱怨斯大林顯得不可一世。可是，當毛澤東得悉斯大林的後任赫魯曉夫（Nikita Khrushchev）在 1956 年召開的蘇共「二十大」上宣讀了一份全盤否定斯大林的「秘密報告」後，竟挺身而出維護斯大林，並且認定斯大林的功過是「七分功勞、三分錯誤」。我一向認為毛澤東這樣做，是因為他恐怕其親密戰友會在他死後仿效赫魯曉夫清算前任的壞榜樣。現在有理由相信，毛澤東對斯大林同時懷有怨恨及感激之情——一方面厭惡斯大林那種侮慢的態度，另一方面卻又尊敬斯大林和感激他賞識、提攜自己；毛澤東維護斯大林，不能抹殺是出於有恩待報之心的這個可能。斯大林逝世後，毛澤東真正徹底地從蘇聯指導的束縛解放出來。有關 1949 年後的中

蘇關係，容後再作論述。

　　我選用了 2016 年講座的講題「崢嶸歲月」作為這本書的書名。無可置疑，中華人民共和國的首 50 年，是一個風起雲湧、急劇轉折、可歌可泣、極不平凡的大時代。本書分兩個部份，第一部份論述中國從奉行「繼續革命」到推行改革開放的曲折歷程——第一章追溯「寧『左』勿右」心態的緣起；第二、三章探究「以階級鬥爭為綱」這條路線如何把中國推進極「左」的深淵；第四章闡釋 1979 年以來中國走向市場經濟的波折及成就。第二部份論述中國從執行「對抗性」外交到執行「非對抗性」外交的轉折道路——第五、六章分析「對抗性」外交的實踐，即從 1950 年代的「聯蘇反美」到 1960 年代中期的「反美排蘇」，再到 1970 年代的「聯美反蘇」；第七章分析改革開放年代不結盟、求同存異的「非對抗性」外交政策。我在本書的「總結」之中則嘗試用「斷裂（變革）與延續（承傳）」的觀點來檢視改革開放的歷史。

　　這本書的出版（正如歷史上各樣事情的發生）究竟是一個必然還是一個偶然的結果？這是一個耐人尋味的問題。或許「是必然還是偶然」這種二元思維提問方式，才是問題之所在。無論如何，這本書能夠順利出版，首先要感謝好友李志雄先生對我的信任和勉勵。其次要感謝天地圖書的董事長曾協泰先生、總編輯孫立川先生及助理總編輯林苑鶯小姐對我的教學筆記感興趣；對於孫先生和林小姐就初稿所提供的寶貴意見，以及在審稿工作上所表現的專業精神，我謹致敬意。本書的插圖屬徐宗懋先生的個人藏品，我謹向徐先生允許我用這些圖片致以謝意。還有很多幫助過我的人，實在無法在這裏一一致謝，特此致歉；這些人當中，當然包括上過我課的學生和高中老師，他們強盛的求知慾望與誠懇的學習態度，給我起了極大的鼓舞作用。40 年的

教學經驗使我深信，教書是分享——老師努力學習，無非是為了把所學到的知識毫無保留地傳授給學生；教書也是互動——學生也許不知道，他們給老師的提問、意見，往往驅使老師多做學問功夫、終身學習。這本書是我在過去 40 年與學生和高中老師分享及互動的成果。書中有不足不妥之處，當然由我個人負責。特此敬請廣大讀者不吝指正及賜教。

連浩鋈

2018 年 6 月

# 第一部份：

## 從繼續革命到改革開放

# 緒 論

本部份旨在梳理及解讀中國在 1949-2000 年間急劇轉折的發展歷程。首先提出兩個有關研習中華人民共和國歷史的問題：

## 第一，用甚麼態度去對待這段歷史？

筆者認為，中華人民共和國可作為一個「範式」（paradigm）去研讀。「範式」一詞之原義，見於孔恩（Thomas S. Kuhn；另譯庫恩）的著作《科學革命的結構》，[1] 簡而言之，它指「一個科學共同體的宇宙觀」（A paradigm is what members of a scientific community share）。其實，孔恩所謂「範式」可解釋為一種「概念的架構」（conceptual framework），每當概念發生革命性之變化時就會出現新的「範式」。《科學革命的結構》是一本從嶄新的角度去理解科學發展的專著。傳統的觀點認為，科學的發展基本上是科學知識積累的過程；孔恩卻認為，科學的發展乃由一場又一場的革命所構成，每場革命勢必推翻前人的宇宙觀及帶來「範式的轉變」（paradigm change）。

「範式」這個概念及後被自然科學界以外的許多學術領域廣泛應用，如社會科學、歷史學、語言學、文學、文化研究等等。就人類活動的範疇而言，「範式」可被理解為一個獨特的思維、行為模式的框框。生活在某一個「範式」裏的人，很難明白（遑説接受）生活在別

---

1　Thomas S. Kuhn, *The Structure of Scientific Revolutions,* Chicago: University of Chicago Press, 1962. 中文版參見〔美〕孔恩著，王道還編譯：《科學革命的結構》，台北：允晨文化實業股份有限公司，1985 年；〔美〕托馬斯‧庫恩著，金吾倫、胡新和譯：《科學革命的結構》，北京：北京大學出版社，2003 年。

的「範式」裏的人的思維、行為模式；他們也許不知道在這個世界上有其他「範式」的存在。這種情況確實妨礙了人類之間的了解和溝通。上文提議將中華人民共和國作為一個「範式」去研讀，意思是說，若想了解它的歷史，就要承認它有自己一套邏輯與規範，並去認識這套邏輯與規範，即去理解中國共產黨的思想方法和工作方法。

必須指出，理解並不等於接受。認識到新的「範式」並不意味着要摒棄自己的一套思想方法與工作方法；但在堅持己見的同時，我們該承認有無數的「範式」存在於這個世界上。承認這些「範式」各自有其存在的價值（即承認矛盾可共存）和嘗試去認識這些「範式」（即嘗試去認識別的文化），實有助我們培養出一個寬容的人生觀，固可利己，亦可利人。

### 第二，用甚麼方法去研讀這段歷史？

由於這本書是歷史科的教學筆記，它當然會用歷史學家（而非中國問題分析家或政治學家）的方法去解讀這段歷史，即主要從「斷裂（變革）與延續（承傳）」的角度去了解當代中國的發展。實際上，歷史學家與中國問題分析家或政治學家是沒有甚麼優劣之分的，只是歷史學家強調人類歷史是一個新舊交錯、貫穿着的連續體，故使用歷史學家的角度實有助我們了解中國歷史的延續性。有關上述主題，筆者將會在本書的「總結」（〈斷裂與延續：用歷史的角度看鄧小平時代的改革開放〉）一文詳細交代。

論者往往着眼於中共的權力鬥爭，因此誇大了中共各派別之間的矛盾，並忽視了其根本一致性，即對「一黨專政」、「富國強兵（現代化）」、捍衛國家主權這幾個方針的堅持。毛澤東統治中國 27 年，定下了一條不可逾越的底線，即保證黨和國家永不變色，亦即保持中

共的執政地位不變。在這一點上，當時整個中國共產黨（包括與毛澤東意見相左而被清算的人）是沒有異議的；後毛澤東時代的中共領導人也沒有放棄這條底線。

第一部份
從繼續革命到改革開放

第一章

「寧『左』勿右」：
新民主主義、提前過渡與農業、手工
業、資本主義工商業社會主義改造的
超標完成（1949-1956 年）

# 1、新民主主義的開展 (1949-1953年)

　　中華人民共和國於1949年10月1日成立。儘管大多數中國人對馬克思列寧主義、共產主義和社會主義欠缺理解和信任,但由於中國共產黨所領導的革命結束了中國半殖民地的歷史,加上中共當時確是一個代表窮人的黨,所以它得到了不只是農民和工人,而且還有一般知識分子、商人、華僑和開明士紳等的擁護。中共決策層明白,激進政策不利於穩定民心、鞏固政權。他們又考慮到中國當時的經濟尤其是現代工業太落後,故有需要讓私人資本主義工商業(主要是輕工業和商業)繼續發展,給工業化建設積累必要的資金、物資,同時培養技術和管理人才,待條件成熟後才重點發展重工業,相應過渡到社會主義。基於上述原因,中共掌權後沒有立即進行社會主義改造,它宣佈中國正進入了新民主主義時期作為過渡。

　　當時大家想知道的,是新民主主義將會持續多久。1949年9月,有中國人民政治協商會議代表問毛澤東要多少時間才向社會主義過渡,毛澤東回答說:「大概二、三十年吧。」1951年,劉少奇開始使用「新民主主義階段」的概念,並表示「這個階段大略在10到20年之間」,其中心任務是發展生產力。由此可見,不急於過渡是當時黨內的一個共識。

　　新民主主義時期有兩項特色:

　　第一,在經濟方面,它允許私有制存在;

　　第二,在政治方面,它體現了由四個階級組成的聯合政府;這四個階級包括工人、農民、小資產階級(小商販、知識分子、手工業者等)及民族資產階級。

## 1.1 政治體制的確立

建國初期，制定了中華人民共和國的政治制度——由共產黨和中央人民政府兩個權力機關構成。

基本政治原則是中國共產黨領導國家生活，這包括黨對國家生活三方面的領導：

第一、政治領導，即由黨來決定國家的政治原則和政治方向；

第二、組織領導，即由黨的幹部執掌國家各級政權機關的重要領導崗位，以及由黨在中央和地方國家機關、人民團體、經濟組織、文化組織與其他非黨組織的領導機關中設立黨組，以確保黨的路線、方針、政策在本部門、本單位的貫徹執行，結果造成了政治生活中黨政不分和以黨代政的現象；

第三、思想領導，即黨通過教育和各式各樣的宣傳，使人們接受一定的思想意識形態。

不能忽視的，是軍隊在國家生活中所起的作用。從中共建立紅軍開始，「黨指揮槍」的原則一直支配着黨與軍隊之間的關係。1949年後，中共通過中央軍事委員會對中國人民解放軍的絕對領導，保障了它在國家生活中的領導地位和核心作用。

根據中共黨章規定，黨的最高領導機關是黨的全國代表大會和它所產生的中央委員會、中央政治局、中央政治局常務委員會，以及中央委員會主席（1982年「十二大」改為中央委員會總書記）。各級領導機關由選舉產生。

黨的根本組織原則是「民主集中制」。它的運作方式是由黨的上級組織聽取下級黨員和群眾的意見以制定政策，當上級組織作出了決定，下級組織便要不折不扣地服從。這個制度規定了黨中央與黨的各

級組織的關係，又規定了黨與群眾的關係。理論上，它就是在高度民主的基礎上實行高度的集中。問題是：倘若群眾（多數）的願望與黨（少數）的基本原則出現矛盾衝突時該怎辦？

在政權方面，其本質是「人民民主專政」，即對「人民」實行「民主」，對反動、反革命分子實行「專政」。「人民」的定義由黨決定，且在不同的歷史時期有不同的含義。比如，在抗日戰爭期間，中共把所有持仇日態度的國民視作「人民」，無論其階級出身如何。到新民主主義時期，又將大資產階級和地主以外的、凡是擁護新民主主義建設的國民當「人民」看待。問題是：怎樣才算是擁護新民主主義建設？有法理可依嗎？很多時候，一個人是否「人民」，很大程度上取決於當權者的主觀判斷。

另外，由於大局未定，設軍事管制制度。軍事管制制度下設六大行政區：東北（人民政府）、華北（中央人民政府）、華東、中南、西南、西北（後四個為軍政委員會）。中央人民政府轄下分設政務院、人民革命軍事委員會、最高人民法院及最高人民檢察署，分別作為國家政務的最高執行機關、國家軍事的最高統轄機關、國家的最高審判機關及檢察機關。1952 年 11 月，六大行政區行政機關全改行政委員會。

1949 年 9 月 21 日，召開第一屆中國人民政治協商會議（政協）。毛澤東在會上宣告：「佔人類總數四分之一的中國人從此站立起來了。」政協是建國初年的最高國家權力機關。被邀參與第一屆政協會議者包括中國共產黨和各民主黨派、各人民團體、人民解放軍、無黨派民主人士、各地區代表、各少數民族和海外華僑的代表共 662 人。明顯地，政協體現了戰時中共實行的「三三制」（即權力機關由黨員、左派、獨立人士組成，各佔三分之一）及其主張的聯合政府。當時有民主黨派領袖宣稱，中華人民共和國的政治制度最民主，因為政協最

具代表性，又有很大的包容性。他們尚未認識到，民主黨派是不能與共產黨爭奪領導權的。在此説明甚麼是「民主黨派」：中華人民共和國的民主黨派並非泛指以民主為目標的政黨，而是專指在建國前與中共一起反對國民黨一黨專政、建國後又與中共一起建設新中國的八個黨派。它們包括中國國民黨革命委員會（民革）、中國民主同盟（民盟）、中國民主建國會（民建）、中國民主促進會（民進）、中國農工民主黨、中國致公黨、九三學社及台灣民主自治同盟（台盟）。這些黨派的存在體現了由中共領導的多黨合作政治制度，而多黨合作的指導方針是：「長期共存、互相監督」。

政協會議又通過《共同綱領》，它具有臨時憲法的性質。其中規定了設立以工人階級為領導、以工農聯盟為基礎的聯合政府。聯合政府由四大階級組成（見上文）。政府實由共產黨領導，因為它是工人階級的代表。

當時基本政治策略是「統一戰線」，主要的鬥爭對象是大資產階級和地主。在此説明「統一戰線」與「聯盟」的分別。儘管兩者都有相同的目標，即聯繫利益一致的人來對付共同敵人，但「統一戰線」卻多了一個目標，即進行內部鬥爭，故「統一戰線」可概括為一個「既聯合、又鬥爭」的策略。毛澤東在抗日戰爭時期曾解釋説：「統一戰線」與共同敵人的矛盾是「主要矛盾」，而「統一戰線」內部的矛盾是「次要矛盾」；「統一戰線」內部有三個組成部份，包括進步、中間和頑固勢力；進行內部鬥爭的方針是孤立頑固勢力、爭取中間勢力、發展進步勢力，但內部鬥爭必須有限度，以防止影響「統一戰線」的共同對外，待主要敵人消滅後，才重點解決內部的矛盾。中共採用「統一戰線」去完成革命，顯示他們相信革命是要分階段來進行的，把敵人一小撮地、逐步地消滅。

## 1.2 工商業政策的制定

中共在城市的主要打擊對象是大資產階級。所謂「大資產階級」，即官僚資產階級、買辦資產階級及外國資產階級。官僚資產階級是國民黨政府的高級官員，他們擁有當時國內三分之二的工業資產，這包括 2,858 個由國民黨中央政府、省政府、縣市政府經營的（即完全官辦的）企業，僱用 75 萬個工人。中共早就決定要「沒收官僚資本」，並通過移交、清點、接收三個階段來進行；又規定要「保障生產能照舊進行」，辦法是對有關機構和人員執行保留原職、原薪、原制度的「三原政策」。當時中國另有 1,000 多家外資企業，職工約 10 萬人；政府當初以徵收稅項及控制市場的手段進行監督，直到中國加入朝鮮戰爭後才以軍管、徵用、代管、徵購、接管等方式清理外資企業。政府沒收了大資產階級的企業，將其轉化為國營企業，從此把國家的經濟命脈控制在其手中。

民族（中等）資產階級則是統戰對象。對民族資產階級的政策是利用、限制和改造：

第一，利用：由於中共在工商業方面沒有經驗，所以決定暫時保留私有制，並利用民族資產階級的管理經驗、技能來協助新民主主義建設；

第二，限制：為了防止私有制弊端滋生，中共同時限制民族資產階級的活動，具體辦法是將民族資本主義工商業置於國家資本主義的模式下運作。國家資本主義有初級和高級之分。初級國家資本主義即由政府控制私營工商業的利潤，主要方法是政府劃定生產指標及成品銷售價格；高級國家資本主義體現於公私合營企業，由政府派幹部到私營工廠、企業直接控制。直到 1950 年代中期，初級國家資本主義

是民族資本主義工商業的主要運作模式;

　　第三,改造:這體現於兩場政治運動。其一是發生於 1951 到 1952 年的「三反運動」。「三反」即反貪污、反浪費、反官僚主義,矛頭直指在財經部門工作跟民族資產階級有瓜葛的幹部,主要是那些「承襲着國民黨反動派的貪污作風」的留用人員。該運動把一些貪污、腐化分子清洗,淨化了各級黨政機關。其二是發生於 1952 年的「五反運動」。「五反」即反對資本家「行賄、偷稅漏稅、盜騙國家資財、偷工減料、盜竊國家經濟情報」,它由工人、店員組成的「五反」工作隊領導,矛頭直指整個民族資產階級。「五反運動」是一場激烈的

商店員工檢舉老闆
1952 年,上海市舉行「店員五反運動代表會議」,會中各商店員工代表群情激昂,誓言揭發檢舉老闆的不法行為。

階級鬥爭，其結果是一方面加強了中共對工商業的控制，另一方面卻削弱了民族資產階級在統戰上的地位，從而為資本主義工商業的社會主義改造奠定了基礎。打擊民族資產階級以達社會主義改造之目的實際上是毛澤東心目中的既定計劃，因此可以說，「五反運動」並不是因為「三反運動」把問題暴露出來才進行的。

## 1.3 農村政策的制定

1950 年 6 月，中央人民政府通過了《中華人民共和國土地改革法》，土地改革正式開展。土改最初強調解放生產力，為工業化鋪路。由於中共政權剛剛成立，很多地方的農民仍不敢放膽清算地主。中國加入朝鮮戰爭後，全國氣氛變得緊張，土改遂發展成為一場激烈的階級鬥爭運動。為得到廣泛的支持及鼓勵發展生產，中共並不打擊富農，針對的只是地主（富農與地主的分別在於是否參與勞動）。土改的總路線是：「依靠貧農、僱農，團結中農，中立富農，有步驟地有分別地消滅封建剝削制度，發展農業生產。」

土改分為四個階段進行。首先，發動群眾，由土改工作隊到農村組織以貧、僱農為主的農民協會。第二，劃分階級，包括宣傳、劃分、評定、批准四個步驟。第三，開訴苦大會。最後，沒收、分配土地。到 1952 年底，全國三億多無地、少地之農民無償獲得了七億畝土地和其他生產資料。政府還給農民頒發土地證，以滿足他們渴望得到土地的願望，這意味着土地私有制仍然存在。

土改的結果可分為四點。第一，它使用武力消滅了地主階級，展示了新政權的力量，並鞏固了中共於農村的基層政權。當時中共認為推翻了地主制就等於消滅了封建主義，因為地主階級是封建主義的

土改下的佃農焚燒地契
圖為 1950 年土改期間，佃農正點火燃燒地契，歡慶自己由長年桎梏中解放出來。

政治代表。但土改是否真的消滅了封建主義？這是一個值得探討的問題。第二，土改訓練了一批新的、對階級鬥爭有親身經驗的農村幹部。第三，土改確認了土地私有制，以致土地集中及貧富分化的現象很快再度出現。這是由於很多貧農不懂如何耕種，只好把分得的土地賣給富農，結果導致「新富農」的出現。按照財政部在 1952 年的一份農村調查報告中明確規定：「新富農是指土地改革後新產生的富農……凡剝削份量（包括僱工、放債等）超過其總收入 25% 者一律作為富農。」第四，40% 的農民於 1952 年底土改結束後參加了農業互助合作組織。

## 1.4 1949-1953 年的經濟發展

從 1949 到 1953 年，中國的經濟有很好的發展。在這個時段，工農業年均增長率為 24.45%；其中工業年均增長率是 34.80%，農業年均增長率是 14.10%。增長率高是因為政局趨於穩定。

還須指出，新民主主義時期的經濟形態是「混合經濟」，即有多種經濟成份（如國營、高級國家資本主義、初級國家資本主義、個體）同時並存。

## 1.5 過渡時期總路線和總任務的提出（1953 年 6-12 月）

新民主主義實行不久，中共就做了一個出人意表的決定：提前向社會主義過渡。這大概與中共在編制第一個五年計劃時選擇了優先發展重工業的戰略，並得到斯大林答應給以援助有直接關係。早在 1951 年 2 月，中共中央已決定從 1953 年起實施第一個五年計劃；12 月，又表明「一五計劃」的重點是重工業和國防工業。1952 年 8 月，周恩來率領中方代表團前往蘇聯，就「一五計劃」中需要蘇方援助的百多個工業項目問題進行商談，最後得到斯大林予以援助的明確保證。9 月 24 日，周恩來等人返抵北京，當晚便出席了由毛澤東召集的中共中央書記處會議。毛澤東聽取彙報後即斷言：「我們現在就要開始用 10 年到 15 年的時間基本上完成到社會主義的過渡，而不是 10 年或者以後才開始過渡。」儘管毛澤東在該會議上沒有聽到反對聲音，但他大概知道有些中央領導人是持不同意見的。1953 年 2 月，毛澤東在武漢與中共中央中南局領導人非正式談話時指出：「有人說『要鞏固新民主主義秩序』。還有人主張『四大自由』〔即農民有借貸、租佃、

僱工、貿易的自由〕。我看都是不對的。新民主主義是向社會主義過渡的階段。」毛澤東又在 6 月 15 日召開的中央政治局擴大會議上批評黨內有些領導人企圖「確立新民主主義社會秩序」。他還說:「有人在民主革命成功以後,仍然停留在原來的地方。他們沒有懂得革命性質的轉變,還在繼續搞他們的『新民主主義』,不去搞社會主義改造。這就要犯右傾的錯誤。」會議最後把毛澤東的設想作為過渡時期總路線提了出來。8 月,這個總路線被載入黨內文件下發。9 月,正式對外公佈。12 月,中央宣傳部發佈了經黨中央批准的《關於黨在過渡時期總路線的學習和宣傳提綱》,系統地闡述了過渡時期「一化三改」的總路線和總任務,即「是要在一個相當長的時期內,基本實現國家工業化和對農業、手工業、資本主義工商業的社會主義改造」。

中共決定提前過渡到社會主義也許還有其他原因,如考慮到當時國內形勢起了變化,這包括:

第一,國內政治、經濟秩序恢復得比預期快;

第二,民族資產階級普遍涉嫌行賄、漏稅等違法行為,被「五反運動」鎮壓後,已無力量對抗中央政府,故消滅資本主義並不需要等到 10 年或 15 年以後才起步;

第三,富農經濟在土改後迅速冒起,令中共擔憂及不滿;

然而,中共要優先發展重工業,並得到斯大林的支持,可以說是它決定提前過渡到社會主義的根本原因。須知,中共既已決定開展大規模的重工業建設,就只能採用集中統一的計劃經濟體制,並相應地對農業、手工業、資本主義工商業實行生產資料的集體化和國有化,務使中國的體制與援助國 (即蘇聯) 的體制接軌,以收成效。

當時毛澤東估計總任務要到 1967 年才基本完成,並強調要「逐步過渡」。毛澤東警告說:「把社會主義看作是遙遙無期是不對的,

但急躁冒進也是不對的。走得太快，『左』了；不走，太右了。要反『左』反右，逐步過渡，最後全部過渡完。」

在此有需要簡單解答幾個問題：何謂「左」？帶引號的「左」與沒有引號的左有何分別？何謂右？不加引號的左是指與右派對立的左派；至於帶引號的「左」，則有特殊的涵義。共產黨相信所有事物的發展都要符合客觀規律，做事做得不對，就會犯「左」或右的錯誤：時機未成熟就去做是「左」；時機成熟還不去做是右。問題是：可有科學標準來判斷時機是否已成熟？在毛澤東時代，犯「左」的錯誤彷彿情有可原。原因是「左」的錯誤乃犯錯者對形勢估計失誤的結果，其過急行為也許顯示一份過激的革命熱忱。而右的錯誤則意味着犯錯者違抗中央的既定政策，是極其嚴重的態度問題。變成右派就要被踢出「人民」的圈子，要受到「專政」。所以一般人的心態是「寧『左』勿右」，其影響之深遠，下文將有交代。


# 2、從新民主主義過渡到社會主義 （1954-1956 年）

## 2.1 政制的變更（1954 年）

1954 年，中國的政治制度出現了重大的變更。首先，取消了六大行政區，即撤銷大區、省、縣、鄉四級制，恢復傳統的省、縣、鄉三級制。這標誌着軍事管制制度的終結。

同年又召開第一屆全國人民代表大會（人大）。此後，人大取代政協成為最高國家權力機關，政協則主要發揮統戰功能。會上通過《中華人民共和國憲法》。這是第一部國家憲法，取代具有臨時憲法功能

的《共同綱領》。（直至目前為止的四部國家憲法分別是《五四憲法》、《七五憲法》、《七八憲法》及《八二憲法》）。

按照《五四憲法》，最高國家權力機關（人大）所制定的憲法、法律和決議，由國務院（前稱政務院）、人民法院、人民檢察院（前稱人民檢察署）及其他國家機關執行。國務院，即中央人民政府，是國家最高行政機關。最高人民法院，是國家最高審判機關。而最高人民檢察院，則是國家最高法律監督機關。國務院、最高人民法院、最高人民檢察院在憲法上的地位是平等的，即各自獨立行使行政權、審判權、檢察權。惟須指出，三者的權力（即行政權和司法權）都是人大賦予的權力，在權力關係上皆從屬於人大，故它們須向人大直接負責。這表明中國的政權組織，與資本主義國家實行的「三權分立」制衡制度，是有根本區別的。誠然，中國司法權的獨立，只是相對於行政權而言；司法獨立，實際上指司法機關嚴格依法獨立行使職權，不受行政機關、團體、個人的干涉。

## 2.2 過渡時期的目標

過渡時期有兩個主要目標，分別是：

第一，發展生產力，使中國成為工業化國家；

第二，變革生產關係，即消滅私有制，確立公有制。（這包括以國家佔有為形式的全民所有制，以及以蘇聯集體農莊為組織形式的集體所有制）。

中共為達到上述目標採用了兩種方法，分別是：

第一，推行第一個五年計劃；

第二，推行農業合作化與資本主義工商業的社會主義改造。

## 2.3 第一個五年計劃（「一五計劃」）： 斯大林式工業化的翻版（1953-1957 年）

第一個五年計劃的執行時間是從 1953 到 1957 年，但編制該計劃的草案於 1951 年已開始，經過多次修改，直到 1955 年 3 月才完成。由於中共對工業化不熟悉，故全盤照搬斯大林發展工業的經驗。「一五計劃」可說是斯大林式工業化的翻版，其特色如下：

第一，按重（工業）、輕（工業）、農（業）次序安排國家進行投資，即優先發展重工業。整個工業計劃建基於蘇聯援建的 156 項工程，於「一五計劃」期間進入實際施工的共有 150 項：軍事工業企業 44 個；冶金工業企業 20 個；化學工業企業 7 個；機械加工企業 24 個；能源工業企業 52 個；輕工業和醫藥工業企業 3 個。蘇聯主要提供技術上的幫助，貸款只佔「一五計劃」工業基本建設投資的 3% 多一點；

第二，工廠管理制度跟隨蘇聯的「一長制」，即廠長責任制，以專家治廠，強調物質刺激；

第三，強調科技教育。蘇聯派了 10,000 個專家來華；中國則派了 28,000 個技術工人到蘇聯受訓；

第四，建設內陸工業區。重工業的設置，盡量向東北地區、中部地區和西部地區分散發展，主要為減低核打擊的破壞；輕工業的佈局則以接近原料及市場為原則，主要為減低生產和運輸成本。據統計，「一五計劃」期間，在 156 項蘇援工程中，內地佔 118 項，沿海僅佔 32 項（另有 6 項並未施工）；同期安排的國內建設項目 694 個，其中內地佔 472 個，沿海只佔 222 個；

第五，強調中央策劃，即計劃經濟，這意味着全社會的經濟生活都由國家實行統籌。

先工業、後農業的發展策略使工業化取得長足的進展。「一五計劃」期間，工業年均增長率是 19%，其中重工業和輕工業的年均增長率分別是 25.4% 和 12.8%；農業年均增長率只有 4.5%；工農業年均增長率為 11.75%。

總的看來，「一五計劃」相當成功，其缺點在於過份重視工業的建設而忽視農業的發展。中共中央領導人在「一五計劃」推行後，始察覺到工業與農業之間實有不可分割的關係。首先，中國靠農產品出口來支援重工業的投資，農業低增長直接影響農產品出口及外匯收入，間接影響重工業的長遠發展；其次，輕工業所用的原料主要來自農業部門，農業低增長直接影響輕工業原料的供應，間接影響輕工業的長遠發展；再其次，工業化令城市人口激增，農業低增長自然導致城市出現缺糧問題，直接影響工人的生活。儘管斯大林式工業化在短期內奏效，但長遠來説，它實不利於中國走工業化的道路。

歸根結底，斯大林用農業來支援工業的發展，因此這種蘇聯模式只適合農業有盈餘的國家應用。當時中國是個人口過剩、自然資源相對稀缺的落後農業國，其當務之急是替農業創造盈餘，哪有盈餘支援工業發展？

中央政府面臨農業低增長採取了相應的措施：

第一，對穀、油、棉花、棉布進行「統購」（即計劃收購）和「統銷」（即計劃供應）；

第二，加速農業合作化，這是 1955 年毛澤東提出的主張。在此說明，合作化是集體化的一種形式，而集體化是改變生產關係的一種方式。毛澤東認為：改變生產關係就會促進生產力的發展。生產力指勞動者、生產工具、勞動對象（如土地）；生產關係指生產資料所有制形式、各種不同社會集團在生產過程中的地位和相互關係、產品分

配形式；

第三，改變投資策略。中共於 1956 年討論編制第二個五年計劃（1958-1962 年）時提出「以農業為基礎，以工業為主導」的發展方針，即在堅持工業化的同時，改變優先發展重工業的政策，更加重視農業、輕工業，推行按部就班、按比例的經濟發展。由於毛澤東於 1957 年對 1956 年經濟工作中的「反冒進」提出了批評，又於翌年推行「大躍進」，因此，「二五計劃」的編制工作終於被擱置。

## 2.4　農業的社會主義改造：農業合作化運動的開展

按照原本的計劃，農業過渡到社會主義會分三個階段進行，每階段成立不同性質的生產組織，實行「逐步過渡」：

第一階段，組織非社會主義性質的農業互助組，目的是集中人力物力以收增產之效，但土地和生產資料仍由組員擁有，收穫亦歸土地擁有者；

第二階段，組織半社會主義性質的初級農業生產合作社，按「土地入股、土地分紅」和「統一經營」的原則運作，即土地屬於合作社，但投入更多土地的社員可獲更多收入；

第三階段，組織社會主義性質（與蘇聯集體農莊性質相同）的高級農業生產合作社，按「各盡所能，按勞分配」的原則運作，即取締初級社的「土地分紅」。（「各盡所能，按勞分配」和「公有制」是社會主義的兩個準則；「各盡所能，各取所需」是共產主義的準則）。

據當初估計，中國需要 15 到 18 年時間，才可令農業從非社會主義的合作形式過渡到社會主義的集體化形式；但實際上，三年就完成了，這似乎是不可思議的事。我們可以從農業合作化的過程看出箇中

的原因：

1952 年底土改宣告完成，40% 的農民已參加了農業互助組。

1953 年 12 月，中共中央通過了《關於發展農業生產合作社的決議》。由於當時只有 14,000 個試驗性質的初級農業生產合作社，中央遂訂定指標，要在 1954 年秋收時達 35,800 個。到 1954 年春已超額完成，達 95,000 個。

1954 年 10 月，中央提高指標，要在 1955 年春耕時達 60 萬個。為了響應中央的合作化政策，很多地方幹部在 1954 年冬至 1955 年春這個時段違背自願原則，強迫農民組織初級農業生產合作社，影響了農民的生產積極性。

1955 年春，初級農業生產合作社達到 67 萬個，再次超額完成；至此，15% 的農民已參加了這種組織。由於得悉合作化運動趨向冒進，中央領導人鄧子恢、陳雲、劉少奇一致主張放緩發展步伐。毛澤東則用「停、縮、發」三字方針來表達他的意見，這彷彿與鄧、陳、劉的主張並無矛盾之處，其實不然。原來毛澤東認為各地情況不一，因此，政策要區別情況、因地制宜，故有「停（止）、（收）縮、發（展）」的指示，意謂不同地區要實施不同的政策。而最重要的是，毛澤東認為合作化要保持強勁的勢頭，運動總的要「發展」。中共中央農村工作部長鄧子恢大概不明白毛澤東的意思，聽了指示後即表示合作化運動應「停止發展、全力鞏固」。

1955 年 6 月，毛澤東寫〈關於農業合作化問題〉，指出合作化運動的高潮就快到來，並批評「我們的某些同志卻像一個小腳女人，東搖西擺地在那裏走路，老是埋怨旁人說：走快了，走快了。」結果，鄧子恢被批判犯右傾錯誤。至於鄧子恢提出要注意保護農民利益，又被批評為「好行小惠，言不及義」（即不及社會主義之義）。毛澤東

估計，到 1958 年春，50% 的農民將會參加了初級農業生產合作社；到 1960 年底，餘下的 50% 也將會參加了。儘管毛澤東當時的估計未算過激，但他把鄧子恢打成右傾機會主義分子卻產生了巨大的影響；一種偏激的「寧『左』勿右」心態頓時蔓延全國，導致所謂中國農村社會主義高潮的出現。一般人認為，毛澤東於 1957 年開展反右運動是中國轉向「左」的標桿；但 1955 年下半年「寧『左』勿右」心態的湧現，已寫下了毛澤東時代「左」傾歷史的第一章；這種心態，最終使中國掉進極「左」的深淵。

農村社會主義高潮很快席捲全國。1955 年 10 月，初級農業生產合作社從半年前的 67 萬個增至 131 萬 3 千個；12 月，更達 190 萬個。這時，60% 的農民已參加了初級農業生產合作社；1956 年 3 月，達到 88.9%。從 1955 年夏開始，中央一再收到各地超額完成合作社的報告，於是中央又一而再，再而三提高指標，誰也不敢提議放緩發展步伐，連毛澤東也認為自己低估了農民的積極性。

1956 年 4 月，部份農村開始組織高級農業生產合作社，使合作化運動步入新階段。中央三令五申要地方幹部切不可急躁冒進，並要遵守自願互利的原則，但一般幹部惟恐別人說自己右傾保守，都爭先恐後地辦起高級合作社來。還需注意的一點是，中共中央在 1956 年初公佈《1956 年到 1967 年農業發展綱要（草案）》（簡稱《四十條》），向農民描繪出一幅美好的願景。在全國農村掀起一股宣傳《四十條》的熱潮下，許多農民抱着收入增加的預期紛紛加入了高級農業生產合作社。可以說，這些農民加入高級合作社的確是自願的，但他們的自願實際上是建立在收入增加這種不盡現實的預期之上，故帶有很大的盲目性。同年 7 月，63.2% 的農民已參加了高級農業生產合作社；到 12 月，達到 87.8%，基本實現了高級農業合作化。

中國與蘇聯在農業集體化的經驗上是有分別的。蘇聯走「先機械化、後集體化」之路，無怪 1937 年農業集體化完成時，90% 的土地已用拖拉機耕作。中國原先打算走蘇聯這條路──先發展重工業，待農業機械化條件成熟後立刻開展集體化。但毛澤東在農業社會主義改造期間斷言，「在我國的條件下，則必須先有合作化，然後才能使用大機器」，繼而訂下先通過變革生產關係實現農業集體化，再通過技術變革實現農業機械化的兩步走戰略。結果是，中國最終棄用蘇聯模式而採用「先集體化、後機械化」的策略，無怪 1957 年農業集體化完成時，只有 5% 的土地用拖拉機耕作。及後，農業現代化一直處於低水平。

## 2.5 資本主義工商業的社會主義改造

當時改造的目標是要將資本主義工商企業逐步轉化為公私合營企業。改造的過程具體如下：

1954 到 1955 年夏，實行「以大廠帶小廠、以先進帶落後」，將資本主義工商企業逐個轉化為公私合營企業。

1955 年 10 月，由於農村合作化運動出現高潮，令城市工商業改造顯得遠遠落後。當時只有 4,800 個私營工廠、企業已轉化為公私合營。據估計，如跟以往方針進行改造，大概需要 10 年時間才能把餘下的 88,000 家工廠、企業完全轉化為公私合營。為了使工商業改造向農業改造看齊，中共領袖會見了最有影響力的資本家，大家達到了加快改造的共識。

1955 年 11 月，中共提出《全行業公私合營規劃》，所訂定目標是要全國在 1957 年底完成資本主義工商業改造。

1955 年 12 月，北京市長彭真為首都制訂目標，要在 1956 年底（即比全國提早一年）完成資本主義工商業改造。

　　1956 年 1 月 10 日，北京公佈資本主義工商業改造基本完成。本來需要一年來完成的任務，只用了十天。這是由於最具影響力的資本家起了帶頭作用，小資本家只好跟他們走。還有，在農村合作化運動掀起高潮後，資本家所需要的原料和市場都被國家控制，這就堵死了發展資本主義的後路，故資本家申請加入全行業公私合營，可說是大勢所趨。

　　1956 年 1 月 31 日，118 個大城市同時公佈資本主義工商業改造

公私合營企業開張
1956 年，上海市實行公私合營的第一個早上，永安公司掛起了公私合營的招牌。大門開啟時，公司員工即興奮地報喜，從此員工不再是大老闆的僱員，而是永遠不用擔心被解僱的國家職工。

　第一部份
　　　　從繼續革命到改革開放

基本完成。

1956 年 12 月，中國所有資本主義工商業已轉化為公私合營企業。資本家每年拿取 5% 股息，但失去了對企業的擁有和決策權，這就是當時中共對民族資產階級所實行的「贖買政策」。須知，實行定息後，資本家定息收入多少，只取決於股金的多少，與企業盈餘的多少已再無關係。

從 1957 年開始，中國正式轉入了社會主義建設時期。在很長的時間裏，人們習慣把「社會主義」理解為「公有制 + 計劃經濟」。

## 2.6 中國共產黨第八次全國代表大會的召開 (1956 年 9 月)：「八大」的歷史意義

「八大」是中華人民共和國歷史的一個重要里程碑，它標誌着社會主義過渡基本完成、社會主義建設開始。

「八大」召開之前，國內形勢有兩點必須加以注意：

第一，中共對知識分子的政策來了一個重大轉變。新中國成立初期，為了徹底清除歐美文化（即資本主義自由主義價值觀）影響起見，中共決定加快知識分子思想改造的步伐。1951-1952 年，知識分子思想改造運動迅速從北京、天津 20 餘所高校推廣到全國高校和中小學校，並逐步從教育界擴展到文藝、科技、民主黨派、政府機關、人民團體、工商、宗教等社會各界知識分子。儘管知識分子經歷了思想改造，中共卻仍然把他們定性為「小資產階級」分子。直到 1956 年 1 月，周恩來在知識分子問題會議上才首次宣佈 ：「〔知識分子〕絕大部份已經成為國家工作人員，已經為社會主義服務，已經是工人階級的一部份」，「發展社會主義建設……必須依靠體力勞動和腦力勞動的密

切合作，依靠工人、農民、知識分子的兄弟聯盟。」這使得知識分子極度興奮。

第二，毛澤東開始為中國尋找一條既不同於蘇聯，又不同於美國的發展道路。1956 年 4 月 25 日，毛澤東在中共中央政治局擴大會議上作了《論十大關係》的重要講話。他以蘇聯的經驗為鑒戒，論述了社會主義建設的十大關係：重工業和輕工業、農業的關係；沿海工業和內地工業的關係；經濟建設和國防建設的關係；國家、生產單位和生產者個人的關係；中央和地方的關係；漢族和少數民族的關係；黨和非黨的關係；革命和反革命的關係；是非關係；中國和外國的關係。誠然，毛澤東是探索適合中國的社會主義建設道路的第一人，標誌就是《論十大關係》的提出。

「八大」的召開還有一個不尋常的國際背景。1956 年 2 月，蘇共召開「二十大」。會議結束前，蘇共領袖赫魯曉夫全盤否定前任領導人斯大林，又猛烈抨擊他的「個人崇拜」，結果令共產主義陣營掀起了一場「非斯大林化」運動（de-Stalinization）。這不只促使毛澤東提出「以蘇聯為借鑒」，它還對中共「八大」產生了很大影響。由於不想被批評搞「個人崇拜」，中共在「八大」通過加強集體領導，除主席外增設四個副主席（由劉少奇、周恩來、朱德、陳雲擔任）；又復設中央書記處總書記一職，由鄧小平出任；另外，修訂黨章，刪去了1945 年「七大」時寫進去有關「毛澤東思想作為我們黨一切工作的指針」這句話。（值得注意的是，儘管毛澤東多次表明他厭惡過度強調「毛澤東思想」這個用詞，並親自從幾份文件中刪去這個說法，但他實際上並未提議要從黨章中刪除這個詞彙）。

共產黨在每個歷史時期的首要任務是界定該時期的主要矛盾。既然中國快要成為社會主義國家，中共的當務之急就是要界定進入社會

主義後的主要矛盾。劉少奇在「八大」宣告，無產階級與資產階級之間的矛盾已基本解決，國內的主要矛盾已經不再是工人階級和資產階級的矛盾，而是人民對於建立先進的工業國的要求與落後的農業國的現實之間的矛盾，是人民對於經濟文化迅速發展的需要與當前經濟文化不能滿足人民需要的狀況之間的矛盾。黨和全國人民的主要任務，就是要集中力量發展社會生產力來解決這個矛盾。

這是很重要的一點。「八大」對當前主要矛盾的界定，本應令中共走經濟發展的路，但翌年的反右和毛澤東對主要矛盾的重新界定，使中共走向階級鬥爭之路，直到 1970 年代末鄧小平啟動改革開放為止。須指出的是，中共於 1980 年代初所界定的主要矛盾其實與劉少奇在「八大」所界定的主要矛盾相同；即是說，中共從 1980 年代開始再走經濟發展之路。

# 第二章

「多、快、好、省」：
毛式社會主義建設的挫敗與黨
內矛盾的激化（1957-1965 年）

# 1、社會主義建設的開展 (1957-1960 年 )

## 1.1  由整風轉為反右（1956-1957 年）

　　毛澤東一向着眼於端正黨紀黨風，因他相信這是增強黨與群眾團結、減低執政風險的關鍵所在。1956 年春，正當中國邁向社會主義的新時代，毛澤東察覺到黨內出現了一股脫離實際、不了解群眾的歪風；比如，不少被派去管理公私合營企業的幹部，被民族資產階級指責其行為不當。毛澤東為了挽回黨的聲譽，決定對黨員進行整頓批評。

　　1956 年 4-5 月間，毛澤東提出要貫徹「雙百」方針，即「藝術問題上百花齊放、學術問題上百家爭鳴」，好讓黨外人士自由表達意見，並批評黨內的種種問題。簡而言之，毛澤東想借助黨外鳴放以配合黨內整風。他還指示要集中批評「三害」：「主觀主義」（用舊方法去解決新問題）、「官僚主義」（官僚作風）、「宗派主義」（瞧不起黨外人士）。可是，鳴放運動收效甚微，令毛澤東大感失望。反應冷淡的主因有二：其一是 1955 年文藝理論家胡風因批評中共的文藝理論和政策被捕及引發一場「肅反」（肅清暗藏反革命分子）運動，令知識分子噤若寒蟬；其二是絕大部份黨員、幹部都不支持毛澤東發動黨外人士整黨，他們恐怕鳴放會嚴重打擊中共的權力及威信，最終造成失控的局面。毛澤東曾指出，對「百花齊放、百家爭鳴」方針，在高級幹部中，「許多人實際上不贊成」；他還説，蘇聯也不贊成。

　　1957 年 2 月 27 日，毛澤東為了闡釋他對當前社會矛盾的看法，在最高國務院會議第十一次（擴大）會議上作了〈關於正確處理人民內部矛盾的問題〉的講話。毛澤東把錯綜複雜的社會矛盾區分為「敵我矛盾」和「人民內部矛盾」，並解釋説：「這是性質完全不同的兩

類矛盾」，「敵我之間的矛盾是對抗性的矛盾，人民內部的矛盾，在勞動人民之間來說，是非對抗性的」，「敵我之間和人民內部這兩類矛盾的性質不同，解決的方法也不同」。他毫不含糊地指出，解決「敵我矛盾」的唯一辦法是進行「階級鬥爭」；解決「人民內部矛盾」的正確方法是「團結——批評——團結」，即用說服、教育、批評、自我批評的方式。其實，這篇講話的目的是要說明「三害」基本上是「人民內部矛盾」的反映，只有鼓吹鳴放才是解決這個「人民內部矛盾」的正確方法。

3月12日，毛澤東對宣傳部講話，號召「放手讓大家講意見，使人們敢於說話，敢於批評，敢於爭論」。值得注意的是，毛澤東在2-3月的講話並沒有馬上在黨的官方報刊上發表，這大概是因為黨內仍有不少人反對他搞鳴放運動。但毛澤東似乎終於得到宣傳部的支持。5月1日，《人民日報》發表了中共中央於4月27日發出的〈關於整風運動的指示〉，號召「知無不言，言無不盡，言者無罪，聞者足戒，有則改之，無則加勉」，鳴放運動於是全面展開。

毛澤東想聽到的，是針對個別官員處事失當或行為不檢的批評，但批評的言論很快便超越了他心目中設想的界限，矛頭直指整個共產黨制度。中國人民大學的學生領袖林希翎指出，「三害」的根本原因是政治制度、人事制度、等級制度不好；另外，她又要求按照法律程序公開審訊胡風以伸張正義。《光明日報》的主編儲安平則指出所有部門的第一把手都是中共黨員，說這是政治上的不平等，要批評「黨天下」；又派記者到各大城市組織討論會，讓黨外知識分子發表意見。而中國民主同盟中央副主席章伯鈞、羅隆基，以及民盟上海市委副主任彭文應、宣傳部部長陳仁炳亦在不同場合帶頭大鳴大放，強烈批評現行政策。例如，羅隆基要求共產黨傾聽知識分子的意見、取消對知

鳴放運動
1957年，「鳴放運動」一開始便鼓勵知識分子講真話，後來卻演變為空前的鎮壓行動。

識分子的思想改造，以及平反「肅反」運動；章伯鈞則建議政協、人大、民主黨派、人民團體組成四個「政治設計院」，並要求中共在制定政策前和這些組職交換意見。為何特地提及上述六人？下文將會交代。

　　當運動開始脫離毛澤東當初的預計時，有人勸他及早煞車，但毛澤東認為這是「引蛇出洞」的好時機，說「要硬着頭皮聽，不要反駁，讓他們放」，又說他發動鳴放是「陽謀」；直至形勢超出了毛澤東的控制範圍，他才改變初衷。6月8日，《人民日報》發表〈這是為甚麼？〉，結束鳴放運動。18日，又發表毛澤東2月有關處理「人民內部矛盾」的講話，但加進了六條新訂的標準──包括擁護共產黨及社會主義建設等，以識別正確與非正確的批評，於是反右派鬥爭正式展開。直接負責推行運動的人，就是當時的總書記鄧小平。對於早前言

論過火的人來說，這些新訂的標準實在來得太遲，他們難逃被打為右派的命運，首當其衝的是部份民盟負責人。7 月初，中共揭露所謂「章羅聯盟」，指控這個「聯盟」在鳴放期間到處煽動，企圖將所有民主黨派組成一個政黨，與共產黨分權掌政。反右運動隨即擴大，主要原因是知識分子工作單位的領導幹部大多執行劃定右派數目的政策，不湊夠數不肯罷休。毛澤東的英文秘書冀朝鑄憶述，當時一些單位清算了被劃定為「右派」的 5% 在職人員，但為何作出這個數字則解釋欠奉，大概是因為毛澤東在一次講話中推測全國人口的 2%-10% 很可能是資產階級右派。冀朝鑄又解釋說：毛澤東講過又寫過很多引起爭論的東西，很多時，如上述一句隨口說出的話就會自動引起一連串官僚反應，最終導致不符實際的政策的制定。[1] 1957 年 5 月 15 日，毛澤東確實寫了〈事情正在起變化〉一文，傳給黨內幹部閱讀，文中有這樣的話：「所謂百分之一、百分之三、百分之五到百分之十的右派是一種估計，可能多些，可能少些。在各個單位內情況又互相區別，必須確有證據，實事求是，不可過份，過份就是錯誤。」結果是，從反右運動開展到 1958 年底，全國劃定右派分子 55 萬多人，等於當時全國知識分子總數的九分之一左右，他們自此成為「黑五類」分子。[2]

　　整風演變成反右究竟是甚麼一回事？是一般人所說的「陰謀」？是毛澤東所說的「陽謀」？還是另有內情？這是值得探討的問題。其實，反右並不是一個由毛澤東預早佈置以達「引蛇出洞」的「陷阱」（毛澤東的確說過要「引蛇出洞」，但這是他在 5 月 14 日察覺到鳴放過火後才講的話）；它亦非「陽謀」（這大概是毛澤東慪了一肚子

---

1　見 Ji Chaozhu, *The Man on Mao's Right.* New York: Random House, 2008；冀朝鑄口述，蘇為群採訪整理：《從洋娃娃到外交官——冀朝鑄口述回憶錄》，北京：北京大學出版社，2000 年。
2　「黑五類」指地主、富農、反革命分子、壞分子、右派，合稱「地、富、反、壞、右」。

氣才説的話）。有理由相信：一、毛澤東在鼓吹鳴放當初真的相信大部份知識分子是擁護共產黨的，因此，他希望知識分子支持他整黨；二、毛澤東自信心極強，認為即使出了問題，他還是能駕馭形勢的；三、知識分子聽了 5 月 1 日整風指示後亦相信毛澤東號召鳴放以達整風目的是真心的。當年「大右派」章伯鈞的女兒章詒和在憶述這段往事時説道：「無論是儲安平，還是父親，都對毛澤東發動整風的誠意，深信不疑。」[3] 問題是毛澤東想聽到知識分子所批的，與知識分子想批的，完全是兩碼子事。到過火的言論湧現後，毛澤東才恍然大悟，原來黨外的知識分子是這麼渴望與共產黨輪流坐莊的，他們對共產黨的不滿又是這麼深。毛澤東覺得被知識分子出賣了，其自尊亦受損。據悉，毛澤東最後決定將整風轉為反右的其中一個具體原因，是聽了羅隆基「現在是馬列主義的小知識分子領導小資產階級的大知識分子、外行領導內行」這句帶有歧視性的話，令他感覺痛心和惱火，反右隨即展開。這次又輪到響應鳴放的人覺得被毛澤東出賣了。毛澤東不是説過「言者無罪」嗎？為何對「知無不言，言無不盡」者訂定新的標準來判斷其批評是否正確？毛澤東與知識分子的關係從此惡化，直至毛澤東去世，雙方的隔閡仍未消除，這是鳴放變反右的一個影響深遠的結果。

鳴放變反右的另一個嚴重後果是毛澤東相信階級敵人還存在。1958 年 5 月，在「八大」二次會議上，毛澤東不僅正式給知識分子戴上「資產階級知識分子」的帽子，他還修改了「八大」一次會議關於國內主要矛盾的分析，指出「在社會主義社會建成以前，無產階級同資產階級的鬥爭，社會主義道路同資本主義道路的鬥爭，始終是我國

---

3　見章詒和：〈兩片落葉，偶爾吹在一起——儲安平與父親的合影〉，《最後的貴族》，香港：牛津大學出版社，2004 年。

內部的主要矛盾。」由於這個主要矛盾「在某些範圍內表現為激烈的、你死我活的敵我矛盾」，所以毛澤東一直堅持要「以階級鬥爭為綱」。促使毛澤東認為當時中國仍存在兩條道路的鬥爭還有其他原因，包括：部份省份鬧退社（退出農業生產合作社）風潮；公私合營企業中的資本家還拿取定息，即還有剝削；個體手工業戶發展很快，有的還請僱工，即進行非法剝削。

著名學者錢理群指出，毛澤東和中共在反右後對原有的一黨專政體制強化和發展，構建了一個具新特色的「五七體制」。[4] 據錢理群的分析，「五七體制」的新特點大致有如下四個方面：

第一就是「重新排隊，重組階級隊伍」，即要求各級單位人員按左、中、右標準（中又分中左和中右），劃分敵我。而劃分左、中、右所根據的是兩條：一是政治表現（即聽不聽黨的話，服不服從黨的領導），另一是家庭出身（即所謂「血統論」）。為了貫徹上述方針，毛澤東和中共又強化、制訂了一系列制度，包括政治鑑定制度、政治審查制度和檔案制度；

第二就是建立一個「大權獨攬、黨的一元化的領導體制」。毛澤東對此有明確的指示，他說：「大政方針在政治局，具體部署在書記處。……大政方針和具體部署，都是一元化，黨政不分。具體執行和細節決策屬於政府機構及其黨組。對大政方針和具體部署，政府機構及其黨組有建議之權，但決定權在黨中央。」這就造成「黨專政」的局面。而「黨專政」具體來說就是「第一書記專政」，即從中央到地方，一直到基層單位，所有的權力不僅要集中在黨身上，而且要集中在黨的第一把手身上。「單位體制」是中國一黨專政的一項特色，單

---

4　見錢理群：《毛澤東時代和後毛澤東時代（1949-2009）——另一種歷史書寫》，台北：聯經出版事業股份有限公司，2012 年。

位內部又形成了金字塔型的「等級體制」，由最上層到最下層分別是：第一把手支部書記、支部書記、黨員、左派、中間派、右派。重要的原則是，單位內部個人逐層服從領導；單位外部逐層服從上級領導，最後全黨服從中央，中央服從毛澤東。

第三就是建立一個「以『興無滅資』為中心的新意識形態」。所謂「興無滅資」，就是要「興無產階級思想，滅資產階級思想」；具體來說，就是要排除一切個人慾望、利益、權利，放棄一切獨立思考、批判意識，以及建立「集體主義思想」和「一切服從黨」的信念。「興無滅資」這個概念是毛澤東在 1958 年 3 月的一個批語中首先提出來的。

第四就是不斷設置對立面、製造階級鬥爭，以保持「不斷革命」的緊張態勢，並以此作為治國的基本方針和策略。

除了構建「五七體制」外，毛澤東還不斷用他獨特的方式去改造共產黨。從 1956 年開始，毛澤東一而再，再而三鼓動黨外人士帶頭整黨：1956-1957 年，他鼓動黨外知識分子批「三害」；1963-1965 年，又鼓動貧下中農領導「社會主義教育（四清）運動」；到 1966-1967 年，再鼓動青年人（「紅衛兵」）及「造反派」奪黨委的權。究竟甚麼原因令毛澤東一直堅持這個獨一無二的整黨方式？恐怕只有他自己才知道，我們只能作一些推測。毛澤東這份執着其實在很大程度上與他心裏兩個相互矛盾的信念有關——他一方面深信權力會使人腐化，故共產黨抓權後必然走上腐化的路，而另一方面又堅信共產黨非抓權不可，不抓權必然天下大亂。對毛澤東而言，只有在他領導下借助黨外的純潔力量來端正黨紀黨風才能解決這個屬於「人民內部矛盾」的問題。

最後要講的是有關後毛澤東時代右派平反的問題。1980 年代初，

中共平反了 1957-1958 年間被劃定為右派分子的 55 萬多人，彷彿承認當年的反右運動是個失誤。令外界非常不解的是，上文特地提及的六個人——章伯鈞、羅隆基、彭文應、陳仁炳、儲安平及林希翎，卻一直未獲平反。為何如此？中共中央於 1981 年 6 月通過的《關於建國以來黨的若干歷史問題的決議》解答了這個問題：「在整風過程中，極少數資產階級右派分子乘機鼓吹所謂『大鳴大放』，向黨和新生的社會主義制度放肆地發動進攻，妄圖取代共產黨的領導，對這種進攻進行堅決的反擊是完全正確和必要的。但是反右派鬥爭被嚴重地擴大化了，把一批知識分子、愛國人士和黨內幹部錯劃為『右派分子』，造成了不幸的後果。」換言之，中共至今仍然認為毛澤東策動反右基本上是沒有錯的，因為當時真的有一小撮「反革命分子」在搞事，錯就錯在毛澤東把反右擴大化。這個說法表明中共絕不允許任何挑戰其權力的言論或行動。

## 1.2 「大躍進」：毛式社會主義建設實踐的挫敗 （1958-1960 年）

最先提出「躍進」這個口號，原來是 1957 年 11 月 13 日《人民日報》社論〈發動全民，討論四十條綱要，掀起農業生產的新高潮〉。據悉，毛澤東閱畢十分興奮，並於 1958 年 5 月重讀這篇社論後雀躍地說：「如果要頒發博士頭銜的話，我建議第一號博士贈與發明這個偉大口號的那一位（或者幾位）科學家。」

儘管「躍進」這個口號並非毛澤東所創，但「大躍進」這場運動毫無疑問是根據他的設想而推行的。毛澤東為何有此設想？主要原因有二：第一，由於新中國經濟落後又被美國及其盟友圍堵，毛澤東

很快便選擇了由列寧提出、斯大林落實的「趕超型」發展戰略，即依靠國家權力以最短時間進入工業最發達國家行列的發展模式。既然這個戰略的本質在於實現後來者追上的目標，那麼，尋求捷徑、超越常規、進行創新以實現趕超是理所當然的事。大概為此，毛澤東在中國邁進社會主義後就進行「大躍進」和人民公社化運動的試驗，以求實現跨越式發展。值得注意的是，在國際局勢相對緩和的 1950 年代中期，社會主義陣營正與資本主義陣營展開「和平競賽」，故「趕超」資本主義發達國家的大潮很快在社會主義陣營各國普遍興起，這無疑對毛澤東起了鼓舞作用；第二，在反右之後，毛澤東顯得雄心勃勃。他不只要破除「封建迷信」，還要破除「洋迷信」，這包括對西方帝國主義的迷信，對社會主義老大哥蘇聯的迷信，甚至對馬克思的迷信。1958 年 5 月，毛澤東滿懷信心地說：「馬克思沒有做中國這樣大的革命，我們的實踐超過了馬克思。」他急於開闢一條獨特的、適合中國的發展道路，結果搞了一樁史無前例的、企圖通過全民思想解放運動來促進生產力發展的空想社會主義實驗，惟以失敗告終。

### 1.2.1 目標、策略與特色

「大躍進」的目標是：第一，高速發展經濟；第二，達到自力更生；第三，消滅「三大差別」，即城鄉差別、工農差別、體力與腦力勞動的差別。按當時的說法，「速度是總路線的靈魂」，而對建設速度起決定性作用的，乃毛澤東所迷戀的「人民的主觀能動性」。毛澤東特別強調高速發展經濟，這表明他內心的焦慮；他希望中國能盡快變成經濟大國，以提升它在社會主義陣營的地位和衝破以美國為首的西方世界對它的包圍。

「大躍進」的基本策略是所謂「一馬當先，萬馬奔騰」：「一馬」

指糧和鋼，即（農業）以糧為綱、（工業）以鋼為綱，「當先」指以高指標、高速度帶領經濟發展；「萬馬」指其他經濟部門，「奔騰」指追趕糧和鋼的高速生產。在此說明，當時訂定生產指標（製造平衡）的終極目的並不是要達標而是要突破指標（破壞平衡）。毛澤東認為：「不平衡是普遍的客觀規律。從不平衡到平衡，又從平衡到不平衡，循環不已，永遠如此，但是每一循環都進到高的一級。不平衡是經常的、絕對的；平衡是暫時的、相對的。」據此，《人民日報》在1958年2月28日發表社論，呼籲人們要「時時刻刻向舊的事物衝擊，向舊的定額、舊的指標、舊的規章制度挑戰」。「大躍進」的基本方針如下：先訂第一個指標，組織第一個平衡，同時放手發動群眾，釋放其潛力，以突破第一個平衡；然後編制第二個指標，組織第二個平衡，突破第二個平衡；一直重複上述的做法，以達到生產建設的高速度。這就是所謂「積極平衡論」的實踐方式，即不要平衡，人為地破壞平衡，追求高速度；破壞平衡就是「大躍進」。

在工業方面，主張「兩條腿走路」，故有「五並舉」的提法，分別是：

第一，農業與工業同時並舉；

第二，輕工業與重工業同時並舉；

第三，大型企業與中小型企業同時並舉；

第四，中央工業與地方工業同時並舉；

第五，土法生產（中間技術）與洋法生產（先進技術）同時並舉。

最廣為人知、最為後世詬病的土法生產無疑是1958年開展的全民大煉鋼鐵運動——廣建「土高爐」，用土法煉鋼，要在生產鋼鐵方面「超英趕美」。在「大躍進」期間，這個群眾運動席捲全國城鎮農村，導致「小土爐」、「小高爐」星羅棋佈、遍地開花；煉鋼又往往不分晝夜，

進行大煉鋼的各種高爐
「大躍進」期間，全民大煉鋼運動耗費了大量的人力物力，卻一無所得。

令全民進入了瘋狂的狀態，嚴重影響其他經濟活動。還有，由於煉鋼的原材料不足，所以很多人竟將鐵製的門窗欄杆、傢具、飯鍋，甚至農具都送進「土高爐」作為煉鋼材料，可惜煉不出合標準的鋼，甚至煉不出鋼來，造成嚴重的浪費及損失。

在農業方面，於 1957 年秋收後出現了大規模興築水利工程的運動，到 1958 年下半年又在全國範圍內掀起了深翻和改良土壤的運動。過份的熱忱和無知令上述的活動帶來了災難性的後果：農民一窩蜂似地在山坡上建池蓄水，又在農田上大搞積肥、深耕、密植，結果在短短一兩年間就將整個中國的自然環境和生態系統徹底破壞，導致到處

　第一部份
　　　從繼續革命到改革開放

出現水災、旱災。其他群眾運動更加劇了危機，如為了防止麻雀偷吃稻穀，全國於 1957 年冬至 1958 年夏搞了一場圍剿麻雀運動——辦法是每天清晨和下午四時到七時半，趁麻雀出窩覓食和回窩的時機，不停敲鑼打鼓製造噪音致使麻雀不停地飛直至倦死，結果是麻雀被大規模滅殺，令生態失衡，蟲害失控，新一季的稻穀在剛成熟時就給蟲吃光了。直到 1960 年，毛澤東才接受科學家的忠告，下達了「麻雀不要打了」的命令。在「大躍進」期間，全國各地還大肆宣揚搞高額豐產的「衛星田」（指產量如衛星般高）。1958 年 9 月 18 日，《人民日報》就有了最驚人的報道：「廣西環江縣創造了畝產 13 萬斤的奇蹟！」其實到處都在虛報生產數字以表示先進，完全脫離實際。在「畝

官方的「大躍進」產糧宣傳照
1958 年 8 至 12 月，人民公社紛紛成立，在黨的宣傳下，人民看似豐衣足食。

產萬斤」的幻象下，大家都以為中國人兩三千年來的吃飯問題終於解決了。這直接催生了1958年底標榜「少種、高產、多收」之「三三制」的出台（即現有農耕地1/3種莊稼；1/3種樹種草，發展林牧業；1/3休閒，以培養地力）。其直接後果是1959年全國播種面積顯著減少，糧食總產量也明顯下降。

可見工業、農業「大躍進」是體現於一連串反精英、反專家、反知識、荒唐的群眾運動，這顯示毛澤東在發動反右運動後不再信任知識分子，不再依靠他們搞經濟建設。他要打破專家領導經濟發展的迷信，並想證明群眾中蘊藏着極大的社會主義積極性，認為只要將它釋放出來，就可以掃除一切客觀經濟規律所構成的障礙。不能否認，發動群眾來加快中國經濟發展是有歷史淵源的。毛澤東自1956年提出「以蘇為鑒」後，就不願照抄別國經驗，但由於中共沒有新鮮的經驗，故回歸其革命經驗是可以理解的，這就使「大躍進」運動成為中共革命經驗在建設年代的一次大規模重演。對此，薄一波有深刻的論述。他回顧「大躍進」的發動時說：「我們黨從土地革命時期開始，運用大搞群眾運動的方法解決農民土地問題、戰爭問題，確實得心應手，無往而不勝。在農業、手工業、資本主義工商業社會主義改造中大搞群眾運動，雖遇到很大阻力，但終究戰勝了阻力；遺留問題雖不少，但總算沒有出大亂子。這使毛主席和我們這些人，堅信這套傳統工作方法也可以用於社會主義經濟建設。」不幸的是，毛澤東把群眾引進「人定勝天」的誤區。

為了組織大規模的農業生產單位以便調動人手進行各式各樣的「大躍進」運動，黨中央又開展了人民公社化運動。1958年3月，毛澤東在成都會議上要求把小型的農業合作社合併為大社。隨後，河南遂平縣的渣岈山把27個小社合併為有一萬人的大社，當時定名為「衛

星人民公社」。8月上旬，毛澤東到河北、河南、山東等地視察；在河南時對當地幹部說：「人民公社好！」同年8-12月，全國74萬多個高級農業生產合作社相繼合併為2.6萬多個人民公社，一般是一鄉一社，每公社平均有5,000戶。人民公社實行三級所有制：公社、生產大隊、生產隊（當時全國2.6萬個人民公社中有50萬個生產大隊及300萬多個生產隊）；其特點是「一大二公」（「大」就是追求大規模，認為公社規模越大越有優越性；「公」是把一切生產資料乃至生活資料收歸國有，實行公社一級核算）。具體來說，人民公社實行統收統支、統一核算、統一分配、共負盈虧，又為缺乏或喪失勞動力的老、弱、孤、寡、殘疾社員提供「五保」（即保吃、保穿、保住、保醫、

公共食堂一景
「大躍進」時期的宣傳照片顯示「人民公社」是「吃飯不要錢的天堂」。

保葬）的福利，彷彿滿足了貧苦農民在生活和心理上最基本的要求。總而言之，人民公社是「政社合一」、「工（工業）、農（農業）、商（交換）、學（文化教育）、兵（民兵，即全民武裝）五位一體」的大綜合體；它充份體現了農業集體化和農村工業化統一的思路，在當時被認為是「建成社會主義和逐步向共產主義過渡的最好的組織形式」。至此，毛澤東認為，「共產主義在我國的實現，已經不是甚麼遙遠將來的事情了，我們應當積極地運用人民公社的形式，摸索出一條過渡到共產主義的具體途徑。」

毛澤東搞工業、農業「大躍進」，除了想促進生產力的發展外，還希望消滅「三大差別」，因此，「大躍進」不是一般的現代化而是一種向共產主義過渡的「社會主義現代化」。從權力的角度而言，毛澤東終於找到一種組織形式，實現了國家權力對地方的絕對、全面控制，這個控制一直伸延到縣、鄉以下的村鎮和家庭。

### 1.2.2 「大躍進」發展過程中的政治鬥爭

農業「大躍進」已於 1957 年秋收後進入醞釀發動時期。1958 年 5 月，「八大」二次會議通過兩個月前由毛澤東提出的「鼓足幹勁，力爭上游，多快好省地建設社會主義的總路線」，這標誌着「大躍進」從醞釀發動階段全面進入開展階段。（「多快好省」其實並非「大躍進」時期的新概念。1955 年底，在中華全國總工會的一個文件中，已出現了「快、多、好、省」的提法。1956 年 1 月 1 日，《人民日報》發表社論，正式提出了社會主義建設「多、快、好、省」四個方面的要求。到 3 月 13 日，《人民日報》更將「多快好省」方針定性為社會主義建設的「總方向」）。

毛澤東早於 1957 年 11 月提出，中國用 15 年左右在鋼鐵產量方

面可趕上或超過英國。到 1958 年 5 月，毛澤東肯定了「七年趕上英國，再加八年或十年趕上美國」的口號。6 月，毛澤東又宣佈：「我們三年超過英國，十年超過美國，有充份把握」。從這時開始，一些報章竟然作了「破條件、創規律」、「人有多大膽，地有多大產」、「不怕做不到，就怕想不到」的宣傳報道，口號越來越不切實際。8 月，北戴河中央政治局擴大會議通過《中共中央關於在農村建立人民公社問題的決議》。及後，人民公社化運動、全民大煉鋼鐵運動出現高潮，「五風」（「共產風」、「瞎指揮風」、「強迫命令風」、「浮誇風」、「幹部特殊化風」）亦氾濫起來。值得一提的是，在人民公社化運動之初，大部份地區實行的是公社一級所有制（即以公社為基本核算單位），故普遍出現貧富拉平及無償地調撥生產隊的勞動力、土地、物資和糧食的現象，當時叫做「一平二調」，是「共產風」的主要特徵，結果導致「平均主義」氾濫。此外，「大躍進」、總路線、人民公社當時統稱為「三面紅旗」。

北戴河會議後的三個月中，毛澤東、黨中央的其他領導人及地方負責人相繼到農村調查，察覺到各地的經濟工作犯了很多「左」的錯誤。從 1958 年 11 月到 1959 年 7 月初，毛澤東先後召開一系列會議，嘗試糾正這些「左」的錯誤。他提出要學習明朝清官海瑞批評嘉靖皇帝的勇氣，又表示不當下屆國家主席候選人——1959 年 4 月，劉少奇當選國家主席。在這個時候，毛澤東批評「有些人太熱了一點」，「只愛熱」；同時又批評「另有一些人愛冷不愛熱」，是「觀潮派、算賬派」。儘管毛澤東承認運動在實踐方面出了「左」的毛病，但這不表示他認為「大躍進」是「左」傾；糾「左」是在充份肯定「大躍進」的前提下進行的。毛澤東打算在糾正「左」的錯誤後更好地「大躍進」。

1959 年 7 月初，黨中央為總結「大躍進」的經驗教訓和討論未來的工作任務，在廬山召開政治局擴大會議。毛澤東把當前形勢歸納為「成績偉大，問題不少，前途光明」，並強調「大躍進」的成績與缺點是「九個指頭與一個指頭的關係」（意思是 90% 做得好，只有 10% 做得不好）。在分組討論中，曾返家鄉湖南湘潭作實地考察的國防部長彭德懷表示：「人民公社我認為早了些，高級社的優越性剛剛發揮，還沒有充份發揮，就公社化，而且未經過試驗，如果試上一年再搞，就好了」，「我們黨內總是『左』的難糾正，右的比較好糾正，『左』的一來，壓倒一切，許多人不敢講話」，「浮誇風、小高爐等等，都不過是表面現象，缺乏民主，個人崇拜才是這一切弊病的根源。」由於擔心「左」傾錯誤難以克服，彭德懷於 7 月 14 日送給毛澤東一封信，表明「浮誇風」普遍出現，並指出「小資產階級的狂熱性，使我們容易犯『左』的錯誤」。須知，彭德懷上廬山之前剛從東歐訪問回來，其間他曾與赫魯曉夫會晤，當時莫斯科盛傳中國經濟出了問題，令毛澤東對彭德懷起了疑心。毛澤東讀過彭德懷給他的信後，於 16 日在信上加上「彭德懷同志的意見書」的標題，印發給山上開會的人看。在廬山公開支持彭德懷的有三人，包括 17 日發言的解放軍總參謀長黃克誠，19 日發言的湖南省委第一書記周小舟及 21 日發言的外交部副部長張聞天。正在波蘭訪問的赫魯曉夫又於 18 日公開批評「大躍進」，聲稱那些腦子裏打這些主意的人「不了解共產主義是甚麼，也不了解共產主義是如何打造的」。這令完全不習慣遭到批評的毛澤東更懷疑彭德懷與赫魯曉夫早有預謀。毛澤東遂於 23 日發動對彭德懷的批判，指他表現了「資產階級動搖性」，「把自己拋到右派邊緣去了，距右派還有三十公里」。

　　1959 年 8 月 2-16 日，黨中央繼續在廬山召開八屆八中全會議。

毛澤東説：「我們反了九個月『左』傾了，現在基本上不是這一方面的問題了，現在盧山會議不是反『左』的問題了，而是反右。」會議議決彭德懷在盧山會議的發言和意見書是「具有反黨、反人民、反社會主義性質的右傾機會主義路線的錯誤」，是「有目的、有準備、有計劃、有組織的活動」；彭德懷、周小舟、黃克誠、張聞天四人調離國防、省委第一書記、外交工作崗位。毛澤東還説：「盧山出現的這一場鬥爭，是一場階級鬥爭，是過去十年社會主義革命過程中資產階級與無產階級兩大對抗階級的生死鬥爭的繼續。」

1959 年 8 月 18 日到 9 月 12 日，中央軍委擴大會議在北京召開，批判彭德懷、黃克誠的所謂「資產階級軍事路線」問題。同時，外事部門也召開了外事工作會議，揭發彭德懷、張聞天所謂「裏通外國（蘇聯）」問題。彭德懷被撤職後，林彪出任國防部長，並任軍委副主席。在此作一點補充：這場鬥爭並不局限於清算彭、周、黃、張四人。盧山會議後，從中央到地方的各級組織都開展對「右傾機會主義者」的鬥爭。結果，全國有 380 萬黨員、幹部被定為「右傾機會主義」分子；中國人民解放軍內部也劃定了 17,200 餘人。

1960 年，一場「更大的躍進」在「反右傾，鼓幹勁，繼續大躍進」的「左」傾口號下席捲全國。一度下降的「一平二調」又重新湧現，令「平均主義」再次氾濫。另外，在過去兩年中所盛行的各種「大躍進」運動和人民公社化運動，最終帶來不少嚴重的問題，包括：

一、資源和生態平衡的破壞——最顯著的例子是因為要大煉鋼鐵，所以發動群眾砍伐林木，結果對森林造成極大的破壞；大規模的興築水利工程、圍剿麻雀運動也徹底破壞了生態系統；

二、資源的浪費——如盲目的巨大基建投資造成大量未能投產的項目。又如糧食大浪費：1958 年，全國有 1.9 億農民投入水利工程和

大煉鋼鐵運動，到秋收季節，由於收割主要靠老弱婦殘，故當年的農作物有 10% 左右未收回來。又由於公共食堂實行「吃飯不要錢」，鼓勵「放開肚皮吃飽飯」，甚至開流水席，本社社員隨到隨吃，外社社員亦可享受免費就餐，因此，很多公共食堂半個月就吃掉了三個月的口糧；據估算，1958 年農民免費吃食堂所浪費的糧食相當於當年農村供應糧食的 11%；

三、國民經濟比例失調——如消費與積累比例失調、工農業比例失調、工業和交通運輸比例失調等等；

四、對農民掠奪——公社不僅無償佔有農民的土地、資金、房屋、牲畜、農具、種子、肥料、傢具，甚至迫使農民出工出力建辦公樓、廠房、招待所；不僅公社各級組織侵佔農民財產，政府部門也到農村佔地、要錢、要物、要勞動力。這就造成國家平調公社，公社平調生產隊，生產隊平調農民的現象。據中央農村工作部 1961 年 8 月給中共中央的報告顯示，公社化的幾年裏全國平調鄉村的物資折款達 250 億元，按當時全國鄉村總人口 53,152 萬計算，平均每人被平調財物 48.89 元，相當於 1961 年農民平均消費水平 68 元的 71%，嚴重挫傷了農民的生產積極性。

1958 年後，農業生產大幅度下降。據有關資料顯示，1958 年的糧食產量實際上有 4,000 億斤（儘管公佈是 7,500 億斤），1959 年降到 3,400 億斤（當時估產 5,100 億斤），1960 年又降到 2,870 億斤 (當時估產 3,700 億斤)，1961 年略有回升仍只有 2,950 億斤，與 1951 年的 2,874 億斤水平相去不遠。換句話說，全國糧食產量，1959、1960、1961 年分別比 1958 年下降 15%、28.25%、26.25%。直至 1980 年代初，中國官方把「大躍進」導致糧食減產的現象完全歸咎於所謂「三年自然災害」。根據中國國家統計局、民政部編的《1949-

1995 中國災情報告》[5]，1959-1961 年確實發生了大範圍的、相對嚴重的自然災害，包括旱災、霜凍、洪澇、風雹、蝗災、黏蟲災、鼠災等等，普遍以旱災為主。但不能否認，決策錯誤同樣是造成糧食減產的直接原因，這包括抽調大批農村勞動力搞水利和鋼鐵等活動，以及減少糧食播種面積等等。而導致農村糧食存量嚴重不足的原因，除了鼓吹「放開肚皮吃飽飯」外，就是實行糧食高徵購政策——由於地方幹部虛報生產數字，令國家要求各地區加大徵購指標，結果造成國家統購穀物後無足夠餘糧留給農民，大大加劇了農村的災情。據悉，1959-1961 年三年糧食平均徵購數佔糧食總產量的 34.4%（其中 1959 年糧食徵購數佔糧食總產量高達 39.6%）；而正常年景，糧食徵購數僅佔糧食產量的 20%。基於糧食減產及超額徵購，中國遂於 1959-1961 年進入了黑暗的「三年困難時期」。該追問的是：為甚麼國家在如此困難時期還實行高徵購？這大概可以歸因於下列考慮：一、要高出口（因為要急於換取外匯以發展重工業，特別是國防工業）；二、要高儲備（因為要準備打仗，這解釋為何在餓死人最多的 1960 年，國家還有數百億斤糧食庫存）；三、還外債（儘管蘇聯當時並沒有逼債）；四、援外（因為要和蘇聯爭奪國際共產主義運動的領導權）；五、要支持城市的糧食供應。

　　1960 年 7 月，毛澤東在北戴河召開的中央工作會議上對當前形勢解釋說：「現在人家對我們的大躍進和人民公社有懷疑，這不能說沒有道理。這些是新鮮事物，我們正在進行試驗，我們進行各種各樣的試驗，無非是想把我們中國搞得好一點，發展得快一點。我們想試試是不是只有蘇聯那個辦法是唯一的辦法？我們想，除了蘇聯的辦法，

---

5　中國國家統計局、民政部編：《1949-1995 中國災情報告》，北京：中國統計出版社，1995 年。

是不是根據中國的情況還有更好一些的辦法、更快一些的辦法？無非是這麼一個想法。國內工作決定我們在國際上的發言權，我們要埋頭苦幹，把國內工作搞好。」以上一席話，在一定程度上表明毛澤東發動「大躍進」的動機。儘管他還希望「把國內工作搞好」，但當時正哀鴻遍野，形勢急轉直下。9月，黨中央提出「八字方針」（即「調整、鞏固、充實、提高」），11月又發出周恩來起草的《關於農村人民公社當前政策問題的緊急指示信》（即《十二條》），對國民經濟進行調整。至此，「大躍進」名存實亡。

據各方面的估計，1958到1962年的大饑荒餓死了2,000萬到4,500萬人；死亡人數自1959年開始上升，在1960年達到頂點，一直持續到1961年，到1962年才好轉過來。災情最嚴重的是四川、安徽、河南、山東和貴州這幾個省。若按官方公佈的較保守的數據計算，1958年全國已有172萬人非正常死亡，1959、1960、1961、1962年非正常死亡分別是475萬、1,109萬、300萬和42萬人，總計在這時段非正常死亡人數達2,098萬人。資深新聞記者、評論家楊繼繩花了近十年時間到各省做調查，其後寫成《墓碑——中國六十年代大饑荒紀實》。[6]他的研究結論是：「在大饑荒期間，全國非正常死亡人數大約3,000萬人，應出生而沒有出生的人數大約4,000萬人。大饑荒使中國人口損失大約7,600萬。」楊繼繩還指出，大饑荒的主因是人禍，而且是體制所造成的。他解釋說：造成幾千萬人餓死的原因，是極權制度。在通常的情況下，如果遇到饑荒，災民或者得到外界的救助，或者外出逃荒。但是，在當時的制度下，農民沒有求助和外出逃荒的權利。各級政府對外封鎖饑荒的消息；郵局扣起向外求助的信；公安局封鎖

---

6　楊繼繩：《墓碑——中國六十年代大饑荒紀實》，上、下篇，香港：天地圖書有限公司，2008年。

村口不得外逃。在三年大饑荒期間，幾千萬人就此無辜地死去。不少西方學者對 1958-1962 年大饑荒的死亡數字也作過估計。近年，馮客（Frank Dikötter）根據分佈在中國不同地區的數十個省、市、縣檔案館中的一千餘份檔案文件對「大躍進」時中共權力中心內發生的事與普通百姓的遭遇結合起來研究；據他估算，從 1958 到 1962 年間至少有 4,500 萬人非正常死亡。[7]

無庸諱言，毛澤東領導「大躍進」以失敗告終，其所犯的錯誤主要有二：一、在經濟建設方面以「政治掛帥」，並誇大人的主觀能動性，急於求成，完全不按照經濟規律辦事；二、在建立公有制方面盲目求純，忽視了當時生產力相對落後的客觀實際。不過，儘管「大躍進」由毛澤東一手發動和領導，我們卻不能否認在運動期間（起碼在運動初期），絕大多數黨中央領導人與毛澤東的看法是一致的。這是因為毛澤東勾畫出的共產主義樂園代表了整整一代共產黨人的理想和追求，無怪一眾領導人的頭腦都發熱。鄧小平後來就承認了這一點，他說：「講錯誤，不應該只講毛澤東同志，中央許多負責同志都有錯誤。『大躍進』，毛澤東同志頭腦發熱，我們不發熱？劉少奇同志、周恩來同志和我都沒有反對，陳雲同志沒有說話。……中央犯錯誤，不是一個人負責，是集體負責。」值得我們去追問的是：「大躍進」有沒有社會（群眾）基礎？答案是肯定的。問題是：為甚麼會有那麼多人參與這場運動？錢理群按照楊繼繩所提供的資料作分析後，指出捲入「大躍進」和人民公社熱潮的民眾大概可分為下列六種人：一、懷有共產主義理想的知識分子；二、把黨的目標看作是自己目標的熱

---

7　見 Frank Dikötter, *Mao's Great Famine: The History of China's Most Devastating Catastrophe*. London; New York: Bloomsbury, 2010; 馮客著，郭文襄、盧蜀萍、陳山譯：《毛澤東的大饑荒──1958-1962 年的中國浩劫史》，香港：新世紀出版及傳媒有限公司，2011年。

血青年；三、希望改變自己困境（起碼能「放開肚皮吃飽飯」）的工農群眾；四、農村的流氓無產者（痞子）和「吃運動飯」的人；五、投機鑽營分子；六、被迫自保而跟風者。可見參與者當中有些是要實現其理想的，有些是想從中獲利的，有些是出於自保的，既有自願的，也有被迫的，當然也有對運動持消極，甚至反對態度的人。錢理群因此認為這場運動是不可以用「全民擁戴」或「全民受騙，被動參與」這類絕對化的簡單判斷來概括的。其所言甚是。

還須指出，1959 年 7-8 月在廬山上對彭德懷等人的批判顯示毛澤東時代的兩項特色：一、毛澤東犯了錯誤，只能由他自己說，別人指出他的錯誤，就是僭越，會引來殺身之禍。毛澤東在 1958 年八屆六中全會上就談論過「小資產階級的狂熱情緒的危險性」，但這樣的話只能由他自己講，彭德懷講這句話就是僭越，就是別有用心，毛澤東絕不允許；二、儘管毛澤東一貫「左」傾，但當他察覺到政策在執行上出現了「左」的毛病時，便會帶頭糾「左」，不過，由於糾「左」往往引出右的觀點，糾「左」終以反右收場。這與及後鄧小平時代的一個特色剛好相反：鄧小平雖然一貫偏右，但當他察覺到出現了極右的傾向時，便會帶頭批右，不過，由於批右往往引出「左」的觀點，批右終以反「左」收場。

## 2、「兩條路線的鬥爭」的緣起：所謂 「劉少奇路線」的制定（1961-1962 年）

中國在 1960 年代初實現了現代化範式的轉變。當時毛澤東已退居政治局第二線。為何有第一、二線之分？毛澤東後來解釋說：「我

負責的就是〔把領導層〕分工為第一線和第二線。我們為甚麼要分為第一線和第二線呢？第一個原因是我的健康不太好；第二個原因是蘇聯的教訓。馬林科夫〔G. M. Malenkov〕不夠成熟，斯大林死前，他沒有使用過權力。每一次他一敬酒，他就奉承、諂媚。我要在我死前建立他們〔劉少奇等第一線領導人〕的聲望。」毛澤東是否真的這樣想，不得而知。誠然，「大躍進」失敗後，日常工作由劉少奇、周恩來、鄧小平、陳雲等人負責。他們摒棄了「大躍進」時期所謂「多快好省地建設社會主義」的總路線，另按「調整、鞏固、充實、提高」八字方針制定了一條與毛澤東構思截然不同的務實路線，藉以挽救面臨崩潰的經濟。下面先談這條務實路線的具體內容與特色，再談路線背後的政治形勢。

## 2.1 根據「調整、鞏固、充實、提高」 八字方針制定的具體政策

在財政方面，壓縮對基本建設的投資：從 1960 年投資的 389 億元削減到 1962 年的 71 億元。結果是轉虧為盈：1960 年，財政虧損 80 億元；到了 1962 年，財政盈餘達 10 億元。

在工業方面，關閉所有虧本的工廠企業，精減職工，下放城市居民：1961 年，關閉了 25,000 間工廠企業，一千萬工人在農村重新定居；1962 年，又關閉了 18,000 間工廠企業，再有二千萬工人遷居農村。另外，集中發展重點工業，強調物質刺激（如實行獎金制度），恢復專家領導，又設法糾正「大躍進」時期重量輕質的失誤。這裏所說的「質」，不但指工業製成品的質素，還指整個生產過程中對生產資料的運用、對生產的管理等各方面的水平。

在農業方面，當務之急乃解決農民生計問題，辦法是：一、提高糧食的收購價格（從 1961 年夏收起，全國糧食收購價平均提高了 20%）；二、減少糧食徵購數量（1962 年的糧食徵購數僅相當於 1959 年的 54%）；三、降低農業稅（農業稅的實際負擔率，即農業稅正稅和地方附加的實際稅額佔農業實際收入的比例，從 1959 年的 14.3% 降至 1962 年的 8.7%）。還有，面對糧食短缺問題，中國政府從 1961 年開始大幅削減糧食出口，並實行優先進口糧食政策；1961-1965 年，每年從加拿大、澳大利亞進口糧食，或通過法國轉口購買美國糧食約 500 萬噸左右。據悉，赫魯曉夫於 1961 年 2 月發了一封密函給毛澤東，表示願意供應 100 萬噸穀物（30 萬噸小麥和 70 萬噸裸麥），以及 50 萬噸古巴糖給中國。周恩來回信表示只接受糖，並聲稱「現在蘇聯也有災情，所以我們不願加重蘇聯的負擔。」

上述政策雖然收到紓解民困之效，但它們不能促使農業持續發展。毛澤東一直相信改變生產關係是促進農業發展的基本方法，故他自 1950 年代中期便帶領中國農民走「集體化」的道路——先辦農業生產合作社，然後把它們合併為「一大二公」的人民公社。擔當「調整」任務的劉少奇卻有不同的見解。他認為生產關係必須符合生產力發展的水平，而人民公社所體現的生產關係實際上比當時中國的生產力先進得多，因此，劉少奇帶領中國農民走「集體化」的反方向——即「非集體化」的道路，以爭取農業的持續發展。1960 年代初的「非集體化」路向體現於下列政策：

第一，縮小人民公社的範圍，這導致人民公社的數目由 1958 年底的 26,000 個增加到 1964 年的 74,000 個；每社則由大約 5,000 戶減少到 1,620 戶；

第二，在確定人民公社三級所有制的同時，決定以生產隊為基本

核算單位（即確立「三級所有，隊為基礎」的所有制形式）；每個生產隊大約有 20-30 戶，其規模相等於初級農業生產合作社；

第三，實行「包產到戶」，即在土地所有權歸集體的條件下，以個別農戶為單位進行經營，把收穫的糧食（繳納國家公糧部份除外）歸農民自己支配的生產責任制。有需要說明，「包產到戶」並非官方制定的政策，而是一些災情嚴重的地方（如安徽省）的農民自發推行的一種生產方式，後來獲黨中央允許搞下去；

第四，恢復「自留地」，即允許每個生產隊劃出 5%-7% 的土地讓社員種植經濟作物或搞家庭副業，產品不徵農業稅，歸社員所有及支配；

第五，恢復「自由市場」，即允許集市貿易，以增加農民收入；[8]

第六，允許公社企業「自負盈虧」。

上述政策旨在激發農民的生產積極性。隨着這些政策的推行，農村經濟逐漸恢復。但該等政策在「文化大革命」時期受到抨擊：1967年 11 月 23 日，《人民日報》、《紅旗》雜誌、《解放軍報》分別發表〈中國農村兩條道路的鬥爭〉一文，把農村集市貿易（自由市場）、自留地、自負盈虧和包產到戶（即上述第三至第六項政策），稱為「三自一包」，又把這些政策說成是「妄圖瓦解社會主義集體經濟」，「實行資本主義復辟」。

在教育方面，着眼於提高教育水平：發展正規全日制學校（有別於半工半讀學校）、重點學校（即大學的預備班），重視書本知識及考試成績（即智育教育）；上述政策提高了被推翻的舊階級和知識分子的子女進讀高等學校的機會。

---

8　古華在其小說《芙蓉鎮》中，描寫女主角在「自由市場」賣米豆腐賺錢就是反映有關情況。

在學術研究及文藝創作方面，糾正「大躍進」重「紅」（革命意識）不重「專」（專業知識）的失誤，以發揮知識分子的積極性。1962年3月初，周恩來、陳毅在廣州會議上為知識分子「脫帽加冕」，即脫掉「資產階級知識分子」之帽，加上「勞動人民知識分子」之冕。在3月下旬的全國人大二屆三次會議的《政府工作報告》中，周恩來再次鄭重指出：我國知識分子中的絕大多數已屬於勞動人民的知識分子；如果還把他們看作是資產階級知識分子，顯然是不對的。上述政策旨在鼓勵知識分子多用時間做研究，好為祖國的現代化作出貢獻，比如：

一、鼓勵科學工作者多些研究科學理論；

二、鼓勵社會科學工作者探索不同的研究方法、提出不同的假設；

三、鼓勵經濟學家以利潤和效率，而不是以政治標準，作為促進中國經濟發展的根據；

四、鼓勵作家和藝術家風格多樣化。

由於黨中央對知識分子的政策進行了調整，特別是改善了他們的工作條件，提高了他們的待遇，又公開強調專家的作用，因此，學術、文藝界出現了一片活躍、寬鬆的氛圍，更出現了一股批判時弊的熱潮。但這股批評熱潮與1957年的大鳴大放不同，這次提出批評的並非黨外人士而是黨內（尤其是北京市委和中宣部裏）的知識分子，而他們抨擊的對象並非一黨專政而是毛澤東的領導和政策（尤其是按其設想推行的「大躍進」）。其中最具代表性的人物可算是鄧拓（北京市委書記處書記、記者、史學家、詩人）、吳晗（北京副市長、明史專家）及廖沫沙（中央統戰部長、作家）——他們三人在《前線》雜誌的專欄〈三家村劄記〉上用筆名吳南星發表了67篇雜文，利用古代人物及歷史事件，並以含蓄及諷刺的手法隱諱地批評毛澤東。此外，在1960年代初，不少文學作品不再單一描述英雄和壞蛋的典型，轉而描

繪所謂「中間人物」的普通中國農民——他們不是黨一向歌頌的完美英雄，而是處於「落後」和「先進」思想之間的、兼有積極和消極因素的、搖擺不定的中間階段人物。作家寫「中間人物」的目的，是要隱諱地批評毛澤東盲目信任農民可以創造奇蹟。

## 2.2 「調整」政策制定過程中的政治鬥爭

1961 年 1 月，中共召開八屆九中全會，會上批准了「八字方針」。毛澤東號召發揚實事求是的精神，令「1961 年成為實事求是年、調查研究年」。所謂實事，「就是要弄清楚實際情況」；求是，「就是要求根據研究所得的結果，拿出正確的政策」（陳雲語）。會後，毛澤東、劉少奇、周恩來、朱德、鄧小平和彭真等中央領導人，以及各省、地、縣、社的第一書記分別率員到基層作實地調查，為制訂新政策尋找依據。是年 5-9 月，黨中央通過了《農業 60 條》、《商業 40 條》、《手工業 35 條》、《林業 18 條》、《科研 14 條》、《文藝 8 條》、《工業 70 條》及《高教 30 條》，「調整」政策立竿見影。（有關上述新政策的內容與特色，參見上節）。

1962 年 1-2 月初，中共召開由黨和國家的最高領導人帶頭作自我批評的中央擴大工作會議。（由於參加會議的有從中央到縣委、從企業到部隊的負責幹部共七千多人，故被稱為「七千人大會」）。劉少奇在《書面報告》中指出工作上的四點錯失：第一，生產指標過高，基建戰線過長；第二，人民公社實際工作中「平均主義」氾濫；第三，權力下放過多，各自為政的「分散主義」傾向嚴重；第四，城市人口過多，加重了城市供應和農業生產的困難。同時他又指出錯失原因在於：第一，建設工作的經驗不足；第二，不夠謙虛謹慎，有驕傲自滿

七千人大會
1962 年 1 月，中共中央召開「七千人大會」。圖為（左起）周恩來、陳雲、劉少奇、毛澤東、鄧小平、彭真會議上一起交談。

情緒，違反了實事求是的傳統作風；第三，不依黨內生活、國家生活和群眾組織生活中的民主集中制原則，以致不能及時糾正工作中的嚴重錯誤。劉少奇說：「責任首先在中央，其次是省一級領導機關。」

　　毛澤東沒有逃避責任，他在講話中作自我批評時說：「凡是中央犯的錯誤，直接的歸我負責，間接的我也有份，因為我是中央主席。我不是要別人推卸責任，其他一些同志也有責任，但是第一個負責的應當是我。……在社會主義建設上，我們還有很大的盲目性。……拿我來說，經濟建設工作中的許多問題，還不懂得。……我注意較多的是制度方面的問題，生產關係方面的問題，至於生產力方面，我的知識很少。」毛澤東似乎同意劉少奇的整體分析，但二人在兩個問題上

　第一部份
　　　　從繼續革命到改革開放

有嚴重的分歧：第一，有關導致「三年困難時期」的原因，劉少奇認為是「三分天災，七分人禍」，而毛澤東則認為實際情況正好相反；第二，劉少奇認為當時經濟仍然處於危急時期，而毛澤東則認為現在形勢在很大程度上已經恢復正常。（據悉，「三分天災，七分人禍」這個說法是 1961 年 4-5 月間劉少奇回家鄉湖南省寧鄉縣花明樓鎮炭子沖村進行實地調查時一位老農對他講的一句話；回到北京後，劉少奇在中央工作會議上向毛澤東從實報告，其後更在「七千人大會」上公開了他在中央工作會議上的發言。）

值得注意的是，其他中央領導人如周恩來、鄧小平、陳雲、彭真等儘管完全認清「大躍進」災難的嚴重程度，又明知是毛澤東所犯的錯，卻不敢當面批評他；周恩來與鄧小平還公開支持毛澤東思想，雖然在會後又與劉少奇一起落實「調整」政策。唯有林彪的態度最明確，他表示「毛澤東的思想總是正確的」，經濟困難的發生「是由於沒有照毛主席的指示去做」。講到「大躍進」的得失時，林彪概括地說：「從表面上看失大於得，但是從實質上看，從長期看，得大於失。」論者往往引述林彪這番話來指證他是一個徹頭徹尾的投機者、野心家。惟 1971 年與林彪一起「密謀叛變」的空軍司令員吳法憲在其回憶錄中卻指出，其實當時是中央的將領、元帥為了維護毛澤東的威信才要求林彪說這樣的話；即是說，林彪的發言並非他個人的意思，而是代表了軍隊的態度。[9] 吳法憲所言是否屬實，有待進一步查明。

1962 年 2 月下旬，劉少奇主持召開中央政治局常委擴大會議（又稱「西樓會議」），當時毛澤東不在北京。會議決定按劉少奇的觀點落實各項「調整」政策；另外，劉少奇、鄧小平在會上正式批准農業生產責任制。到了 1962 年夏季，安徽省 80% 的農民已經在包產到戶

---

9　見吳法憲：《歲月艱難：吳法憲回憶錄》，香港：北星出版社，2006 年。

的系統下生產，而整個中國則約有 20% 的農民是屬於包產到戶。

　　無可否認，「七千人大會」之後一個時段是由劉少奇主政的，其施政方針可概括為四個字：「猛抓」與「猛退」。「猛抓」就是「先抓吃穿用，實現農輕重」（周恩來語），即一切以「解決吃飯問題為中心」；「猛退」就是一切和老百姓吃穿用無關的，通通退，這意味着工業要大後退，城市人口要大量下放到農村，高積累要大幅度下降，農業要「非集體化」，以及思想文化戰線要退到反右前一樣。順便一提，鄧小平著名的「貓論」就是在這個背景下提出來的。他的原話是：「生產關係究竟以甚麼形式為最好，恐怕要採取這樣一種態度，就是哪種形式在哪個地方能夠比較容易比較快地恢復和發展農業生產，就採取哪種形式；群眾願意採取哪種形式，就應該採取哪種形式，不合法的使它合法起來」；「劉伯承同志經常講一句四川話：『黃貓、黑貓，只要捉住老鼠就是好貓』」；「現在要恢復農業生產，也要看情況」。鄧小平在 1962 年提出的「貓論」，實際上代表了當時劉少奇、周恩來、陳雲等最高層領導人的共識。

　　已退居政治局第二線的毛澤東的態度又如何？「大躍進」碰了釘子，毛澤東認識到「欲速則不達」的道理。在 1960 年 12 月到 1961 年 1 月召開的黨中央工作會議上，毛澤東就說：「現在看來，搞社會主義建設不要那麼十分急。十分急了辦不成事，越急就越辦不成」，「恐怕要搞半個世紀。」因此，他在 1961 年即親自做了兩個「退」的決定：其一是解散一直被認為是具有共產主義因素但現在被他指罵為「致命的腫瘤」的公社食堂；其二是將人民公社的基本核算單位退至生產隊。但到了年底，毛澤東又覺得形勢在很大程度上已恢復正常，所以他在「七千人大會」上就反對劉少奇有關中國經濟仍然處於危急時期的說法。換言之，毛澤東認為已經退得差不多了，不能再退。至

於包產到戶，毛澤東始終明確表示反對，儘管它得到農民及幹部的廣泛支持。毛澤東的秘書田家英記得毛澤東這樣對他說：「我們是要走群眾路線的，但有的時候，也不能完全聽群眾的，比如要搞包產到戶就不能聽。」毛澤東毅然拒絕推行包產到戶，大概有下列三個原因：第一，他擔心出現兩極分化；第二，他擔心該項政策會「把五億多農民都變成小資產階級，讓小資產階級當權，讓小資產階級專政」；第三，他擔心在全國範圍內實行包產到戶會導致人民公社全面解體。簡而言之，毛澤東認為，搞包產到戶就是單幹，單幹就會走向資本主義。

1962 年 8 月的北戴河工作會議上，毛澤東首次表露他對時局的不滿。他批評生產責任制，並提出三個問題：

第一，階級——社會主義國家究竟存在不存在階級？

第二，形勢——國內形勢是不是一片黑暗，還是有點光明？

第三，矛盾——社會主義是不是就沒有矛盾了，有些甚麼矛盾？

毛澤東指出，階級還存在，有階級就有階級矛盾和階級鬥爭，有社會主義和資本主義兩條道路的鬥爭。他又提出，「右傾機會主義」就是「修正主義」，黨內有人搞「修正主義」。

1962 年 9 月，中共召開八屆十中全會，毛澤東在會上表示：「不要忘記階級鬥爭」；「階級鬥爭必須年年講，月月講，天天講」。他指出社會上還存在資產階級的影響、舊社會習慣勢力及小生產的自發資本主義傾向。他又批評所謂三「風」：

第一，「黑暗風」，指中央一些領導人「只講一片黑暗」，「不講一片光明」，毛澤東認為這是「右傾」；

第二，「單幹風」，指黨中央批准的農業生產責任制，毛澤東認為這是「走資本主義道路」；

第三，「翻案風」，指對「七千人大會」後甄別平反工作進行申

訴的活動，毛澤東認為這是「意識形態方面的階級鬥爭」。

中共八屆十中全會後，「上層建築」與「經濟基礎」的矛盾明顯地擴大，毛澤東於是展開戰略部署以解決上述矛盾，最終引發「文化大革命」。如今回顧這段歷史，不難理解「文化大革命」為何會發生，可是，當時一般人卻鮮有覺察到中央領導的高層在政策上出現了嚴重的分歧，而雙方的衝突已如箭在弦，一觸即發。

## 3、毛澤東的戰略部署與黨的進一步分裂（1963-1965年）

### 3.1 毛澤東戰略部署之一：開展社會主義教育運動（「四清運動」）

由「大躍進」引起的大饑荒，令社會上下士氣變得很差。當時導致農民不滿的實際問題大抵有三：其一是幹部在糧食方面對農民進行剝奪；其二是幹部肆無忌憚地多吃多佔；其三是幹部（尤其是基層組織的第一把手）對農民實行全面專政。有見及此，黨中央一致贊成對基層幹部進行整風，但對於整風應採取甚麼方法卻出現嚴重的分歧，進而激化了黨內的矛盾。現詳述如下：

1962 年冬到 1963 年春，部份地區進行了「清賬目、清倉庫、清財物、清工分」（俗稱「小四清」）的整風整社工作。1963 年 5 月，毛澤東根據 11 個省的情況，頒發《中共中央關於目前農村工作中若干問題的決定（草案）》（即《前十條》），作為農村社會主義教育運動的綱領性文件，號召基層的貧下中農領導整風。

1963 年 9 月，鄧小平、彭真頒發《中共中央關於農村社會主義教

育運動中一些具體政策的規定（草案）》（即《後十條（草案）》），改變了毛澤東的整風策略，整風改從省一級而非從人民公社開始，由工作組而非由群眾領導。鄧小平、彭真視整風為黨內的事情，故應由黨去領導；毛澤東當然非常不滿。

1964年5-6月，毛澤東指出：赫魯曉夫的行徑表明，社會主義國家會產生「修正主義」；又認為：中國已經出現了「修正主義」，全國基層「有三分之一的權力不在我們手裏」；並強調：「要特別警惕像赫魯曉夫那樣的個人野心家和陰謀家，防止這樣的壞人篡奪黨和國家的各級領導。」

1964年9月，劉少奇頒發《後十條（修正草案）》，強調「扎根串連」，派工作組到人民公社去領導整風。

1964年12月，毛澤東在一個批語中首次提出「官僚主義者階級」和「走資本主義道路的領導人」的概念，這為毛澤東在1960年代中期策動階級鬥爭提供了新的理論依據。值得探討的，是這兩個概念的由來。毛澤東起初認為基層幹部的種種問題是「人民內部矛盾」的反映，他因此主張動員群眾去領導整風，及後由於鄧小平、彭真、劉少奇改變了上述的整風策略，致使毛澤東認定「人民內部矛盾」已轉化為「敵我矛盾」；即是說，毛澤東相信部份基層幹部已蛻化為一個敵對的「官僚主義者階級」，而它的催生者正是他所說的「走資本主義道路的領導人」。1949年之後的所有政治運動，全都是從階級鬥爭的立場出發的，其打擊對象不外「地、富、反、壞、右」的所謂「黑五類」分子，所以，當毛澤東在1960年代中期重申階級鬥爭的必然性和迫切性時，一般人實想不到毛澤東這次針對的，並非「黑五類」而是黨內的一些領導人。

1965年1月，毛澤東作出反擊，頒發《農村社會主義教育運動中

目前提出的一些問題》（即《二十三條》）。其中規定社會主義教育運動，今後一律簡稱「四清」，即「清政治、清經濟、清組織、清思想」；又提出「這次運動的重點，是整黨內那些走資本主義道路的當權派，進一步鞏固和發展城鄉社會主義陣地」。到 1966 年春，全國大約有三分之一的縣進行了「四清」運動。毛澤東再一次策動黨外勢力（具體說是貧下中農）去整幹部，表明他的一貫作風。

## 3.2 毛澤東戰略部署之二：
## 開展在意識形態領域的整風運動

　　毛澤東組織理論班子——包括江青、陳伯達、康生、張春橋、姚文元、關鋒、戚本禹等人，準備向黨內異見分子進擊。1963 年 5 月，江青公開點名批判昆劇《李慧娘》和雜文《有鬼無害論》，開展了文藝界的批判運動。是年 9-12 月，毛澤東批評文化部提倡封建主義和資本主義的藝術。他說：「文化部不管文化，封建的、帝王將相的、才子佳人的東西很多，文化部不管」，「如不改變，就改名帝王將相部、才子佳人部，或者外國死人部。」1964 年下半年，文化部對文藝界進行整風，戲劇、曲藝、音樂、美術、舞蹈、電影、詩和文學等各個文藝領域，都逃不了被批判的命運。文藝界的批判運動，迅速波及到學術、理論界。還在 1960 年代初，不少學者趁當時較寬鬆的政治環境發表了具爭議性的學術觀點，比如：哲學家馮友蘭提出儒家主張的「仁」不獨有階級特性，更體現了所有階級的普遍倫理標準；歷史學家劉節、翦伯贊認為階級調和（而非毛澤東所強調的階級鬥爭）是中國歷史發展的動力；經濟學家孫冶方斷言利潤和效率是投資的首要考慮，忽視物質刺激在經濟上是不合理和有害的；馬克思主義理論家楊

獻珍表示「合二而一」（而非毛澤東所主張的「一分為二」）才是永恆的、絕對的。他們在這次整風運動中都被點名批判。

在此有需要多說一些有關楊獻珍與毛澤東在馬克思主義哲學（即辯證唯物論 dialectical materialism）方面的爭辯。對以馬列理論權威自居的毛澤東而言，楊獻珍以中共中央直屬高級黨校校長的身份散佈「合二而一」的哲學觀點，當然是個莫大的威脅。其實，「合二而一」只是馬克思主義經典著作中「綜合」（synthesis）這個概念的另一種提法，它承認事物自身的辯證發展是通過「正 thesis（肯定 affirmation）、反 antithesis（否定 negation）、合 synthesis（否定的否定 negation of negation）」這個「三段式」進行的。馬克思（Karl Marx）和恩格斯（Friedrich Engels）將黑格爾（G. W. F. Hegel）的（唯心）辯證法與費爾巴哈（Ludwig Feuerbach）的（機械）唯物論整合為辯證唯物論，目的是要建構一套不僅能「解釋世界」，且能「改變世界」的哲學。但恩格斯只重複了黑格爾（唯心）辯證法的要點，即沿用上述「三段式」發展的辯證法。毛澤東從「發展」馬克思主義的角度大膽地批判了恩格斯這個做法。自1950年代開始，毛澤東就否定了「正、反、合」的辯證法中所包含的「綜合」（即否定的否定）的概念，他認為只有矛盾的對立統一（即肯定的否定）才是唯物辯證法的唯一基本規律。毛澤東解釋說：「最根本的是對立統一。……沒有甚麼否定的否定。肯定、否定，肯定、否定。……事物發展，每一環節，既是肯定，又是否定。奴隸社會否定原始社會，對於封建社會它又是肯定。封建社會對奴隸社會是否定，對資本主義社會又是肯定。資本主義（社會）對封建社會是否定，對社會主義（社會）又是肯定。」若以觀點來說，「對立統一」就是「一分為二」。

可以說，共產黨對矛盾的普遍性與事物自身的辯證發展這兩個概

念是無異議的，但在毛澤東時代，黨內對事物的辯證發展基本上是走向「合」還是走向「分」這個問題，則有嚴重的分歧。由於毛澤東認為「甚麼事情都是可分的，都是一分為二的」，所以他相信矛盾的對立的鬥爭是永恆的、絕對的。對毛澤東來說，宇宙萬物都依「肯定、否定，肯定、否定」的辯證方式發展，這體現於他以下三段講話：

一、「共產黨和民主黨派都是歷史上發生的。凡是歷史上發生的東西，都要在歷史上消滅。因此，共產黨總有一天要消滅，民主黨派也總有一天要消滅。消滅就是那麼不舒服？我看很舒服。共產黨，無產階級專政，那一天不要了，我看實在好。我們的任務就是要促使它們消滅得早一點。」

二、「一個消滅一個，發生、發展、消滅，任何東西都是如此。……社會主義也要滅亡，不滅亡就不行，就沒有共產主義。……我就不相信共產主義就沒有質變，就不分質變的階段了！我不信！完全一種性質，幾百萬年不變了，我不信！按照辯證法，這是不可設想的。」

三、「我說馬克思主義也有它的發生、發展與滅亡。這好像是怪話。但既然馬克思主義說一切發生的東西有它的滅亡，難道這話對馬克思主義本身就不靈！說它不會滅亡是形而上學。當然，馬克思主義的滅亡，是有比馬克思主義更高的東西來代替它。」

誠然，「合二而一」與「一分為二」的爭辯，不單是一場哲學上的鬥爭，它還有重大的現實意義。簡而言之，「一分為二」的辯證法是毛澤東「繼續革命」理論的哲學基礎，而「繼續革命」的主張又是「階級鬥爭」路線和政策的理論依據。可見，在那個時代，哲學、理論、路線和政策是聯繫起來的。問題是：毛澤東是否從鑽研哲學中發現永遠鬥爭（繼續革命）的必要性？抑或是為了使長期發動政治鬥爭有合法性而去尋找理論和哲學依據？這恐怕只有毛澤東自己才知道答案。

1965 年 3 月，劉少奇、鄧小平認為整風運動「過火了」，要「煞車」。毛澤東則認為有人搞「小集團」和「獨立王國」。11 月，江青、張春橋慫恿姚文元寫〈評新編歷史劇《海瑞罷官》〉，對該齣京劇的作者吳晗提出批判，揭開了「文化大革命」的序幕。「文化大革命」從文藝領域開展，表明江青的影響是關鍵性的。

## 3.3 毛澤東戰略部署之三：抓緊軍權

林彪自取代彭德懷任國防部長後，就悉心揣摩毛澤東的心理，刻意吹捧毛澤東，製造對最高領袖的個人崇拜，並把軍隊打造成「毛澤東思想的學校」。1963 年，毛澤東開展「學習解放軍運動」。1964 年，黨政機關學習解放軍，成立政治部。

1964 年夏天，主張部隊正規化、專業化的解放軍總參謀長羅瑞卿領導全軍開展練兵和比武運動。林彪批評大練兵和大比武鼓吹錦標主義、形式主義，有違「突出政治」的基本原則。羅瑞卿則反駁說：「政治好了，也要把其他工作搞好」，「否則，天天講突出政治，業務工作總是搞不好，提不高，那就是毛主席所說的空頭政治家。」1965 年，毛澤東表態支持林彪，並指出：「羅〔瑞卿〕個人獨斷，羅是個野心家」，「過去打的都是政治仗，要恢復林彪突出政治的原則」，「那些不相信突出政治，對於突出政治表示陽奉陰違，而自己另外散佈一套折中主義〔即機會主義〕的人們，大家應當有所警惕。」羅瑞卿因此被打倒。當時林彪說：「1960 年，羅瑞卿和我合作是好的。但是從 1961 年起，便開始疏遠我、封鎖我，到 1965 年便正式反對我了。」其實，林彪不滿羅瑞卿不跟他走，而與另外兩位軍委副主席賀龍及葉劍英較多接觸，認為羅瑞卿這樣做是對他「不忠」、「不敬」，故要

整人立威。林彪打倒羅瑞卿後，遂恢復解放軍前身（即紅軍）的傳統，將部隊全盤政治化，並取消了 1955 年成立的軍銜制度。

1966 年 2 月，毛澤東讓江青找林彪在上海召開部隊文藝工作座談會；「毛、江、林」集團遂形成。

## 4、毛澤東發動「文化大革命」之前對若干問題的看法

### 4.1 毛澤東對「大躍進」失敗的看法

儘管毛澤東承認「大躍進」失敗，他卻始終相信「大躍進」的理論是正確的。對毛澤東來說，「大躍進」未能收效主要有三個原因：第一，蘇聯突然取消對華援助；第二，連續幾年的惡劣氣候令農業大幅度減產；第三，地方幹部在執行政策時犯錯。毛澤東在 1960、1970 年代再沒有動員群眾大煉鋼鐵或建池蓄水，這表明他對上述那種翻天覆地的經濟建設模式有所保留，但他始終堅信社會主義革命必須依靠群眾運動。

### 4.2 毛澤東對以劉少奇為首的務實派的看法

「大躍進」帶來三年饑荒，黨中央的高層領導大多明白這是毛澤東闖的禍，但由於廬山會議的情景還歷歷在目，他們為了明哲保身只好表示支持他的政策，雖然私底下搞另一套，這促使毛澤東懷疑他們另有陰謀。毛澤東極不滿他們陽奉陰違，在他的背後搞「資本主義復辟」的一套，又認為這一套與赫魯曉夫搞的一套相同，於是集中批判

「蘇（聯）修（正主義）」，希望國內同志引以為戒。還須指出，到1960 年代中期，即使毛澤東的絕對威望並沒有根本動搖，但劉少奇的威望上升卻是事實，這又增加了毛澤東對劉少奇的猜忌。

## 4.3 毛澤東對接班人的看法

毛澤東在 1960 年代初已屆 70 高齡，身體又比之前差，故此着急找個了解他心意的接班人，以確保其革命路線能貫徹到底。毛澤東原本認定劉少奇為其接班人。1961 年 9 月 24 日，到訪的英國陸軍元帥蒙哥馬利（Bernard Law Montgomery）向毛澤東提出了「你的承繼人是誰？」的問題，毛澤東回答說：「很清楚，是劉少奇，他是我們黨的第一副主席。我死後，就是他。」但後來由於毛澤東不滿劉少奇所推行的「調整」政策，故改變了初衷，並將鬥爭的矛頭指向劉少奇。1970 年 12 月，在回答美國友好記者埃德加 · 斯諾關於「你甚麼時候明顯地感覺到必須把劉少奇這個人從政治上搞掉」的問題時，毛澤東說：「那就早囉。1965 年 1 月，《二十三條》發表。《二十三條》中間第一條就是說四清的目標是整黨內走資本主義道路的當權派，當場劉少奇就反對。」由誰來接班？這是「文化大革命」爆發前夕一個令毛澤東感到極度困擾的問題。

## 4.4 毛澤東對 1963-1965 年間經濟復蘇的看法

「調整」政策成效顯著，令經濟迅速復蘇，這可從 1963-1965 年間的經濟數據看出。當時的工農業年均增長率為 15%，其中工業年均增長率為 18%（重工業 15%、輕工業 21%），農業則為 12%。可見，

中國的經濟在短短數年間不但快速地增長，其發展也比以前均衡得多。毛澤東卻將重點放在經濟增長所帶來的負面影響方面，並將「調整」政策批判為「修正主義」。

毛澤東還分別突出大寨、大慶為農業、工業的兩面紅旗。由於大寨體現了「政治掛帥」及「自力更生」的原則，而大慶則落實「兩參、一改、三結合」的社會主義管理方式，因此得到毛澤東的表彰。「兩參」指幹部參加勞動、工人參加管理；「一改」指改革不合理的規章制度；「三結合」指工人、幹部、技術人員三結合。

## 4.5  毛澤東對「資產階級」的看法

就馬克思主義而言，「階級」是指一個人在經濟生活中的地位。毛澤東在私有制被消滅後仍然鼓吹「階級鬥爭」（即鼓吹與「資產階級」繼續展開鬥爭），實在令人費解。須知，自 1957 年以來，毛澤東從世界觀來看人的階級屬性，即以意識形態作為界定「資產階級」存在的基本準則。他解釋説：「改變了生產資料所有制，不等於解決了意識的反映。社會主義改造消滅了剝削階級的所有制，不等於政治上、思想上的鬥爭沒有了。……資產階級是可以再生的。」

毛澤東在八屆十中全會後一再告誡人們不要忘記階級鬥爭，當時恐怕沒誰真正了解毛澤東的用意；在一般人的心目中，當前的「階級敵人」無疑是一直企圖搞「資本主義復辟」的「黑五類」分子。事後回顧這段歷史，才知道毛澤東當時所指的「階級敵人」（「資產階級」）是誰。在「文化大革命」爆發前夕，毛澤東心目中的「資產階級」大概包括下列五類人：

第一，公有制建立以前的資本家、地主、富農——即舊剝削階級

的殘餘分子（即使這些人在生產方式的意義上已喪失了作為剝削階級的客觀存在，但在政治上、在意識形態上仍然長期被劃定為「資產階級」）；

第二，仍然受資產階級意識形態（價值標準、思想方式、理論學說等）影響的知識分子——包括從舊社會過來的知識分子（如「民主黨派」人士），也包括感染了東歐「非斯大林化」影響的部份共產黨知識分子和新一代知識分子（如大專學生）；

第三，展現「自發資本主義傾向」的小生產者——即一般追求回復「單幹」及想「發家致富」的小農，他們在毛澤東看來是「小資產階級」；

第四，「官僚主義者階級」——即於 1960 年代初至中期在黨國綜合體裏蛻化出來的一大批官僚主義者，他們形成的一個「藉權營私」的「官僚特權階級」或「新資產階級」（當時確實存在因壟斷政治權力而造成社會不平等的利益集團，但若從生產資料的佔有和分配角度來看，「官僚主義者階級」在 1960 年代中國是不存在的）；

第五，「走資本主義道路的領導人（當權派）」——即由掌握國家最高權力的共產黨領導層分化出來的派系，這班人實際上催生及支持上述的「官僚主義者階級」，自己亦成為「新資產階級」的有機組成部份兼領導人。

當毛澤東發動「文化大革命」之初，一般人（包括早期由高幹子弟組成的紅衛兵）都以為「文化大革命」與過去政治運動的性質無異，故將矛頭一再指向「黑五類」，直至毛澤東號召「奪權」，人們才知道他的真正打擊對象原來是上述的最後兩類人，亦即早期紅衛兵的父兄輩。可見當時一般人對中央領導高層內的鬥爭及毛澤東的心意是不理解的。

第三章

「造反有理」：
十年浩劫與魅力領袖時代的終結
（1966-1976 年）

可以説，沒有毛澤東就沒有「文化大革命」。其所以冠以「文化」二字，是因為這場運動由文化領域的批判開始，隨後又被進一步稱為一場觸及人們靈魂的、包括文化問題的「政治大革命」。毛澤東發動「文化大革命」是否只是為了打倒劉少奇，抑或是為了用他的革命思想去改造人性、塑造其心目中「全新的人」及「全新的社會」，一直以來是個具爭議性的問題。在現實政治生活中，權力鬥爭和路線之爭是分不開的。楊繼繩在其「文化大革命」論著中扼要地指出：「文化大革命中充滿了權力鬥爭，而且權力鬥爭的野蠻、黑暗、殘酷，表現得淋漓盡致；但在權力鬥爭的深層還有中國向何處去的道路之爭，權力是實現政治道路的工具。」[1] 無論毛澤東心裏怎樣想，運動開展後就演變成一輪又一輪、沒有意義的權力鬥爭。每個政治運動的發展都有其自身的動力，是不依人的意志為轉移的；「文化大革命」的過程可謂迂迴曲折，其結局亦非毛澤東始料所及，現詳述如下：

# 1、政治鬥爭的第一個回合：「毛、江、林」集團與所謂「走資派」的鬥爭（1965年11月-1969年4月）

1965年11月10日，由江青、張春橋策劃，姚文元寫的〈評新編歷史劇《海瑞罷官》〉在上海《文匯報》刊登，揭開了「文化大革命」的序幕。姚文元這篇文章抨擊《海瑞罷官》作者吳晗借古諷今地批評毛澤東在廬山會議上「罷」彭德懷的「官」，指吳晗有為右派分子翻案之嫌；又把《海瑞罷官》這套歷史劇定性為「反黨反社會主義」的

---

1　見楊繼繩：《天地翻覆：中國文化大革命史》，上、下篇，香港：天地圖書有限公司，2016年。

「一株毒草」。當時北京市委第一書記兼市長彭真對姚文元不經中央批准就點名批判他的副市長吳晗感到非常不滿,故實行抵制,不予轉載。不久,彭真從周恩來那裏得知姚文元這篇文章是毛澤東親自批閱過的,在迫於無奈的情勢下,只好將它刊載於《人民日報》的〈學術討論〉專欄中,力圖把姚文元對吳晗的批判限制在學術討論的範圍內。1966 年 2 月,彭真主持制定了一份關於當前學術討論的彙報提綱(即《二月提綱》),旨在肯定當時對《海瑞罷官》的批判只是一場學術討論,而不是政治鬥爭。但由於毛澤東在這時表態支持姚文元,並批

批判「三家村」
1966 年 4 月,鄧拓(中共北京市委書記處書記)、吳晗(北京市副市長)及廖沫沙(中共北京市委統戰部部長)因曾合撰雜文集《三家村箚記》而被定性為「三家村反黨集團」受到批判。圖為北京師範大學的學生在查閱資料,寫批判文章。

評《二月提綱》混淆階級界限，是錯誤的，因此，本來局限於文藝、學術界的辯論很快便轉化為一場針對吳晗、鄧拓、廖沫沙三人（即所謂「三家村」）的大規模政治鬥爭。[2]

　　1966 年 5 月 4-26 日，黨中央召開政治局擴大會議，批倒彭真、羅瑞卿（人民解放軍總參謀長）、陸定一（中宣部部長）、楊尚昆（中共中央書記處候補書記）的所謂「反黨集團」。會議通過《五・一六通知》，指出「《海瑞罷官》的要害問題是『罷官』」，又確立毛澤東有關社會主義社會還存在着階級、階級矛盾和階級鬥爭的主張。（這個主張在「文化大革命」正式發動後被稱為「無產階級專政下繼續革命的理論」；《人民日報》更於 1967 年 5 月 18 日聲稱該理論是「馬克思主義發展歷史上第三個偉大的里程碑」）。根據《通知》，黨中央成立中央文（化）革（命）小組，成員包括陳伯達（組長）、康生（顧問）、江青（副組長，實際上大權都在她手中）、張春橋（副組長）、姚文元（組員）等人；它是「文化大革命」正式發動後的權力機關，完全掌握了中央實權。

　　5 月 25 日，中央文革小組指使北大激進師生聶元梓等七人聯名張貼大字報批判校長、黨委書記陸平，開創了群眾批判黨委的先例。由於黨委一向是權威的象徵，而北大黨委當時正在領導學生批判「三家村」，但忽然他們變成被鬥爭的對象，頓時令學生摸不着頭腦，因而學生大多採取觀望的態度。29 日，清華附中部份學生成立全國第一個以「紅衛兵」命名的組織，意謂「保衛毛主席、保衛黨中央的紅色戰士」；其他紅衛兵組織亦相繼成立（如 6 月初北京大學附中部份學生成立的「紅旗戰鬥隊」），以響應毛澤東提出要打碎舊世界的號召。

---

2　吳、鄧、廖乃《前線》專欄〈三家村箚記〉的執筆者，見本書第 2 章第 2.1 節。

這些早期的紅衛兵皆由高幹子弟發起及領導，因為在青年人當中，只有他們的父母領導過革命造反，因此，他們認為自己有「天賦造反權」，是理所當然的革命接班人，是同輩中最「紅」、最有資格領導運動的人物。由於他們享有特殊的家庭背景，故他們的政治觸角是同輩中最敏銳的。他們懷有很強烈的階級仇恨——儘管他們在政治上佔有強勢，但在 1960 年代初重視智育教育的學校體制裏，卻比不上被推翻的舊階級和知識分子的子女，因而對非高幹出身子弟產生妒嫉和仇恨，又對現行教育制度產生造反的衝動。這些紅衛兵當時還不知道毛澤東心目中的「階級敵人」就是他們的父兄；他們把正在開展中的運動理解為新一輪的反右鬥爭，故他們堅守一貫的階級立場，以整社會上的「黑五類」為己任。

　　6 月 1 日，《人民日報》發表社論〈橫掃一切牛鬼蛇神〉，要求徹底破除「舊思想、舊文化、舊風俗、舊習慣」。2 日，刊登了聶元梓等人的大字報全文，令學生變得更加激進。5 日，又讓讀者重溫毛澤東在延安時把馬克思主義歸結為「造反有理」這一句話，使它成為「文化大革命」最主要的口號。劉少奇面對學校的混亂，決定派遣工作組進駐學校指導運動。為了控制局勢及響應毛澤東「階級鬥爭」的號召，工作組一方面認定紅衛兵為非法地下組織並勒令解散，另一方面又把運動的矛頭指向有「黑五類」背景的師生，令局面變得更加混亂。劉少奇在不知所措的情況下，遂於 7 月中旬邀請正在華東視察的毛澤東返回北京，不料毛澤東返京數天後就批評工作組「阻礙群眾運動」、「幫助反革命」，繼而作出撤銷工作組的決定。事情的發展不免使劉少奇感到更加惶惑不安。7 月 29 日，劉少奇在北京市委召開的全市大專院校和中等學校師生「文化大革命」積極分子大會上談到他對「文化大革命」的理解時坦率地說：「至於怎麼樣進行「無產階級

文化大革命」，你們不大清楚、不大知道，你們問我們。我老實回答你們，我也不曉得！我想黨中央其他的工作人員也不知道。主要的靠你們各個學校廣大的師生員工在革命的實際中間來學會革命。我現在要講一句老實話，包括我在內，我們現在只能向你們學習，只能聽取你們的意見，不能提出甚麼意見來幫助你們，我們不了解情況。」這與周恩來在同一場合說這次「文化大革命」是「老革命遇到新問題」意思相同。

8月 1-12 日，毛澤東召開並主持中共八屆十一中全會，正式發動「文化大革命」。他在會上批評劉少奇「鎮壓學生運動」的「路線錯

天安門廣場的「文化大革命」
1966 年 8 月 1 至 12 日，中共召開八屆十一中全會，正式發動「無產階級文化大革命」，天安門廣場上頓時人山人海。

誤」。之後還寫了《炮打司令部——我的一張大字報》，指責黨中央內部已經形成了一個「站在反動的資產階級立場上」，「實行白色恐怖」、「實行資產階級專政」的「司令部」。毛澤東這張大字報雖然沒有點名，但是誰都可以看出，其矛頭直指劉少奇等中央第一線負責人。全會通過《關於無產階級文化大革命的決定》（簡稱《十六條》），其中要求放手發動群眾，規定將鬥爭矛頭指向「走資本主義道路的當權派」、「資產階級的反動學術『權威』」，強調要充份利用大字報、大辯論的形式讓群眾在運動中「自己教育自己」、「自己解放自己」，並確定中央文革小組為「文化革命的權力機關」等等。八屆十一中全會後，毛澤東完全回到一線，直接主事，獨攬大權。「副統帥」、「最親密的戰友」林彪，則在會後成為黨中央的唯一副主席。13 日，林彪在中央工作會議上說：「我們對主席的指示要堅決執行，理解的要執行，不理解的也要執行。」

毛澤東又於 8 月初公開支持由青年人組成的紅衛兵，一度被工作組遏制的紅衛兵運動在全國範圍內迅猛發展，並開展了翻天覆地的「破四舊」、「抄家」、「大串連」等運動，直接造成「文革」史上所稱的「血八月」，首當其衝的是城市裏的老師、校長。據統計，8-9月，北京市被打致死者達千人，被抄家 11.4 萬餘戶。上海市到 9 月上旬即有 8 萬餘戶被抄，其中遇難的高級知識分子、教師達 1,000 多人。各地紅衛兵還將千百年遺傳的珍貴文物、古蹟，或搗毀、或焚燒，造成空前的文化浩劫。（由於參加「文化大革命」是響應毛主席的號召，那麼跟隨紅衛兵到處活動也是革命的象徵。於是，不少沒有資格加入紅衛兵的青年學生也積極地去掃「四舊」等等，這些人在當時被稱作「紅外圍」）。從 8 月中到 11 月底，毛澤東先後八次在北京接見從各地來「串連」的 1,300 多萬紅衛兵。他向中央文革小組表明，越多

紅衛兵破壞文化遺產
1966 年 8 月 18 日，北京的
紅衛兵開始走上街頭「破四
舊」，即破除舊思想、舊文
化、舊風俗、舊習慣，運動
迅速遍佈全國。圖為紅衛兵
砸碎山東曲阜孔廟大成門的
匾額。破壞行動給中國文化
帶來浩劫。

人見到他越好；又解釋説：「蘇聯會拋棄列寧主義原因之一，就是太
少人見過活着的列寧。」接見紅衛兵是否毛澤東的精心部署？他是否
計劃先把青年人對他的個人崇拜推到巔峰，然後才發動他們去奪權？
他是否放心把重大的奪權任務交給高幹子弟組成的紅衛兵？有關毛澤
東接見紅衛兵的背後動機，我們只能作一些猜測。可以肯定的是，造
當權派的反和革「黑五類」的命完全是兩回事，社會上根本沒有人有
心理準備和膽量去衝擊當權派，更難想像那些對自己家庭充滿自豪感
的高幹子弟會去革其父兄的命。毛澤東大概明白只有這班自認高人一
等的高幹子弟才有膽響應他發動「文化大革命」，所以沒有選擇地利
用他們衝鋒陷陣，搞個天下大亂，營造好鬥爭氣氛，再等待適當時機

發難，以達最終奪權的目的。

由於奪權運動還未展開，各地的紅衛兵當時仍由黨委領導，「大串連」亦由官方安排，故可稱其為「官辦紅衛兵」（在「文化大革命」的敍述裏也可稱其為「老紅衛兵」）。8-9月間，這些由清一色高幹子弟組成的官辦紅衛兵大事宣揚「血統論」，鼓吹「自來紅」的思想（即強調階級成份）——「老子英雄兒好漢，老子反動兒混蛋」這個順口溜風靡一時。要了解「血統論」，就要對1949年後中國社會的等級差別有基本認識。據當時官辦紅衛兵的通俗說法，中國社會的成員可分為三類十五等：

一、「紅五類」——革命烈士、革命幹部、革命軍人、產業工人、貧下中農；

二、「麻五類」——小商、中農、上中農、職員、自由職業者；

三、「黑五類」——地主、富農、反革命分子、壞分子、右派。

高幹子弟就是憑仗其純正的革命血統和優越的社會地位，壟斷早期的紅衛兵運動。他們氣焰之囂張，可謂一時無兩——官辦紅衛兵不但排斥所有非「紅五類」，連普通（平民）「紅五類」也被排斥不准加入。這些紅衛兵採用一貫階級立場，集中對付「傳統上」被整的「黑五類」，他們這樣做實際上轉移了毛澤東訂定的鬥爭方向。

10-11月間，運動起了變化。10月下旬，毛澤東在中央工作會議講話時說：「文化大革命這個火是我放起來的，運動才五個月，可能要搞兩個五個月，或者還要多一點時間。」毛澤東在這時大概感到官辦紅衛兵已完成其歷史任務，任由他們搞下去將會成為鬥爭當權派的阻力，於是通過中央文革小組掀起批判所謂「資產階級反動路線」的浪潮；又否定「血統論」，批評高幹子弟一直把持紅衛兵運動，排斥工農兵、普通幹部子弟。上述的立場轉變，實際上標誌着造反派紅衛

兵的興起。從這時開始的所謂「造反」，實指以下犯上、犯上作亂，造當權派的反（有別於前期官辦紅衛兵對舊世界、反動派造反）。造反派紅衛兵由普通（平民）「紅五類」與非「紅五類」（包括部份「黑五類」）子女組成，其成員在前階段受到官辦紅衛兵的歧視，現在起來響應毛澤東策動的「路線鬥爭」，即以「跟誰走」和「走甚麼道路」為標準來確定革命對象。值得注意的是，造反派紅衛兵自從踏上政治舞台後就掀起了幾股新思潮：一、反「血統論」；二、「懷疑一切」（後來不少造反派都是從「懷疑一切」出發而最終和毛澤東「告別」的）；三、批判特權階層，重新強調階級是按照人們在社會上的經濟地位劃分的，又指出特權的實質就是「權力和財產的私有化」，故此當前壓迫和剝削人民的幹部階層（即「走資派」）理應成為革命的對象。（這與毛澤東發動「文化大革命」不再強調「階級」而突出「思想路線」截然不同，實在是挑戰毛澤東的理論，無怪後來被鎮壓下去）。

12 月，黨中央首度公開批判劉少奇、鄧小平等領導幹部，奪權運動正式開展──造反派紅衛兵（或稱「新紅衛兵」）在這場運動中擔當主要角色；強調出身的官辦紅衛兵則成為保守派（或稱「保皇派」、「保爹保媽派」），開始失勢。部份「老紅衛兵」看見自己父母受到衝擊，就組織起來，成立「中央、北京黨政軍幹部子弟（女）聯合行動委員會」（簡稱「聯動」）和「首都紅衛兵糾察大隊西城分隊」（簡稱「西糾」），並公開宣稱要「保衛黨的各級組織和優秀、忠實的領導幹部」和「忠於馬列主義和 1960 以前的毛澤東思想」（即反對準備和發動「文化大革命」的毛澤東）。

1967 年伊始，「文化大革命」進入了全面奪權的新階段。當時社會上一向受等級歧視和政治迫害的弱勢（邊緣人）群體都起來參與造反、奪權，加入造反派（或稱「革命造反派」）的陣營。造反派成員

批鬥劉少奇夫人王光美
1967 年 4 月 10 日，清華大學紅衛兵將劉少奇的夫人王光美騙至清華大學批鬥。圖為號稱有 30 萬人參加的批鬥大會會場。

大抵上包括：造反派紅衛兵、工人、職員、藝員、幹部及農民中的激進分子；他們的革命對象是現行體制下的既得利益者。毛澤東利用他們對建制的不滿去奪權，而他們亦藉此機會尋求解放、肯定自我、表現自我。為甚麼奪權運動會如此轟轟烈烈，在這裏就可看到原因。可以說，「革命造反派」是真正的、毛澤東所發動的「無產階級專政條件下繼續革命」的自覺實踐者、造反者；在這個意義上，「文化大革命」是有社會（群眾）基礎的。無怪在「文化大革命」研究者中有人提出了「兩個文革」的觀點， 即除了由毛澤東發動和領導的「官方文革」外，還發生了一個「人民文革」。

1 月 4 日，中央政治局常委、中央書記處常務書記陶鑄因抵制批判劉少奇、鄧小平，被誣蔑為「中國最大的保皇派」，隨即被打倒。

與此同時，奪權運動從北京擴展到各地（時稱「一月風暴」），表明毛澤東下定決心剷除劉少奇在地方上的「代理人」。上海是北京以外第一個造當權派的反的地方。1月初，「上海工人革命造反總司令部」（簡稱「工總司」）在張春橋、姚文元等人的操縱下打倒了市委；2月初，成立模仿1871年巴黎公社的「上海人民公社」。（建立巴黎公社形式的政權——即以普選形式產生領導，規定所有官員工資不得超過工人，以及准許人民隨時罷免不稱職的官吏，是《十六條》提出的）。但毛澤東於2月下旬指令「上海人民公社」改名為「上海市革命委員會」，又提出臨時權力機關（即革命委員會）必須實行革命「三結合」（即群眾組織的領導人、當地駐軍的代表、革命領導幹部的三結合）。毛澤東反對巴黎公社形式的政權，大概有兩個原因：第一，他堅持一黨專政：「如果都改公社，黨怎麼辦呢？黨放在哪裏呢？……公社總要有個黨，公社能代表黨嗎？」第二，人民解放軍不能接受上海造反派主張的「群眾武裝專政」。

2-6月，形勢急轉直下，黨政機關陷於癱瘓狀況。

首先發生了「二月抗爭」事件。2月中旬，中央政治局委員譚震林等人強烈批評「文化大革命」打倒一切的錯誤做法，並提出三個原則性的問題：第一，運動要不要黨的領導；第二，老幹部應不應該都打倒；第三，要不要穩定軍隊。儘管這班老幹部企求力挽狂瀾，其行動卻適得其反，受到毛澤東的責難。中央文革小組遂以此作為藉口，對所謂「二月逆流」事件進行批判。從這時起，中央文革小組完全取代了中央政治局成為全國的實際指揮機構，兩報一刊（《人民日報》、《解放軍報》、《紅旗》）及造反組織都在它控制之下。國務院各部門成立的文革委員會，也直接向中央文革小組彙報。至此，黨中央正式成為一個「以毛主席為首的黨中央」。在林彪、江青等人的鼓吹下，

上海人民廣場的百萬群眾大會
百萬人出席群眾大會，上海人民廣場上旌旗飛揚，聲勢浩大。司令台上的管弦樂團吹奏着悠揚的
樂曲，台上小將跳着「忠字舞」，午後的陽光灑向廣場，揭開一個時代的序幕。

民眾對毛澤東的個人崇拜發展到了瘋狂的地步（如對毛澤東尊稱為
「偉大的導師、偉大的領袖、偉大的統帥、偉大的舵手」），極「左」
之風一時蔓延全國（如舉國流行向毛像「早請示」、「晚彙報」）。

　　3月，中央軍委根據毛澤東的意見決定派人民解放軍實行「三支
兩軍」（「三支」即支持當時被稱為左派群眾的人們、支援工業生產、
支援農業生產；「兩軍」即對一些地區、部門和單位實行軍事管制，
以及對學生進行軍事訓練）。由於各地方大部份軍隊（毛澤東、林彪
所統轄的嫡系部隊除外）都站在中共的一貫階級鬥爭（而非毛澤東最

近才提出的「路線鬥爭」）的立場上去「支左」，因此，他們實際上支持的乃階級成份純正的保守派，而對階級成份混雜的造反派則看作是右派甚至反革命，致使社會更趨分化。另一方面，造反派因不滿「三結合」和軍管、軍訓，故極力阻止革命委員會的成立，這又激化造反群眾與軍方之間的矛盾。

令形勢變得更加複雜的是紅衛兵及群眾組織內部的嚴重分裂——各派皆按自身利益需求對「文化大革命」作出自己的理解和闡釋，並借毛主席之名互相傾軋，導致全國陷於失控的局面。「二月抗爭」後，造反派實際上成了政治主流；保守派紅衛兵普遍瓦解，繼續存在的則與造反派對抗到底。在保守、造反兩派的持續鬥爭中，保守派以「階級鬥爭」理論和「無產階級專政」思想批造反派被階級敵人操縱；造反派則以「路線鬥爭」理論和「無產階級專政條件下繼續革命」思想批保守派被「走資派」操縱。與此同時，造反派也分裂為兩派：穩健派（成員以社會下層靠上的人居多）和分裂出來的激進派（成員以社會下層靠下的人居多）。其分裂的主因有二：一、在「保」哪一位領導的問題上出現了分歧；二、造反派內亞等級利益的衝突。還須指出，保守派紅衛兵普遍瓦解後，其成員大多加入了造反行列。但奇怪的是，他們不是加入穩健造反派，而是加入激進造反派，這是因為激進派是從原造反派分裂出來的，而原造反派（即分裂後的穩健派）就是保守派紅衛兵的老敵人。總而言之，毛澤東動員群眾去造反、奪權，儘管達到其打倒政敵的目的，兼且製造了對他個人的極度崇拜，但他卻沒法防止群眾分裂及沒法控制由此而造成的紛亂局面。1967 年初夏之際，各派之紛爭已到了不可收拾的地步；全面內戰可謂如箭在弦，一觸即發。

7-9 月，爆發了第二次奪權運動，掀起全面內戰。

這次是激進造反派企圖奪軍隊與周恩來的權，起因是他們不滿軍隊站在保守派的一邊，又誤以為毛澤東要打倒的下一個目標是周恩來。1967 年 5 月底，武漢 53 個反對造反派的組織聯合起來成立了一個新團體，號稱「百萬雄師」，並且得到武漢軍區司令員陳再道的支援。7 月中旬，中央文革小組以武漢軍區領導在「支左」中犯了「路線錯誤」，派謝富治、王力到武漢煽動造反派群眾揪「軍隊一小撮不好的人」，結果是武漢軍區領袖把這兩名「中央代表團」成員扣留，引發震驚一時的武漢「七・二〇」事件。江青立即提出「文攻武衛」的口號，煽動武鬥，在全國掀起衝擊軍事機關的浪潮。8 月初，極度激進的「首都五一六紅衛兵兵團」在北京散發誣蔑攻擊周恩來的傳單，煽動打倒周恩來。至此，全國陷於分裂與內戰的困境。9 月，毛澤東決定把「五一六（紅衛兵）兵團」打成「反革命集團」，於是全國又掀起揪「五一六」的新浪潮；由於缺乏明確的政策界限，各對立的派系趁機展開互揪對方的所謂「五一六分子」，造成極其混亂的情況。

從 1967 年底開始，局面慢慢地回復正常。是年 11 月，《人民日報》在社論中傳達了毛澤東的「大、中、小學都要復課鬧革命」的意見。1968 年 7 月，中共中央先後發出《七・三佈告》和《七・二四佈告》，正式宣佈解散群眾組織，藉以制止敵對派系繼續武鬥。8-9 月，又開展了「清理階級隊伍」運動：鬥爭對象是那些家庭出身不好的人；那些在「文化大革命」起來造反的，更以「現行反革命」論處，形成了新一輪的「反右運動」和「肅反運動」。同時，工人毛澤東思想宣傳隊（工宣隊）進駐學校；姚文元的〈工人階級必須領導一切〉在《人民日報》發表，傳達了毛澤東的指示：「工人宣傳隊要在學校中長期留下去，參加學校中全部鬥〔爭〕、批〔判〕、改〔造〕任務，並且永遠領導學校。」9 月，全國 29 個省、市、自治區都已先後建立了革

命委員會（20 個由軍人控制、9 個由革命幹部控制），形成所謂「全國一片紅」的局面。10 月，中共八屆擴大的十二中全會在北京召開，作出了把國家主席劉少奇「永遠開除出黨，撤銷其黨內外一切職務的決議」。（劉少奇於 1969 年 11 月 12 日在河南開封病逝；直到死前，他才得悉自己已被開除出黨）。

從 1968 年底開始，全國又掀起了「知識青年上山下鄉」的浪潮。把青年趕到基層去接受貧下中農再教育，是毛澤東的決定。究其動機，大體有如下幾方面：一、要讓這些難以控制的「小鬼」分散在如汪洋大海的農村裏，使他們無法再聯合起來造反；二、要減輕城市負擔，又同時把城市文化帶到農村去；三、要落實他一向視農村社會為中國文化核心的民粹主義信念；四、要打破社會分工，實現人的全面發展的理想。據有關統計，從 1968 年到 1978 年這十年間，全國上山下鄉的知青達 1,632 萬人。

在一定程度上，「知識青年上山下鄉」運動確實收到把城市現代文化傳播到農村的成效。在後毛澤東時代，一些農村出身的學者、作家都承認他們小時候從知青和下放的知識分子那裏受到了最初、良好的教育，這對他們以後的成長起了關鍵作用。也許更重要的是，不少曾響應毛澤東號召的造反派紅衛兵終於第一次真正了解到中國的國情，並由此重新思考中國所面對的問題：為甚麼自稱為農民翻身的革命和自認要解決農民吃飯問題的社會主義實驗不但沒有改變農民的苦況，還製造了新的苦難？為甚麼勞動人民並沒有改變被奴役的狀態，不能成為中國土地上的真正主人翁？當他們把這些思考進行到底，就會對毛澤東及其所建立的體制產生不同程度的懷疑。總而言之，眾多知青因長期呆在落後的農村裏而感到苦悶、悲傷、徬徨、憤怒。他們可説是失落的一代，又可説是覺醒的一代，因為殘酷的現實激發他們

去思考、懷疑、反省。從這個角度看來，知青上山下鄉是中華人民共和國歷史上的一個重大轉捩點。

## 2、政治鬥爭的第二個回合：「毛、江、林」集團的內部鬥爭與「九‧一三」事件的發生和影響（1969年4月-1973年8月）

　　1969年4月，中共「九大」在北京召開，選出了第九屆中央委員170人、候補中央委員109人；其中只有53人（19%）是八屆的中央委員及候補中央委員，意味着前期的奪權、造反運動打倒了中央領導機構的絕大部份成員。此外，「九大」亦標誌着軍人勢力的上升，因為九屆中央委員及候補中央委員當中，軍人佔45%；九屆中央政治局委員及候補委員25人，其中軍人佔13個席位；全國29個革命委員會當中，由軍人控制的有20個。

　　說軍人得勢，是指林彪與（第）四野（戰軍）的勝利。（除了林彪統率的四野外，還有其他四支野戰軍──彭德懷、賀龍統率的一野；劉伯承、鄧小平統率的二野；陳毅統率的三野，以及聶榮臻統率的華北野戰軍）。此外，「九大」還修改了黨章，把林彪作為「毛澤東同志的親密戰友和接班人」寫入總綱。（關於「接班人」的問題，本書第2章第4.3節已指出毛澤東在1965年初就決定搞掉劉少奇。）當時在中央書記處當書記的王稼祥回憶說：1965年秋，周恩來告訴他，近期人事變動很大，黨中央主席的接班人，或者是林彪，或者是鄧小平。中共八屆十一中全會的人事安排──在出場領導人名單上林彪被排在僅次於毛澤東的第二位，就向外公開了毛澤東對接班人人選的態度。

1967 年 9 月 24 日，毛澤東談到召開「九大」問題時說：「接班人當然是林〔彪〕」。這就正式肯定了林彪的一個新身份。「九大」正式標誌着林彪政治生涯的巔峰。不過，林彪的勝利並非絕對。儘管「九大」之後取消了由江青把持的中央文革小組，但江青集團的幾個主要成員都進入了中央政治局，與林彪派系的人分庭抗禮，其中張春橋更被林彪視為他的最大政敵。有理由相信，毛澤東找不到完全符合他心水的接班人，而林彪是比較上可以接受的一個。不過，毛澤東對林彪還是不完全放心，所以他在「九大」前後一方面肯定林彪為合法接班人，另一方面常常借題表示還有其他人可以接班，藉以牽制、打擊林彪。據悉，在「九大」期間，毛澤東就「接班人」的問題與林彪談過話，談到林彪年紀大了以後由誰來接班時，曾提到張春橋的名字。無怪林彪在「九大」後對人說：「我這個接班人是不保險的，不可靠的，現在是沒有人。劉少奇不也當過接班人嗎？」

1969 年 7-8 月，中共中央先後發出了緊急的《七‧二三佈告》和《八‧二八命令》，飭令各地民眾徹底解散群眾組織並交出所有武器。至此，三年造反正式結束。（有論者提出「三年文革」而非「十年文革」之說，筆者認為正確的命題應是「三年造反」與「十年文革」）。

與此同時，中共中央開展整黨建黨運動，藉以重建黨的威信及遏止四野軍人的坐大。1969 年 6 月，黨委重新在基層出現。11 月，第一個縣委重新在湖南省出現。1970 年 8 月，中央報刊大肆宣揚「黨指揮槍」的革命傳統。12 月，第一個省委重新在湖南出現。隨着各處省委的重建，作為臨時權力機關的「三結合」革命委員會逐步淡出政治舞台。

1970 年，林彪與毛澤東在是否需要「設國家主席」的問題上發生爭執。是年 3 月，毛澤東提出召開四屆人大，同時拋出了改變國家體

制、不設國家主席的建議。（前國家主席劉少奇已於 1969 年 11 月 12 日病逝）。林彪遂於 4 月 11 日向政治局建議：毛澤東兼任國家主席。但毛澤東在第二天就批示：「我不能再作此事，此議不妥。」4 月下旬，毛澤東第三次表示不當國家主席，並暗示他懷疑有人別有用心。林彪還是不甘心，他在 5 月對空軍司令員吳法憲說：「不設國家主席，國家沒有一個頭，名不正言不順。」7 月，毛澤東第四次提出不當國家主席，說設國家主席是形式，不要因人設事。吳法憲後來供認林彪妻子葉群當時對他說：「如果不設國家主席，林彪怎麼辦？往哪裏擺？」（惟吳法憲在其回憶錄中推翻供詞，指出這話是中央警衛局局長汪東興說的，「九·一三」事件後成立的專案組逼迫他將此話安在葉群頭上）。

　　毛澤東不贊成設國家主席，大概是出於政治考慮。1959 年二屆人大後，他就不再擔任國家主席，由劉少奇出任；事隔十餘年，他更不願意再任此職，造成他想恢復原職的誤解。若由別人擔任，劉少奇的前車之鑒，又不能不考慮。毛澤東其實一直都不喜歡擔任那種「天天迎接外賓，迎來送往」的職務，又看穿了林彪堅持設國家主席的用心，故不肯讓步。至於林彪對設立國家主席那麼緊張，大概是因為他明白，若能當上國家主席，就可以鞏固他的接班人地位。毛澤東決定取消國家主席的職務，不僅意味着取消了林彪未來接班的過渡手段和法律保障，還意味着毛澤東對林彪的判斷未嘗確定。況且，九大黨章取消了八大黨章設立名譽黨中央主席的規定，即是說，只要毛澤東在世，林彪就不能通過毛澤東退居二線的形式直接接班了。林彪又明白，當上國家主席可對日益膨脹的江青集團給予深重的打擊，因為總理人選必須由國家主席任命；這樣，張春橋要當總理，必得通過林彪這一關，林彪就可以遏制他。

　　1970 年 8-9 月，林彪在廬山召開的九屆二中全會上再次推舉毛澤

東擔任國家主席。毛澤東氣憤地說：「設國家主席的事不要再提了，讓我早點死，就讓我當國家主席！誰堅持，誰就去當，反正我不當！」他還對林彪說：「我勸你也不當國家主席！」江青也反對由林彪任國家主席，因此與毛澤東一起堅持不設國家主席，這表明林彪、江青兩派之間由權力再分配引起的矛盾和鬥爭。林彪不甘計劃敗露，藉機攻擊張春橋，結果林彪在這次會議上的代言人陳伯達遭到清算。

九屆二中全會後的一段歷史，可謂撲朔迷離，令人摸不着頭腦。按官方的說法，上述會議結束後，由於林彪政治地位動搖，林彪集團遂圖謀政變奪權。除林彪本人外，該集團的主要成員還包括：林立果（林彪的兒子）、葉群（林彪的妻子）、黃永勝（人民解放軍總參謀長）、吳法憲（空軍司令員）、李作鵬（海軍政委）及邱會作（總後勤部長）。在此對上述人物作簡單介紹：

林立果在「文化大革命」開展時只有 21 歲，是北京大學物理系一年級學生。1967 年 3 月，林立果被吳法憲安排在空軍司令部辦工室當秘書，並於 7 月入黨。「九大」後，吳法憲委任林立果為空軍司令部辦公室副主任兼作戰部副部長，還提出「兩個一切」，即把空軍的一切指揮權和調動權交給林立果。1970 年 7 月，林彪帶着林立果和黃永勝、吳法憲、李作鵬、邱會作一夥人到國防科委某工廠視察，藉此提高林立果在軍隊中的地位。同月，林立果用了林彪原先準備「九大」政治報告的材料作底稿，在空軍的一個幹部會議上作了所謂「講用報告」，整整講了七個小時。更甚的是，「講用報告」先後在北京、上海各單位大量印刷，流傳甚廣。林立果被空軍上下吹捧為「超天才」，毛澤東知道後「非常不高興」。

林彪和葉群，是一對「政治夫妻」。葉群是林彪辦公室主任，「九大」後更出任中共中央委員、政治局委員和中共中央軍委辦事組成員

等職。由於林彪個性孤僻，不愛交際，許多事情都要由葉群出面。又由於林彪的身體不好，一切送給林彪的檔案、甚麼人要見林彪，都要經過她的批准；林彪的指示、批示，也要由她把關。但林彪又常常不滿葉群借他的名義做的一些事情，認為她越權，這令葉群感到林彪老是欺負她。說到底，葉群是怕林彪的。在大的問題上，葉群迴避不了林彪。

號稱「四大金剛」的黃永勝、吳法憲、李作鵬和邱會作，在歷史上都是林彪四野的部下。「文化大革命」爆發後，林彪用「保」和「提拔」的辦法，對四人竭盡拉攏（邱會作被批鬥得最厲害）。四人又向林彪、葉群搞「効忠」的活動。他們的關係正如葉群所説：「你們靠林彪」，「林彪靠你們」，「六個人死也要死在一起」。

據悉，在九屆二中全會舉行間（1970年8-9月），林立果將空軍辦公室內由他當組長的「調查研究小組」，擴展成為一個嚴密的組織。1970年10月，林立果就把這個組織正式稱為「聯合艦隊」；他自稱「旗艦」，並根據英語「司令官」的諧音，自稱代號為「康曼德」(commander)。11月，毛澤東決定在中央政治局領導下設立以康生為首的中央組織宣傳組，這大大加強了江青等人的權力。同月，中央領導機關開展了「批陳（伯達）整風」運動，矛頭直指林彪。12月，毛澤東召開華北座談會，明批陳伯達，實打林彪；更指名批評葉群，説她「當上了中央委員，不得了了，要上天了。」毛澤東還在到訪的埃德加·斯諾面前，對林彪鼓吹的「四個偉大」提出了前所未有的嚴厲批評。由於形勢急轉直下，林立果遂於1971年3月在上海秘密據點炮製了一個「武裝起義」計劃，稱《「571工程」紀要》（「571」為「武（裝）起義」的諧音），以「打倒當代的秦始皇——B-52（毛澤東的代號），推翻掛着社會主義招牌的封建王朝，建立一個真正屬於無產階級和勞

林彪最後一次公開露面
1971 年 5 月 1 日勞動節，毛澤東在天安門城樓上接待東埔寨西哈努克親王，並由中共中央副主席
林彪陪同。這是林彪最後一次的公開露面。

動人民的社會主義國家」作為他們的口號和綱領。《「571工程」紀要》
指出：毛澤東「對我們不放心。與其束手被擒，不如破釜沉舟」。

　　1971 年 8 月 14 日至 9 月 12 日，毛澤東去南方巡視，在各地與黨
政軍負責人談話時指名批評林彪，說盧山會議（九屆二中全會）是「第
十次路線鬥爭」、「兩個司令部的鬥爭」，又說「盧山這件事，還沒
有完，還沒有解決」，「陳伯達後面還有人」，「有人急於想當國家
主席，急於奪權」。9 月上旬，林彪、葉群、林立果眼見事態嚴重，
遂向「聯合艦隊」下達進入一級「戰備」的命令，並訂下三套方案：一、
在杭州、上海、蘇州附近謀殺毛澤東（此為上策）；二、準備南逃廣

　第一部份
　　　　從繼續革命到改革開放

州另立中央（此為中策）；三、準備出逃蘇聯（此為下策）。林立果原本企圖用炸毀蘇州附近一鐵路橋的辦法殺害正在南巡的毛澤東，但由於毛澤東保持高度警惕兼改變行程，暗殺計劃未能得逞。南逃方案，也因林彪調動飛機去廣州的異常行動被女兒林立衡向北戴河 8341 部隊報告及被周恩來追查而亂了陣腳，只好放棄。林彪數人知道大禍臨頭，遂於 13 日零時左右從山海關機場乘 256 號三叉戟飛機逃往蘇聯，但座機最後因沒有足夠的燃料墜毀在外蒙古的溫都爾汗 (Ondorhaan) 荒漠，此乃震驚中外的「九·一三」事件。

有關林彪之死，一直引起外界的猜測。在過去的 40 多年中，先後在海內外出現了許多不同於官方公佈有關林彪死亡的版本，主要有下列四種説法：第一，「軟禁之説」——斷言林彪不是死於「九·一三」事件中，而是被關押在某個地方；第二，「擊斃之説」——斷言林彪沒上出逃的飛機，他是在北京西山被擊斃的；第三，「導彈擊落之説」——斷言林彪乘飛機逃往前蘇聯途中，被導彈擊落；第四，「綁架出逃之説」——斷言林彪是被老婆兒子挾持出逃的，最後機毀人亡。其中「綁架出逃之説」最值得注意。此説見於 Frederick C. Teiwes & Warren Sun, *The Tragedy of Lin Biao: Riding the Tiger During the Cultural Revolution,*[3] 這是一本嚴謹的學術專著；作者指出，林彪一向身體欠佳、處事低調、無政治野心；在「文化大革命」中，林彪是被動的，其基本態度是「主席畫圈我畫圈」；林彪與江青集團的矛盾根源，在於爭奪毛澤東的恩寵，沒有實證表明林彪要搞軍人政體和一套軍工體系的經濟方案；林彪從未在政治上反毛澤東，至於政變一事，全是林立果和葉群搞出來的，林彪其實不知情，到最後

---

3　Frederick C. Teiwes & Warren Sun, *The Tragedy of Lin Biao: Riding the Tiger During the Cultural Revolution*. London: C, Hurst & Co.; Hong Kong: Hong Kong University Press, 1996.

關頭才在吃了安眠藥的情況下不由自主地被拖上飛機。該書對「九·一三」事件的分析，主要是根據林彪女兒林立衡提供的資料；但林立衡與葉群的關係極度惡劣，她事後一直想將政變的責任全推在母親身上，為父親脫罪。

上述第一、二個說法不能成立，因為林彪確實死於外蒙。前蘇聯派去飛機失事現場的意外調查組人員割下了飛機殘骸中那個歲數最大的男人的頭顱回去鑒定，證實了它「正是林彪的頭骨」。（林彪的頭部在抗日戰爭時受過傷，其位置正好與該頭骨的傷痕吻合，而且前蘇聯保有林彪於 1938-1941 年在莫斯科治病的詳細病歷，有關林彪牙科紀錄也與頭骨的實際情況絲毫不差）。1993 年，澳大利亞記者彼得·漢娜姆（Peter Hannam）採訪了當年從林彪屍體上割下頭顱的前蘇聯病理學專家維塔利·托米林（Vitali Vasilievich Tomilin），得知林彪頭骨藏在前蘇聯「克格勃」（KGB）的檔案庫裏已經 22 年，而前蘇聯醫學專家一致確證摔死在蒙古溫都爾汗的是林彪。1994 年 1 月 31 日，《美國新聞與世界報道》（US News and World Report）披露了這宗採訪報道。有關「軟禁之說」和「擊斃之說」等等傳言，不攻自破。

上述第三個說法也不能成立，因為當時中國的地空導彈還比較落後，即使現在提高射程的地空導彈也不可能從中國境內打到距北京 900 公里、距中國最近邊境也有 300 多公里的溫都爾汗。周恩來事後在廣州談及為何不將林彪座機擊落時解釋說：「他是副統帥，打下來我怎麼向人民交代？只好打開雷達監視飛機的行動，直到飛機飛出國境，才算是真相大白。這件事報告了〔毛〕主席，主席說『天要下雨，娘要嫁人，他要跑，有甚麼辦法？』」

至於第四個說法，亦難成立。根據林彪身邊工作人員的回憶，林彪在出逃的當晚並沒有吃安眠藥入睡，他不是被人從床上拉起的，也

沒有人強拉他上車。跟隨林彪多年的衛士長李文普又證實：他和林彪同車去山海關機場時聽見林彪問林立果：「到依爾庫茨克（Irkutsk）有多遠？」他因此受驚，因為林彪原本對他說去大連，現在聽說要去依爾庫茨克，是到蘇聯，他怕當叛徒，故突然喊停車，待車一停便跳下車，結果被林立果開槍擊傷左臂。

筆者認為，林彪有野心，這可從他利用「文化大革命」打擊劉少奇、鄧小平、賀龍、朱德、彭德懷、陳毅、聶榮臻、徐向前、劉伯承及葉劍英等老帥得到佐證；而政變一事非同小可，實難以想像林彪對此全不知情。倘若林彪真的是被蒙在鼓裏，則黨中央在「九‧一三」事件發生後就沒有需要費煞苦心地想法向人民交代為何「最最高舉」、「最最緊跟」的林「副統帥」竟然背叛毛主席——只需解釋說謀反是林彪的妻子及兒子搞出來的就好辦了。但黨中央沒有這樣做，它堅決進行批判林彪，並且在黨內向30萬黨政軍成員、幹部直接公開了有損毛澤東聲譽甚至品格的《「571工程」紀要》。《紀要》大肆抨擊毛澤東：「他不是一個真正的馬列主義者，而是一個行孔孟之道借馬列主義之皮、執秦始皇之法的中國歷史上最大的封建暴君。……他是一個懷疑狂、虐待狂，他的整人哲學是一不做、二不休。……戳穿了說，在他手下一個個像走馬燈式垮台的人物，其實都是他的替罪羊。」《紀要》又這樣描繪毛澤東及其身邊的擁護者：「他們今天利用這個打擊那個，明天利用那個打擊這個。……今天甜言密語那些拉的人，明天就加以莫須有的罪名置於死地。……當前他們的繼續革命論實質是托洛茨基的不斷革命論，他們的革命對象實際是中國人民。……他們的社會主義實質是社會法西斯主義。他們把中國的國家機器變成一種互相殘殺，互相傾軋的絞肉機式的。〔他們〕把黨內和國家政治生活變成封建專制獨裁式家長制生活。」《紀要》號召「全國人民團結

起來，全軍指戰員團結起來，全黨團結起來。用民富國強代替他〔毛澤東〕『國富』民窮，使人民豐衣足食、安居樂業，政治上、經濟上、組織上得到解放。用真正馬列主義作為我們指導思想，建設真正的社會主義代替 B-52 的封建專制的社會主義，即社會封建主義。」毛澤東大概知道林彪是政變的主謀，自尊心受到嚴重的創傷，繼而大病一場，因此對林彪深惡痛絕，寧願付出代價，也不肯讓林彪脫罪。

儘管筆者認為林彪在九屆二中全會後因恐怕地位甚至性命不保，故決定先發制人，並作出密謀政變之舉，但卻有需要澄清「九·一三」事件後有關林彪早有預謀奪權的一種流行說法。該說法出自 1971 年 12 月 7 日中央專案組整理的《粉碎林（彪）陳（伯達）反黨集團反革命政變的鬥爭（材料之一）》，其中說：「1969 年 10 月 18 日，林彪趁毛主席不在北京，擅自發佈所謂『林副主席指示第一個號令』，調動全軍進入戰備狀態，這樣的大事，竟不請示毛主席、黨中央，實際上是一次篡黨奪權的預演。」此後書刊多引用這種說法。（有關林彪向全軍下達「一號命令」的歷史背景，見本書第六章第 3.1 節）。近年研究披露，林彪作出戰備指示後，即把指示稿發往毛澤東作請示，直到第二天傍晚，這個指示才向全軍傳達。據悉，毛澤東看到下發的命令後，大發雷霆，當即把它燒掉了。有理由相信，毛澤東的不滿是針對命令的冠名：「林副主席指示第一個號令」這個標題，毛澤東大概認為有違組織原則，不適當地突出了林彪，有僭越之嫌。事情的發展，恐怕非林彪始料所及。可以說，「一號命令」引起了毛澤東的警惕，而毛澤東的激烈反應也對林彪產生了很大的震動，但事件並沒有表露林彪當時存有奪權的念頭。誠然，沒有證據表明林彪在九屆二中全會前已密謀政變。

1972 年夏，黨中央開展「批林整風」運動，說林彪「語錄不離手，

萬歲不離口，當面說好話，背後下毒手」，是「反革命兩面派」。「批林」的理據明顯欠缺說服力，它激發人們去懷疑、反省：林彪真的想謀害毛主席？如果林彪是「反革命兩面派」，那麼，毛主席當初為何相信他並指定他為接班人？莫非毛主席也上了林彪的當？還是人們一直太輕信毛主席的話？無庸諱言，「九‧一三」事件使毛澤東「天縱英明」的神話在一夜之間破產，它深化了由知青上山下鄉所引發的信念危機，且在全國人民心理上造成巨大的震盪，是中華人民共和國歷史上的另一個轉捩點。此外，「批林整風」還激化了周恩來與江青之間的矛盾。周恩來主張批判林彪集團的「極『左』思潮和無政府主義」；江青認為批「左」有影射「文化大革命」之嫌，故指出林彪的錯誤是「形『左』實右」，號召批判「右傾回潮」。而毛澤東深知開展批判「極左」一定會導致從理論上否定「文化大革命」，所以他堅決支持江青一派，認定林彪是「極右、修正主義」。

「九‧一三」事件無可避免地導致權力再分配。林彪死後，四野軍人紛紛垮台；另一方面，不少在「文化大革命」早期被打倒的老幹部（包括鄧小平、陳雲、葉劍英、王震、王稼祥等人）依毛澤東指示被解放復職。周恩來的地位也起了變化：他長期以來只是黨內的第三號人物，現在取代了以前劉少奇、林彪的地位，首次成為黨內的第二號人物。復職老幹部、實力軍人首腦都站在周恩來的一邊，形成一股新勢力（可稱為「務實派」或「穩健派」），並旋即與江青為首的極「左」派處於激烈的抗衡中。

## 3、政治鬥爭的第三個回合：周恩來、鄧小平、復職老幹部與「四人幫」的鬥爭（1973 年 8 月 -1976 年 10 月）

1973 年 8 月，中共「十大」在北京召開，選出了第十屆中央委員 195 人、候補中央委員 124 人。其中軍人佔 30%（林彪四野的勢力已被清除），復職老幹部佔 36%，其餘的 34% 是「文化大革命」中崛起的人。（這些人不一定隸屬江青集團，如華國鋒就是一個例子）。「十大」又選出了第十屆中央政治局委員、候補委員 25 人，當中「左」派佔 15 人，而復職老幹部、軍人則佔 10 人。周恩來在會上宣讀了政治報告，而江青集團的王洪文則作了關於修改黨章的報告。周恩來的政治報告指出「『九大』的政治路線和組織路線是正確的」；要求繼續搞好「批林整風」，發展國民經濟。王洪文的修改黨章報告則說明即時刪去「九大」黨章總綱中關於林彪接班的規定；又要求黨員須具有「反潮流」（即「造反」）的精神。「十大」顯示林彪死後黨中央權力再分配的新格局。

1973 年 11 月，基辛格（Henry Kissinger）首次以美國國務卿的身份訪華，在告別晚宴結束後臨時提議與周恩來舉行一次單獨會談，繼續討論中美雙方的軍事合作問題。周恩來由於來不及向毛澤東請示（毛澤東當時正在睡覺），便不敢作出任何具體的承諾，只是表示中美雙方今後可各指定一個人員繼續交換意見。這就給江青找到一個藉口，說周恩來犯了擅自接受美國核保護傘的「右傾投降主義」錯誤。江青於是提議並經毛澤東批准，成立由王洪文、張春橋、江青、姚文元、汪東興、華國鋒六人組成的批周（恩來）「幫助小組」。期後汪東興、華國鋒退出，剩下清一色的極「左」派。據悉，這就是「四人幫」

正式形成的開始。

　　1974 年 1 月，由江青指使北大、清華「大批判組」編寫的《林彪與孔孟之道》經毛澤東批准轉發全黨，「批林批孔」運動由此全面展開。問題是：為何將林彪與孔子聯繫起來？據當時官方解釋説，這是因為林彪私下曾推崇過孔孟之道。另一問題是：為何特別針對孔子？這是因為毛澤東認為「文化大革命」是一場深刻的歷史變革和進步，但當時仍有不少人反對它，這和歷史上法家堅持變革和儒家反對變革有某種相似之處，因此，他希望通過「批林批孔」來進行一次「思想和政治路線方面的教育」，進一步肯定「文化大革命」的理論和實踐。在運動推行時，中國的歷史被歪曲為「儒法鬥爭史」──法家「厚今薄古」，是「進步派」；儒家「厚古薄今」、「開歷史倒車」，是「復辟派」。江青集團積極推動「影射史學」，實際上是借題發揮，用「批林批孔」為幌子，大批「周公」、「宰相」、「宰相儒」、「現代的大儒」、「黨內的大儒」，矛頭所指呼之欲出。奇怪的是，周恩來是主動、積極地參與這場針對他的運動，他是「批林批孔」七人小組成員之一，親自起草有關會議通知，並在政治局內部組織學習討論。周恩來這樣做，當然是為了自保和穩住大局起見。他知道「批林批孔」是毛澤東發動的，所以絕對不能流露出半點抵觸情緒；對江青的意見，他也只好附和，以免與她正面衝突。無怪這場運動使當時很多不太熟悉中國政情的「中國問題觀察家」大惑不解。

　　在此對毛澤東與周恩來的關係作簡單的交代。1932 年 10 月，周恩來主持寧都會議令毛澤東挨批，埋下了兩人歷史恩怨的種子。延安整風時，毛澤東把周恩來當作黨內「經驗主義」的代表批，周自此擁毛，並多次公開承認寧都會議是他「一生最大的錯誤和罪惡」，可是毛澤東對寧都會議一直耿耿於懷，動不動就要翻出來算老賬。1956年，

周恩來極力反對毛澤東提出增加 20 億基建投資以加速發展中國經濟，認為這樣做就會很難供應必需品給老百姓，又會導致城市人口大增；他還說了一句很重的話：「我作為總理從良心上不能同意這個決定。」這大概是周恩來在建國後第一次，也可能是唯一一次頂撞毛澤東。「文化大革命」爆發後，周恩來深知「左」傾錯誤是難以立刻糾正的，如果針鋒相對地進行抗爭，不僅無濟於事，而且對國家會造成不堪設想的後果。他因此權衡利弊，決定採取在總體上支持「文化大革命」，在實際工作上盡量糾正一切過火、極端的做法，努力減少損失，等待時機糾正錯誤。毛澤東大概知道周恩來內心反對他一手炮製的這個運動、知道周保護過不少他要打倒的人、知道周得到很多幹部支持、知道周不公開地反對他是因為周沒有別的選擇，毛澤東因此認為周恩來是應該挨整的。不過，毛澤東亦知道周恩來沒有野心取代他、知道周要不惜一切「保持革命晚節」，而他又需要周恩來打理國務，畢竟周始終不渝地貫徹他的政策，故毛要確保周恩來不會如劉少奇那般被整死。鄧小平曾說：「沒有總理，『文化大革命』可能更慘，但可能短一些。」其所言甚是。

毛澤東與江青的關係又如何？江青一向愛出風頭、妒忌心強；1949 年後顯得更驕橫、囉嗦，喜歡發脾氣、指手畫腳（以示身份）、搬弄是非、火上加油。毛澤東對她可說是「有看法而沒辦法」。據悉，從 1968 年 8 月開始，毛澤東與江青在生活開支上互相獨立、互不干涉。及後，毛澤東多次對江青作出批評：「江青有野心，她想叫王洪文作委員長，她自己作黨的主席。」毛澤東又與江青劃清界線：「她並不代表我，她代表她自己。」他知道江青不懂謀略，樹敵太多，成事不足，敗事有餘，所以告誡她：「不要多露面，不要批文件，不要由你組閣〔當後台老闆〕，你積怨甚多，要團結多數」，不要「動不動就

給人戴大帽子」，不要和王洪文、張春橋、姚文元搞成「四人小宗派」。另一方面，毛澤東很清楚江青階級立場堅定不移，知道她是其「文化大革命」路線的最忠實支持者，絕對不會搞兩面派，因此，毛澤東對江青的批評實際上是以教育、告誡為前提的。他認為江青的毛病並非嚴重：「對她要一分為二，一部份是好的，一部份是不太好」；「我看問題不大，不要小題大作。但有問題要講明白，上半年解決不了，下半年解決；今年解決不了，明年解決；明年解決不了，後年解決。」

1974年10月，黨中央發出通知，在最近期間召開四屆人大。通知又傳達了毛澤東希望結束「文化大革命」的意見：「無產階級文化大革命，已經八年。現在，以安定為好。全黨全軍要團結。」11月，廣州青年李正天、陳一陽、王希哲三人利用「批林批孔」運動、毛澤東批准貼大字報，以及四屆人大快將召開的機會，貼出了〈關於社會主義的民主與法制〉的大字報（俗稱〈李一哲大字報〉）。該大字報以針對「林彪體系」為幌子，暗裏抨擊極「左」派的「封建」、「法西斯」統治。它進一步提出對四屆人大的期望：第一，用法制保護人民應有的民主權利；第二，限制特權；第三，保證人民對國家和社會的管理權；第四，對鎮壓人民者實行鎮壓；第五，落實政策；第六，各盡所能按勞分配。由於〈李一哲大字報〉體現了青年人對「文化大革命」的反省，它在當時社會上引起了廣泛的反響。

上述的〈李一哲大字報〉其實代表了「文化大革命」後期一股重要的民間思潮。除了李正天、陳一陽、王希哲三人外，當時還有不少民間思想者探索着「中國向何處去」這個重大課題，並提出了不同的路向，較著名的包括：

一、陳爾晉——他提出「特權資本論」，即是說「資本的形態已經由貨幣資本轉化為特權資本」；又提出「無產階級民主革命」論，

強調要建立「無產階級民主制度」，包括：一、確立憲法的至高無上的地位；二、實行共產黨的兩黨制；三、實現立法、行政、司法三權分立；四、將人權問題提到顯著地位；

二、陳一諮和張木生——他們不走街頭政治、激進主義道路，而走體制內改革的道路；主張以農村為改革的突破點，從發展生產力入手，讓老百姓過好日子；又認為發展生產力必須解決體制（包括人民公社和統購統銷制度）問題，亦即領導權問題。陳一諮和張木生是當時「農村體制改革派」的代表，他們的主張事實上構成了1978年以後中國改革的基本內容和方向，故他們可說是中國改革開放的先驅。1981年2月，中共中央成立了「中國農村發展問題研究組」，其最初的成員就有陳一諮、張木生等當年「民間思想村落」的骨幹。

1975年1月，周恩來向四屆人大一次會議作《政府工作報告》，提出要「在本世紀內，全面實現農業、工業、國防和科學技術的現代化」。（這是重申1964年底三屆人大一次會議首次提出的「四個現代化」建設）。他還進一步提出實施這目標的兩個步驟：第一步，在1980年以前，建立一個獨立的、比較完整的工業和國民經濟體系；第二步，在20世紀內，全面實現農業、工業、國防和科學技術的現代化。會議最後通過修改後的《中華人民共和國憲法》（即「七五憲法」）。

四屆人大以後，周恩來病重，鄧小平在毛澤東支持下主持黨中央及國務院工作。鄧小平靠實幹起家。據悉，鄧小平早於1923年在法國巴黎加入「中國社會主義青年團旅歐支部」後，就積極投入務實工作，不搞理論性問題。在1930年代初的江西，鄧小平因為公開支持毛澤東的游擊戰術及「富農路線」，被視為「毛派的頭子」，結果與毛澤東一起挨整。1956年，鄧小平出任中央書記處總書記，獲毛澤東賞識。1957年11月，毛澤東帶着鄧小平出訪蘇聯。據當時擔任翻譯

的李越然回憶：蘇共領導人赫魯曉夫在一次談話中問毛澤東：「誰來接班呢？有這樣的人嗎？」毛澤東答得很清楚：「有！我們黨內有好幾位同志完全可以，都不比我差。……第一個是劉少奇，第二是鄧小平。」談到鄧小平的時候，毛澤東又說：「這個人既有原則性，又有靈活性，是我們黨內難得的一個領導人才。」無怪毛澤東在 1959 年 4 月八屆七中全會上宣佈鄧小平當他的「副帥」：「中央的主席是我，常委的主席是我，所以我毛遂自薦為元帥。書記處的總書記就是鄧小平，你就當個副元帥。行不行？……你們贊不贊成？如果贊成，就照這樣辦。……鄧小平，你掛帥了，一朝權在手，便把令來行，你敢不敢呀？」但由於鄧小平在「大躍進」後支持和執行劉少奇的經濟調整政策，又於 1966 年 6、7 月間，在派遣工作組問題上與劉少奇一致，故在「文化大革命」爆發後便與劉少奇一起被打倒。值得注意的是，儘管毛澤東曾痛罵鄧小平「從 1959 年起，有六年不向我報告他的工作」，因此認為鄧「所犯的錯誤是嚴重的」，但他對鄧的政治前途還是做了某種特別安排。在《我的父親鄧小平——「文革」歲月》[4] 一書中，毛毛（鄧榕）透露了一個重要史實：「『文革』初期，在毛澤東決定確立林彪為接班人的時候，他還沒想徹底去掉鄧小平，他曾希望繼續用鄧並希望鄧能配合他在人事上的新選擇。為此，毛澤東曾找鄧談了一次話。父親後來回憶：『文革』開始的時候，主席找我談話，要我跟林彪搞好關係，我答應了。但與林彪談了一次就談崩了。」毛毛還說：「當鄧小平被批，被打倒的時候，他在身體上和政治上，受到毛澤東的保護。」在鄧小平被打倒之後的 1967 年 7 月 16 日，毛澤東在武漢同中央文革小組成員王力談到接班人問題時就有以下一段耐

---

4  毛毛：《我的父親鄧小平——「文革」歲月》，北京：中央文獻出版社，2000 年。

人尋味的話：「林彪要是身體不行了，我還是要鄧出來。」9 月初，毛澤東對武漢的新領導人拋出一個爆炸性的議題，他問：「我們需要保鄧小平嗎？」又自答：「第一，他打過一些仗；第二，他不是國民黨的人；第三，他沒有『黑修養』。」 在 1968 年 10 月召開的中共八屆十二中全會上，毛澤東表明他對鄧小平的立場：「大家要開除他，我對這一點還有一點保留。我覺得這個人嘛，總要使他跟劉少奇有點區別，事實上是有些區別。」在毛澤東施壓下，中全會允許鄧小平保留黨籍，而劉少奇則被「永遠開除出黨」。至於對鄧小平的監管，毛澤東只讓他的親信汪東興來管，從來沒有讓林彪和中央文革插手。誠然，毛澤東在鄧小平被打倒的時候仍對鄧進行人身保護，大概是因為鄧始終是毛心目中的接班人選之一。1973 年，鄧小平終於復出。毛澤東後來在一次中央軍委會議上解釋說：「我們黨裏有人甚麼事也不幹，仍會犯錯誤，但是鄧小平雖犯錯誤，卻實際辦事……我覺得他棉裏藏針。」又表示鄧小平的行為「應該三七開」，意謂鄧小平過佔三成、功佔七成。有說毛澤東決定讓鄧小平重返權力核心，是出於在政治上防範挾制周恩來的考慮，後來由於鄧靠緊周，兼且展示強勢作風，使毛澤東意識到重新起用鄧小平的失算。此說是否屬實，不得而知，但可以肯定的是，「四人幫」在周恩來病重後密切注視鄧小平的一舉一動。

2-6 月，黨中央在全國掀起了學習「無產階級專政理論」運動，大肆鼓吹「全面專政論」，即在政治方面強調階級鬥爭、繼續革命；在經濟方面限制「資產階級法權」，推行「平均主義」及否定農村自留地、搞副業等政策；在思想文化各個領域實行專制和箝制。運動的實質是把所有反對「文化大革命」的人當作「走資派」、「復辟派」，對他們實行專政。

8月，開展「評《水滸》」運動，把《水滸傳》一書當作反面教材，說宋江（暗指周恩來）是「投降派」，一上山就請盧俊義（暗指鄧小平）坐了第二把交椅，把晁蓋（暗指毛澤東）架空了。運動的主題就是要批判否定「文化大革命」的所謂「投降派」，矛頭直指周恩來、鄧小平以及大批在 1973 年復職的老幹部。

　　10月，鄧小平在領導「整頓」時制定了三個綱領性的文件，分別是：

　　一、《論全黨全國各項工作的總綱（草稿）》——說明束縛還是解放生產力，是區別真假馬克思主義的最終標準；

　　二、《科學院工作匯報提綱（草稿）》——提出整頓中國科學院的五項內容：結合實況、揭露矛盾；落實知識分子政策和幹部政策；增強黨性、消除派性；調整及健全領導班子；整頓機構；

　　三、《關於加快工業發展的若干問題（草稿）》——指出「沒有社會生產力的強大發展，社會主義制度是不能充份鞏固的，決不能把革命統帥下搞好生產當作「唯生產力」和「業務掛帥」來批判」。

　　鄧小平同時提出，要以毛澤東的「三項指示為綱」，即要：一、學習無產階級專政、反修防修；二、促進安定團結；三、把國民經濟搞上去。由於毛澤東的姪兒兼聯絡員毛遠新多次向他彙報，說鄧小平「很少講文化大革命的成績，很少批判劉少奇的修正主義路線」，又說鄧小平的「三項指示為綱……其實只剩下一項指示，即生產搞上去了」，毛澤東遂於 11 月決定要解決鄧小平的所謂「右傾」問題。他在批評鄧小平時說：「甚麼三項指示為綱，安定團結不是不要階級鬥爭，階級鬥爭是綱，其餘都是目」，「小平……這個人是不抓階級鬥爭的，歷來不提這個綱，還是白貓、黑貓啊，不管帝國主義還是馬克思主義」。毛澤東又指出「有些人總是要對這次文化大革命不滿意，

總是要算文化大革命的賬，總是要翻案」，由此展開了一場「批鄧、反擊右傾翻案風」運動。鄧小平回顧這段歷史時說：「說到改革，其實在 1974 年到 1975 年我們已經試驗過一段。……那時的改革，用的名稱是整頓，強調把經濟搞上去，首先是恢復生產秩序。凡是這樣做的地方都見效。不久，我又被『四人幫』打倒了。」要明白 1978 年後鄧小平對「建設有中國特色的社會主義」的設想，就有需要理解他在 1975 年領導「整頓」時的主張。無怪有論者認為，1975 年是鄧小平改革開放理論形成的起點。

1976 年 1 月，周恩來逝世。中央政治局通過毛澤東的提議，華國鋒任國務院代總理並主持中央日常工作，毛澤東對華國鋒表示：「你辦事，我放心」。可以說，華國鋒的任命是毛澤東力圖調和「四人幫」與務實派幹部、軍人之間的矛盾的結果。

4 月初，天安門廣場發生了上百萬群眾悼念周恩來、聲討「四人幫」的運動。4 月 5 日，中央政治局出動民兵、公安清理現場所有花圈，還逮捕了一些人；群眾提出「還我花圈，還我戰友」的口號，最後遭到鎮壓。7 日，政治局撤銷鄧小平黨內外的一切職務，並委任華國鋒為中共中央第一副主席及國務院總理。8 日，《人民日報》批判天安門事件為「有預謀、有計劃、有組織地製造的反革命政治事件」。

8 月，開展「批鄧」運動；鄧小平的三個「整頓」文件被誣蔑為「三株大毒草」。

9 月，毛澤東逝世。他在開展「批鄧、反擊右傾翻案風」運動後曾表示：「文化大革命」犯了兩個錯誤，即「打倒一切」及「全面內戰」；「文化大革命」是「三七開」，即「七分成績，三分錯誤」；總的看法是「基本正確，有所不足」。毛澤東又指出他一生幹了兩件大事：第一，趕走蔣介石和日本人，並沒有爭議性；第二，發動「文化大革

命」，支持的人不多，反對的人不少。

10月，華國鋒、葉劍英、李先念、汪東興等人把「四人幫」逮捕，結束了「文化大革命」。十年動亂雖已過去，中國卻面對「三信危機」。（「三信」即信仰、信心、信任）。

楊繼繩在《天地翻覆》一書中將「文化大革命」概括為「一場毛澤東、造反派、官僚集團之間的三角遊戲」；他繼而指出：「這場遊戲的最終結局是：勝利者是官僚集團，失敗者是毛澤東，承受失敗後果的是造反派。」這結論好讓我們對「十年浩劫」作進一步的反思。


# 4、對「文化大革命」的反思

根據中央文革小組顧問康生所說，毛澤東原本提議以三年的時間搞「文化大革命」：第一年(1966年6月至1967年6月)的任務是「動員人民」；第二年（1967年6月至1968年6月）是「取得重大勝利」；第三年（直到1969年6月）是「完成革命」。但事與願違：預計三年完成的「文化大革命」，竟然完全失控地狂飆前進，演變成「十年浩劫」，這實非毛澤東始料所及。

下面提出幾個值得我們去思考的問題，並略加分析：

## （1）「文化大革命」究竟是甚麼一回事？

「文化大革命」在當時被説成是：

一、一場發展教育、科學、文化事業，兼打破社會分工、促進人的全面發展的無產階級文化大革命；

二、一場無產階級反對資產階級和一切剝削階級的政治革命；

三、一場自覺地改造世界觀的思想革命；

四、一場發展社會生產力的經濟革命；

五、一場基於人民要求及需要的、自發的群眾運動。

但事實證明，「文化大革命」是：

一、一場大革文化的命的浩劫，它導致教育水平下降，文藝學術界停產十年，科學技術與世界先進水平的差距拉大；

二、一場自己人整自己人的鬥爭（林彪曾說：「文化大革命」就是「革我們原來革過命的人的命」）；

三、一場用粗暴、強制手段去改造群眾思想的運動；

四、一場對經濟造成嚴重的混亂、破壞和倒退的大災難；

五、一場由最高領導人動員和利用群眾去達到其目的而造成的內亂。

在此有需要指出，中國推行改革開放後，人們對「文化大革命」時期國民經濟整體狀況的評價，主要有兩種觀點。一種比較通行的觀點認為，「文化大革命」時期國民經濟瀕臨崩潰的邊緣（以下簡稱「崩潰邊緣論」）。1979 年 12 月，李先念在全國計劃會議上表示，在「文化大革命」的十年間，僅國民經濟收入就損失了 5,000 億元，相當於1949 年以來全部基本建設投資的 80%。這正好為「崩潰邊緣論」提供最佳的佐證。另一種觀點認為，「文化大革命」時期的國民經濟雖遭受嚴重損失，但仍有所發展（以下簡稱「有所發展論」）。此觀點最早見於 1981 年 6 月由中共十一屆六中全會通過的《關於建國以來黨的若干歷史問題的決議》：「文化大革命」時期，「我國國民經濟雖然遭到巨大損失，仍然取得了進展。糧食生產保持了比較穩定的增長。工業交通、基本建設和科學技術方面取得了一批重要成就。」此後，學術界也出現了「有所發展論」，並得到 1983 年《中國統計年鑑》

首次公佈「文化大革命」時期經濟數據的支持。針對有人提出為甚麼十年內亂期間統計數字竟顯示有一定增長的問題，時任國家統計局局長李成瑞解釋說：「文化大革命」時期的經濟增長比「文化大革命」前 14 年和其後 6 年的速度要低，之所以還有增長，是因為能源工業上得快。

1990 年，中國社會科學院院長胡繩指出，要把「文化大革命」和「文化大革命」時期區別開來，從而為評價中華人民共和國這段歷史提出了一個新的基本準則：徹底否定「文化大革命」並不等於要否定這一時期所發生的全部歷史；同時，肯定「文化大革命」時期經濟、外交方面的發展，並不等於要肯定「文化大革命」本身的錯誤。1993 年，薄一波在《若干重大決策與事件的回顧》（下卷）一書中又指出：「經濟瀕臨崩潰的邊緣」只是指動亂最嚴重的 1967、1968 年，「縱觀 1966 至 1970 年這五年乃至 1966 至 1975 年這十年的情況，經濟還是有所發展的。」其後「有所發展論」者大多接受「三落兩起」的說法：1967-1968 年國民經濟受到「全面內戰」破壞而急劇惡化，出現倒退；1969-1973 年國民經濟在戰備需要和高速度、高投入的支援下，有所恢復和發展；1974 年因「批林批孔」運動的嚴重衝擊，國民經濟再度出現困難局面；1975 年鄧小平主持整頓工作，使「四五計劃」得以完成；1976 年在「反擊右傾翻案風」，周恩來、朱德、毛澤東相繼去世，以及唐山大地震等的影響下，經濟再次陷入低谷。

儘管國家統計局表明「現在公佈的十年內亂期間的數字……是基本可靠的」，眾多學者卻不贊同孤立地用數字來說明「文化大革命」中的經濟情況。他們斷言：說「文化大革命」時期經濟陷入崩潰的邊緣，是指國民經濟不能正常運作、宏觀管理混亂、微觀發展動力不足的僵化狀態而言；這是比具體數字更具根本性的問題。直至今天，兩

種觀點的支持者仍爭持不下。

### （2）「文化大革命」顯示當時中國出了甚麼問題？

「文化大革命」顯示兩個嚴重的問題：

第一，中國在當時陷於「革命理想高於天」的狂熱，故人們一概用革命精神因素來否定法制的作用，結果造成無法無天、全面失控的局面；

第二，在那個年代，人們對毛澤東的個人崇拜達到瘋狂的程度，結果是一般人都失去了獨立的思考和判斷能力，只會盲目地遵從最高指示。1959年廬山會議後，毛澤東決定加強對他的個人崇拜。他指出：「個人崇拜有兩種，一種是正確的崇拜，如對馬克思、恩格斯、列寧、斯大林正確的東西，我們必須崇拜，永遠崇拜，不崇拜不得了。真理在他們的手裏，為甚麼不崇拜呢？……另一種是不正確的崇拜，不加分析，盲目服從，這就不對了。」毛澤東當然認為對他的尊敬屬於前一種。毛澤東時代一個顯著的特色就是整個中國似乎只需要毛澤東一個人的思想。由於想法與他不同只會帶來災難，因此，大家都習慣把他所寫、所說的奉為圭臬；漸漸地，人們相信毛主席就遠超過相信集體意見，甚至超過相信自己，而毛澤東亦認為只有自己的看法才是對的。這是毛澤東時代中國出現那麼多災難的一個根本原因。

### （3）「文化大革命」最壞的影響是甚麼？

「文化大革命」在全國的範圍內導致經濟的破壞、文化遺產的破壞、教育的停頓、文藝創作與學術研究的停頓，以及人性的扭曲。至於哪一樣是最壞的影響，可謂見仁見智。鄧小平則認為，「文化大革命最大的錯誤是耽誤了十年人才的培養。」

### （4）「文化大革命」是否全無意義？

儘管「文化大革命」在各方面都產生了極負面的影響，但卻不能說它全無意義。「文化大革命」始於毛澤東把群眾對他的個人崇拜推到頂峰，但它卻以個人崇拜的破產告終。它喚醒了一代長期被意識形態迷惑着的中國人，又使中國最終摒棄「以階級鬥爭為綱」，走上改革開放之路。「四人幫」倒台、「文化大革命」結束，是中國命運的大轉折。1988年9月5日，鄧小平與捷克斯洛伐克總統胡薩克 (Gustav Husak) 會談時說：「我們根本否定『文化大革命』，但應該說『文化大革命』也有一『功』，它提供了反面教訓。沒有『文化大革命』的教訓，就不可能制定十一屆三中全會以來的思想、政治、組織路線和一系列政策。」還有一點值得注意的是，儘管「文化大革命」初期所提倡的「懷疑一切」是有一條底線的（即不能對毛澤東本人懷疑），但部份接受了「懷疑一切」思想的造反派紅衛兵後來將此思想的邏輯貫徹到底，就對毛澤東產生了懷疑，最終成為他的反叛者，這不是毛澤東所能料及的。


## 5、毛澤東時代的結束：對毛澤東的評價

錢理群對毛澤東的性格及其歷史角色有深刻的分析。他說：毛澤東年輕時已立志把豪傑與聖賢集於一身；後來，毛澤東真的扮演了革命實踐者和馬列思想家的雙重角色。重要的是：毛澤東不是一般的實踐者，他是國家的領導人；毛又不是一般的國家領導人，他是一個極權國家的統治者；況且，毛又不同於一般的極權統治者，因為他不僅要控制人民的身體和行為，還要改造他們的思想和世界觀。事實上，

毛澤東根本地改變了大陸中國人的思維方式、情感方式、行為方式，以至語言方式，形成了一種在中國傳統文化以外的「毛澤東文化」。而這種「毛澤東文化」經過長期的灌輸，在中國大陸已經形成了民族集體無意識，新的國民性。

不能否認，毛澤東是一個超凡魅力（即具有感召力的）領袖（a charismatic leader）。他的最大魅力，在於他能喚起和引導人們的情感，並能在他個人的心理需求與大眾的心理需求之間建立一種聯繫。他這種超凡能力，特別表現在他的語言魅力。毛澤東的言談舉止往往驚世駭俗、出人意表。而他所用的語言，既包含民間智慧，同時又深含哲理，常使聽者不知不覺地被他說服。現舉一例，以供佐證。1958年5月，「大躍進」正式上馬。毛澤東在當時召開的「八大」二次會議上為了說服與會者要破除「封建迷信」和「洋迷信」，突然妙語如珠；他說：「我問過在我身邊的一些同志，我們是住在天上，還是住在地上？他們都搖頭說，不是的，住在地上。我說，不，我們是住在天上，在地球上看到別的星球是在天上；如果別的星球上有人，他們一看我們，不就是在天上嗎？所以我說，我們是住在天上，同時又是住地上。中國人喜歡神仙，我問他們，我們算不算神仙？他們說不算。我說，不對，神仙是住在天上的，我們住在地球上，也即住在天上，為甚麼不算神仙？如果別的星球上有人，他們不是把我們看成神仙嗎？第三，問他們，中國人算不算洋人？他們說，不算，外國人才算洋人。我說，不對，中國人也叫洋人。因為我們看外國人是洋人，外國人看中國人不也是洋人嗎？這說明在這些看法上，是有迷信思想。」據悉，聽了毛澤東這一番話的人都覺得他的思維實在太怪、太有意思了，令人有一種解放的感覺。

概括而言，毛澤東時代是一個以階級鬥爭為綱，以群眾運動方式

辦事（包括搞經濟建設）的一人專政的極權時代。極權統治不能缺少：一、一位超凡魅力領袖；二、一種極強的意識形態；三、強而有效的宣傳工具；四、強而有效的控制機制。中國在毛澤東時代就具備上述的四個條件。（要了解這個時代，首先要了解毛澤東這個人。可參考本書附錄一：認識毛澤東。）

## 5.1　評價毛澤東

　　儘管毛澤東的治國手法備受非議，但他確實是 20 世紀中國最具魅力和影響力的領袖。他一生反叛、倔強、任性、自信；從不肯約束自己的個性，亦從不會掩飾自己的好惡。他最討厭搞特殊化；窮一生之力去改造人性、追求他那個永遠追求不到的理想。毛澤東勇於迎接挑戰，並善於在劣勢中取勝。他領導革命成功，絕非僥倖。可惜，勝利令他自我膨脹，以致他在晚年容不得不合他心意的真話。他執政 27 年，凡事一意孤行，用自己的過去經驗來判斷當前一切是非、解決當前一切問題，終於導致悲劇收場。可以說毛澤東一生都是過着反抗的生活，並習以為常，且視之為普遍真理，強迫人們接受。他認為「與天奮鬥，其樂無窮；與地奮鬥，其樂無窮；與人奮鬥，其樂無窮。」又作出了「以階級鬥爭為綱」的總結。無怪中國在毛澤東一人專政下，長期處於翻天覆地的動亂中。毛澤東所謂「抓革命，促生產」，最終被他自己的革命實踐否定。

　　毛澤東在後革命時期堅持繼續革命，在沒有階級的中國社會不斷搞階級鬥爭，造成災難和悲劇。他的可悲之處，不在於清算了那麼多階級敵人（革命基本如此），而在於犧牲了無數忠誠於共產黨與共產主義的人士。然而，筆者相信，這不是毛澤東本人的意願。（If Mao

Zedong had created a tragedy, it was a tragedy that was never meant to be.）。他具有敏銳的觀察能力，覺察到社會上存在很多問題，但他誇大了這些問題的嚴重性，又錯定了這些問題的本質。結果是，他用錯誤的方法去解決社會上的問題，最後釀成大悲劇。中國在毛澤東統治下，可謂災來如山倒。個人認為：毛澤東雖無心造孽，卻難辭其咎。

# 第四章

「建設有中國特色的社會主義」：
走向「社會主義市場經濟」的
曲折歷程（1977-2000 年）

楊繼繩在他的著作《中國改革年代的政治鬥爭》[1]中指出，毛澤東逝世後，中國出現了四股政治力量，這四股力量的代表人物企圖按自己的意願選擇中國未來的道路。

第一種選擇：在政治方面堅持無產階級專政下繼續革命；在經濟方面維持計劃經濟體制。上述取向意味着在政治和經濟上都走毛澤東晚年的路線，其代表人物是毛澤東的繼任人華國鋒。

第二種選擇：在政治方面堅持社會主義制度、原來的意識形態、中共的領導和無產階級專政；在經濟方面走 1950 年代的路，但在計劃經濟體制的前提下，允許搞一點市場調節，這體現於 1980 年代中期城市經濟體制改革開展後所遵從的「以計劃經濟為主，以市場調節為輔」方針。堅持這種取向的代表人物是財經專家陳雲。

第三種選擇：在政治方面堅持社會主義制度、原來的意識形態、中共的領導和無產階級專政；在經濟方面放棄計劃經濟體制，走市場取向的改革，這體現於 1992 年 10 月中共「十四大」所確立的「社會主義市場經濟」路線。堅持這種取向的代表人物是中國改革開放的總設計師鄧小平。

第四種選擇：在經濟方面放棄計劃經濟體制，搞市場經濟；在政治方面放棄無產階級專政，實現政治民主化，即背離前三種選擇的方向。堅持這一取向的是一些可稱為自由民主派的在野知識分子。

楊繼繩又指出，在中國改革年代的政治鬥爭，實際上是上述四種政治力量的較量，其中當以鄧小平為代表及以陳雲為代表的這兩股力量最強。鄧、陳二人勢均力敵，互相制衡。遇到一些重大決策，更必須要兩個人都同意才可實行。所以，中國改革開放年代的政治力量呈

---

[1] 楊繼繩：《中國改革年代的政治鬥爭》，香港：Excellent Culture Press，2004 年；修訂版，香港：天地圖書有限公司，2010 年。

現雙峰狀態，但由於鄧小平是實際上的一把手，這個山峰稍高一些。楊繼繩對後毛澤東時代政局的分析，確是簡明扼要。下面先談華國鋒主政時期的特色，然後說明鄧小平時代中國全面走向改革開放的實況。

# 1、華國鋒時期（1976-1978 年）：<br>走向改革開放的過渡期

## 1.1　延續的一面

毫無疑問，華國鋒是毛澤東路線的忠實追隨者。為了貫徹毛澤東的主張，華國鋒於 1976 年 12 月召開第二次全國農業學大寨會議，又於 1977 年 4-5 月間召開全國工業學大慶會議，藉以發揚「政治掛帥」及「群眾路線」的革命精神。（大寨、大慶是毛澤東在 1960 年代中期為農業、工業樹立的兩個楷模）。1977 年 2 月，華國鋒支持《人民日報》在一篇社論中正式提出「兩個凡是」的觀點，即「凡是毛主席作出的決策，我們都堅決維護；凡是毛主席的指示，我們都始終不渝地遵循。」

值得注意的是，華國鋒把毛澤東的一套與「四人幫」的一套區分開來。他一方面堅持高舉「文化大革命」的旗幟，另一方面卻批判「四人幫」別有用心，扭曲了「文化大革命」本身的精神，造成災難。

1977 年 8 月，華國鋒向中共「十一大」作政治報告時說：「無產階級文化大革命的勝利結束，決不是階級鬥爭的結束，決不是無產階級專政下繼續革命的結束。在整個社會主義歷史階段，始終存在無產

階級和資產階級兩個階級的鬥爭，社會主義和資本主義兩條道路的鬥爭。這種鬥爭是長時期的，曲折的，有時甚至是很激烈的。文化大革命這種性質的政治大革命今後還要進行多次。」上述說法充份表明華國鋒仍然堅持「以階級鬥爭為綱」的立場。

## 1.2　轉變的一面

由於「文化大革命」嚴重阻礙了中國的經濟發展，致使中國遠遠落後於世界上的先進發達國家，華國鋒遂於「十一大」宣告「文化大革命」結束的同時，強調建設現代化強國的目標。他主張實行開放政策，放手利用外國資金，並大量引入外國先進技術，以實現農業、工業、國防、科學技術的現代化。中國對外開放，從此開展起來。

1978 年 2 月，五屆人大第一次會議通過《1976-1985 年發展國民經濟十年規劃綱要》，預算在 1977 年的基礎上加開百多個投資項目，並撥大量資金購買先進科技。會後隨即掀起了一股出國考察的熱潮：不到一年，一共派出了 529 個代表團，成員達 3,213 人；其中最高級別的四個考察團，分別去了香港、東歐（南斯拉夫和羅馬尼亞）、日本，以及西歐（法國、瑞士、德國、丹麥和比利時）。大概是由於不熟悉國際行情關係，中國在 1977-1978 年間引進了不少陳舊、過時的設備。此外，在「大幹快上」（即大規模從事及盡快上馬的意思）的思想指導下，進口整套設備的規模往往過大，超過了國家的財政及配套能力所能負擔的。盲目投資引進，浪費了龐大的資源，造成國家外匯不足，更使中國已經失衡的經濟結構進一步失調。華國鋒因此被反對他的人批評搞「洋躍進」，即重複了 1958 年「大躍進」急躁冒進的錯誤。

## 1.3 中共十一屆三中全會的召開：華國鋒失勢與鄧小平時代的開始

1977 年 7 月，鄧小平在以陳雲、王震為首的高幹支持下復職，擔任黨副主席，引發新一輪的權力鬥爭，即以鄧小平為首的「實踐派」與以華國鋒為首的「凡是派」的鬥爭。幸虧雙方都以「安定團結」為重，令這場鬥爭與「文化大革命」時殘酷的鬥爭有很大的不同。鄧小平所針對的，是「兩個凡是」理論，故此，他在復出之前和之後都明確表示要全面地、整體地分析毛澤東思想體系，實事求是地解決問題。兩派的爭論，隨着 1978 年 5 月 11 日《光明日報》發表經胡耀邦精心策劃的〈實踐是檢驗真理的唯一標準〉而推向高潮，使鄧小平獲得更多的支持。

1978 年 9 月，鄧小平坦率地說：「社會主義要表現出它的優越性，哪能像現在這樣，搞了 20 多年還這麼窮，那要社會主義幹甚麼？」他繼而指出，社會主義的根本任務是發展生產力，使國家富強起來，使人民生活得到改善。11 月 10 日至 12 月 15 日，中共召開中央工作會議，平反了 1976 年 4 月 5 日發生的「天安門事件」，這表明鄧小平在現階段的鬥爭中已佔上風。12 月 2 日，鄧小平告訴那些為他起草啟動改革開放政策講稿的人：「基本的要點是，必須承認自己落後，我們的很多做法都不對頭，需要加以改變。」13 日，鄧小平在會議上首次提出「讓少數人富起來」的方針，他解釋說：「要允許一部份地區、一部份企業、一部份工人、農民，由於辛勤努力成績大而收入先多起來，生活先好起來。一部份人生活先好起來，就必然產生極大的示範力量，影響左鄰右舍，帶動其他地區、其他單位的人們向他們學習，這樣就會使整個國民經濟不斷地波浪式的向前發展，使全國各族人民

都能比較快地富裕起來。」18-22日,中共十一屆三中全會在北京召開,會上批評華國鋒的「兩個凡是」,又批評他的「洋躍進」。誠然,十一屆三中全會具有重大的歷史意義,因為它標誌着華國鋒過渡時期的終結與鄧小平改革開放時代的開始,故有「新時代的遵義會議」之稱。鄧小平後來指出,「華國鋒只是一個過渡,説不上是一代,他本身沒有一個獨立的東西,就是『兩個凡是』。」


## 2、鄧小平時代（1979-1997年）：「建設有中國特色的社會主義」

我們從幾個方面來看鄧小平推行的改革開放:第一,鄧小平推行改革開放的目的;第二,鄧小平推行改革開放的特色;第三,改革開放的過程及影響。

鄧小平曾反覆説明:改革不是要改變我國社會主義制度,而是改革束縛生產力發展的具體體制和運行機制;改革的性質是「社會主義制度的自我完善」;「改革總的目的是要有利於鞏固社會主義制度,有利於鞏固黨的領導,有利於在黨的領導和社會主義制度下發展生產力。」扼要而言,鄧小平推行改革開放的目的,是要藉搞活經濟來提高人民生活水平,以解決「三信危機」及鞏固中共的統治地位。「三信」即信仰、信心和信任。

鄧小平推行改革開放的主要特色如下:

第一,他摒棄了「以階級鬥爭為綱」的主張——鄧小平不認為黨內有一個資產階級,也不認為在社會主義制度下,在確已消滅了剝削階級和剝削條件之後還會產生一個資產階級或其他剝削階級,但他認

為「反社會主義分子」還存在，對他們必須實行專政，這「仍然是一種特殊形式的階級鬥爭」。可見，鄧小平並非根本地反對階級鬥爭，而是反對把階級鬥爭像過去那樣擴大化，特別是擴大到黨內，因此，他在上台後就立刻致力於「撥亂反正」，在胡耀邦主持下平反了大量的冤假錯案；

第二，他摒棄了用動員群眾的方式來建設社會主義——鄧小平糾正了毛澤東時代不信任知識分子、不尊重專業知識的失誤，他重新重用專家，但同時要求專家全心支持黨的政策；

第三，他擺脫了教條式的意識形態的掣肘——鄧小平堅信「實踐是檢驗真理的唯一標準」，故能突破意識形態框框的限制，用務實的態度去領導改革；

第四，他採用摸索法及循序漸進的方式進行改革——鄧小平贊成改革的過程要像「摸着石頭過河」，其政策具高度的靈活性，但往往欠缺周詳的應變方案。一般人以為「摸着石頭過河」是鄧小平的提法，其實，它是陳雲在 1980 年 12 月召開的中央工作會議上提出的：「我們要改革，但是步子要穩。因為我們的改革問題複雜，不能要求過急。改革固然要靠一定的理論研究，經濟統計和經濟預測，更重要的還是要從試點着手，隨時總結經驗，也就是要『摸着石頭過河』。開始步子要小，緩緩而行。」；

第五，鄧小平一方面推行經濟自由化（即走市場經濟之路），另一方面卻竭力防止政治自由化（即鄧小平所說的「資產階級自由化」：在政治上實行西方式的議會民主制和多黨制；在經濟上實行私有化；在文化上用西方的民主、自由和人權觀念對中國民眾進行「啟蒙」）。外界很多人因為相信經濟自由化和政治自由化是相輔相成的，因此認為中國改革開放在這方面的特色實構成一個弔詭。然而中共斷不會認

為推行經濟自由化與防止政治自由化這兩種政策有矛盾的地方，因為改革開放不但要發展經濟，其最終目的就是要鞏固中共的統治地位。從這個角度來看，任何對中共的統治造成威脅的勢力——無論是真正存在的還是潛在的，都必須被消滅，以確保改革開放能完全收效。

有需要指出，鄧小平改革開放的概念，在一定程度上是源自蘇聯早期建構社會主義的歷史經驗，即由列寧於 1921 年推行並由布哈林（Nikolai Bukharin）闡釋的「新經濟政策」（New Economic Policy）。它的主要內容是：用糧食稅代替餘糧收集制，農民繳稅後的剩餘糧食，可以自由出賣；發展商業，在一定限度內允許自由貿易和私商存在；在國營企業中實行經濟核算制，並以租讓、租賃等國家資本主義形式，把某些國營企業租給外國資本家或私人經營。這是蘇聯從國內戰爭轉變到和平經濟建設時所實行的經濟政策，實際上是在共產黨控制之下開發市場經濟。1920 年代中期，「新經濟政策」正在蘇聯開花結果，這對當時還是莫斯科共產國際學校學生的鄧小平必然留下深刻的印象。1980 年代初，北京的學者、專家掀起了布哈林研究熱潮，而鄧小平本人更公開承認「新經濟政策」的優越性。1985 年 8 月，鄧小平會見津巴布韋（Zimbabwe）非洲民族聯盟主席、政府總理穆加貝 (Robert G. Mugabe) 時說：「社會主義究竟是個甚麼樣子，蘇聯搞了很多年，也並沒有完全搞清楚。可能列寧的思路比較好，搞了個新經濟政策，但是後來蘇聯的模式僵化了。」

有關改革開放的過程，大致可分為兩個主要時期：一、走向市場經濟的時期 (1979-1991 年)；二、確立市場經濟的時期（由 1992 年開始）。第一個時期又可再分為三個時段：(1) 農村改革時段（1979-1984 年）；(2) 以城市為中心的整個經濟體制改革時段 (1985-1988 年)；(3) 「治理整頓」時段（1989-1991 年）。

## 2.1 農村改革的開展與經濟特區的創立：農業的黃金時期（1979-1984 年）

　　鄧小平時代的經濟改革是由中央計劃以外的地方（農村）經濟發展起來的。為何選擇農村改革作為中國整體改革的突破口？鄧小平對此有所論述，他說：「不管天下發生甚麼事，只要人民吃飽肚子，一切就好辦了」；「從中國的實際出發，我們首先解決農村問題。中國有 80% 的人口住在農村，中國穩定不穩定首先要看這 80% 穩定不穩定。城市搞得再漂亮，沒有農村這一穩定的基礎是不行的。」至於中國農村經濟改革能夠順利開展，這又與毛澤東時代經濟政策特別向地方政府傾斜不無關係（詳情見本書總結之第 2 節）。直到 1984 年底，中國經濟改革的重點才由農村轉移到城市。

### 2.1.1 農村改革的開展

　　改革開放之前，農村土地制度實行「三級所有、隊為基礎」的人民公社集體所有制。實際上，國家擁有最終所有權，各級政府行使監督管理權，而農村集體經濟組織則行使使用權。生產隊只按上級下達的生產計劃指標組織農業生產，以及按既定分配方案進行勞動成果的初次分配。這種制度很容易引起「平均主義」，又很難調動起農民的生產積極性。當時農村普遍流行一個說法：「幹多幹少一個樣，幹好幹壞一個樣」，生產效率長期低下。

　　農村改革從 1979 年開展，它以打破「平均主義」為突破點，並體現於農村經濟形態的根本轉變，即由一個「指令經濟」轉化為一個以「家庭承包責任制」（以下簡稱「承包制」）為基礎的經濟。所謂「承包制」，是指國家把土地劃分給農民經營耕種，雙方協定一個生

產指標，若產量超過協定指標，則超標部份的農作物算是農民所擁有，從而達到「交夠國家的，留足集體的，剩下都是自己的」的結果。從此以後，每個家庭承包耕地經營的好壞與每個農戶的經濟利益直接掛鉤，這是激發農民種糧積極性最有效的方法。誠然，1970 年代末出現的「承包制」，其實並非政府制定的政策而是農民的創舉。它首先由安徽省某些農民私下實行，隨即迅速普及，之後更獲得當時安徽省委第一書記萬里的批准。萬里是「文化大革命」之後第一位提出要尊重生產隊自主權的地方領導人；他允許農民搞家庭副業，把產品拿到市集上出售。在四川，省委第一書記趙紫陽同時提出「放寬政策、休養生息」的主張；他與萬里一樣允許恢復家庭副業及開放農村集市貿易。無怪當時全國流傳這樣一句諺語：「要吃米，找萬里；要吃糧，找紫陽。」1979 年 6 月，萬里就安徽農村一些地方已經搞起包產到戶但遭人反對一事向中央彙報，鄧小平聽後即說：「不要爭論，你就這麼幹下去就行了，就實事求是幹下去。」1980 年 5 月，鄧小平表態支持安徽的改革試驗。1982 年 1 月，中共中央在達成一致共識後正式宣佈：包產到戶「不同於合作化以前的小私有的個體經濟，而是社會主義農業經濟的組成部份。」包產到戶終於取得了合法地位，並在短短兩年的時間內以燎原之勢席捲全國。上述情況與 1960 年代初所發生的情況無異：當時同樣是安徽省某些農民為了解決生活困苦而私下實行包產到戶，經普及後才得到地方及中央領導人的批准，所以鄧小平在談及「承包制」時這樣說：「〔它的〕發明權是農民的」。總而言之，「承包制」使農民多勞多得，它把農民在生產上的積極性調動起來，故能收到立竿見影之效。1984 年 1 月，中共中央宣佈中國農村全面實行分田單幹，並規定土地承包期一般應在 15 年以上（到 1999 年又在原有的基礎上再延續 30 年）。1985 年，又宣佈撤銷實行了 32 年的農

第一部份
從繼續革命到改革開放

產品「統購」制度，以合約收購方式取而代之，這使中國農村的格局越來越市場化。（與農村「統購」制度一起實行的城市「統銷」制度，也於 1992 年廢止）。

1979-1983 年間，城鎮企業還未開始改革，尚無勞動力的需求；大量知青回鄉，更增加了城鎮就業的壓力。在此情況下，政府決定限制農村勞動力外流，並鼓勵農民就地開展多種經營，使農村呈現經濟多元化的新趨勢，即農村副業與鄉鎮企業的崛興。值得注意的是，在改革開放初期，帶動地方經濟崛起的鄉鎮企業，不少是從毛澤東時代的社隊（即公社、大隊）企業轉化過來的（詳見本書總結之第 2 節）。由於這些鄉鎮企業所處的地理環境不同，所以各自有着不同的特色，例如以鄉鎮集體經濟為主的「蘇南模式」、以家庭工業為主的「溫州模式」及以來料加工為主的「珠江模式」。（蘇南是指蘇州、無錫、常州一帶地區；來料加工是指從鄰近的香港和澳門地區運來生產原料，按產品樣式加工，產品則運返港澳並由那邊的老闆銷售。）據有關資料顯示，截至 1983 年底，已轉入鄉鎮企業的農村勞動力達 3,000 多萬人，佔農村勞動總數的 9%。農民中又開始出現個體手工業、個體運輸和個體商業服務等經營形式；到 1984 年，個體經營的農民達 547萬人，佔農村勞動力總數的 1.6%。上述趨勢不只為中國農民帶來更多收益，還有助於解決中國長期以來因農業人口過剩、耕地不足而導致的勞動率下降問題。

從 1979 到 1984 年，農業總產值增長 55.4%，平均每年增長 7.6%。在同一時期，糧食總產量增長 33.6%，平均每年增長 5%。1984 年，糧食總產量達到 40,731 萬噸，人均 800 斤，為中國有史以來最高水平，接近世界人均水平。上述數字顯示農村改革取得了卓越的成就。

然而，中國農村還有不少舊的、新的問題仍待解決：

第一，農業產量大幅度增加，全賴生產積極性得到充份的發揮，但由於農業現代化水平並沒有提高（當時農村生產活動主要還是依靠畜力），故農業難以取得持續發展；

第二，農村人口在多勞多得的鼓舞下持續增長，使人均經濟得益繼續偏低；

第三，儘管糧食產量在短期內猛增而收到紓解民困之效，但隨着農村形勢普遍好轉、「指令經濟」失效、農村副業復興，越來越多農民選擇栽種經濟作物，導致糧食產量在 1980 年代中期以後大幅度減少；

第四，人民公社於 1983-1985 年間解體，這使農民失去了他們一向享有的福利，生活缺乏保障。

總而言之，1979 至 1984 年是中國農業走出低谷的黃金時期，但好景不常。自 1984 年底城市進行經濟體制改革以來，農村的境況每況愈下，並出現所謂「三農」（即農業、農村、農民）問題，詳情容後再作交代。

### 2.1.2 經濟特區的創立

1979 年 8 月 26 日，經廣東、福建兩省委的提出及中共中央的批准，中國正式成立了四個特區，即廣東省的深圳市、珠海市、汕頭市，以及福建省的廈門市。這些並非一般特區，而是「經濟」特區，即中央用來試行特殊經濟政策和特殊經濟管理體制的區域。據悉，鄧小平原本建議把這些地方稱為「特區」，但陳雲為了確保它們不會搞政治試驗，因此堅持將特區改為「經濟特區」，而鄧小平又為了避免爭論，遂於 1980 年 3 月同意了這一改動。

經濟特區的主要作用包括引進外資和先進技術，試辦中外合資企

業，以及拓展對外貿易和提升國際經濟交流。1992 年鄧小平南巡時説：「回過頭看，我的一個大失誤就是搞四個經濟特區時沒有加上上海。要不然，現在長江三角洲，整個長江流域，乃至全國改革開放的局面，都會不一樣。」但該承認，劃定深圳、珠海、汕頭和廈門為經濟特區是當時領導人周詳考慮的結果。首先，這幾處地方鄰近香港、澳門和台灣，有利於吸引僑商及外商投資設廠；其次，它們遠離北京，要是出了甚麼問題也好控制。設立經濟特區，是黨中央按循序漸進方式進行改革開放的一個具體表現。當時若把上海劃為經濟特區，一定遭到陳雲反對——1981 年 12 月，陳雲在省、市、自治區黨委第一書記座談會上就明確地表明：「〔經濟特區〕現在只能有這幾個，不能增多。……像江蘇這樣的省，不能搞特區。……江浙一帶歷史上是投機活動有名的地區，壞分子的活動都熟門熟路。」

### 2.1.3 「四項基本原則」的提出與「反資產階級自由化」運動的開展

1979 年 3 月 30 日，鄧小平在一個討論黨的理論工作會議上指出，中國若要實現四個現代化，就必須堅持「四項基本原則」，分別是：第一，社會主義道路；第二，無產階級專政（1981 年改為人民民主專政）；第三，共產黨的領導；第四，馬列主義、毛澤東思想。關於堅持黨的領導，鄧小平解釋説：「事實上，離開了中國共產黨的領導，誰來組織社會主義的經濟、政治、軍事和文化？誰來組織中國的四個現代化？在今天的中國，決不應該離開黨的領導而歌頌群眾的自發性。」可見鄧小平尤其重視這項原則。

鄧小平提出「四項基本原則」（或稱「四個堅持」），是因為他覺察到社會上吹起了一股「資產階級自由化」之風，這主要體現於：

第一，傷痕文學的湧現；第二，民間民主運動的興起。

以批判「文化大革命」為主題的傷痕文學，是從 1978 年開始流行的。當時正好是「實踐派」與「凡是派」交鋒的關鍵時刻，鄧小平為了結合反「左」勢力與「凡是派」抗爭，自然對任何反「左」的言論都給予支持，傷痕文學因此應運而生。惟鄧小平掌權後，發覺不少這類作品不僅暴露「文化大革命」的慘況，還嚴厲指控整個社會主義制度，實有加劇「三信危機」之嫌。他遂決定取締傷痕文學。1981 年3 月，鄧小平點名批判軍人作家白樺寫的《苦戀》，並指出「這是有關堅持四項基本原則的問題」。《苦戀》這個文學劇本所描寫的，是中國知識分子在極「左」年代生活的悲劇，劇中主人翁是一個在 1950年代從美國回歸祖國的名畫家，卻被「文化大革命」弄至家破人亡。白樺通過畫家女兒的口說：「爸爸，您愛我們這個國家，苦苦的留戀這個國家，可是這個國家愛您嗎？！」鄧小平在 1981 年 7 月進一步解釋他為何認為有需要批判《苦戀》：「無論作者的動機如何，看過以後，只能使人得出這樣的印象：共產黨不好，社會主義制度不好。這樣醜化社會主義制度，作者的黨性到哪裏去了呢？……這樣的作品和那些所謂『民主派』的言論，實際上起了近似的作用。」

鄧小平所說的「所謂『民主派』」，是指參與 1978-1981 年間民主運動的人士。1978 年 11 月，受到官方平反 1976 年「天安門事件」的影響，北京、上海及廣州等地掀起了一股被西方「中國問題觀察家」譽為「北京之春」（Peking Spring）的民主浪潮。實際上，這是一場群眾自發的、以「四大」（即大鳴、大放、大辯論、大字報）方式進行的民間民主運動。運動開展時，鄧小平說：「群眾貼大字報是正常現象，是我國政治形勢穩定的一種表現，我們沒有權利否定或批判群眾發揚民主，貼大字報」，「群眾的議論，並非一切都是深思熟慮過的，

也不可能要求都是完全正確的，這不可怕」；又説：「一個革命政黨，就怕聽不到人民的聲音，最可怕的是鴉雀無聲。……群眾提了意見應當允許，即使有個別心懷不滿的人，想利用民主鬧一點事，也沒有甚麼可怕。」可見，這場民間民主運動當初是和黨內以鄧小平為首的改革運動相互配合的。當時北京市西單長安街的一片牆的大字報最引人注目，因此這裏「民主牆」（Democracy Wall）之名不脛而走。除大字報外，以論政為主的民辦油印刊物亦像雨後春筍一樣蓬勃起來。據估計，到 1980 年就有 120 多份不同的民間刊物在全國各地出現，其中比較有名的包括《北京之春》、《四五論壇》及《探索》等。這次民運的活躍分子，大多屬於「覺醒的一代」，即是説，他們是經過「文化大革命」洗禮，並進行過反省的青年人。他們有抱負、有理想，不滿現實、不滿意「人民當家作主」只是一句口號，故借「凡是派」失勢的歷史契機，希望使這個「人民當家作主」的口號成為事實。由於中國剛剛實行改革開放，所以這班青年人當中絕大多數並不認識西方的自由主義民主。可以説，「北京之春」的中堅分子如王軍濤、徐文立、劉青、傅申奇、王希哲、陳爾晉等人，皆可稱為「社會主義民主派」——他們主張的，是馬克思主義民主；嚮往的，是巴黎公社形式的政權；鼓吹的，是建立社會主義民主與法制。當時只有極少數人是反馬克思主義的「資本主義民主派」，其代表人物是主張「第五個現代化」（即歐美人權、民主）的《探索》主編魏京生。1979 年 3 月，魏京生因在〈要民主還是要新的獨裁〉一文中呼籲「人民必須警剔鄧小平蜕化為獨裁者」而被捕；10 月，他被判 15 年徒刑，罪名是向外國人提供軍事情報及煽動反對無產階級專政和社會主義制度。12 月，黨中央正式宣佈禁止在西單「民主牆」張貼大字報，並進而把 1975 年寫進《中華人民共和國憲法》（即「七五憲法」）中關於公民「有

運用『大鳴、大放、大辯論、大字報』的權利」的條文取消。由於鄧小平認定這次民主運動「破壞安定團結，妨礙經濟發展」，因此民運的主流派——「社會主義民主派」亦難免於難。1981年4-5月間，中共在取締傷痕文學、大字報及民間刊物的同時，全面逮捕民運人士，以遏止「自由化」傾向。誠然，1978-1981年的中國社會民主運動，是1957年民主運動的繼承與發展；它是中華人民共和國歷史上民間民主運動的第二個高潮，同時也成為第三個高潮（即1989年天安門民主運動）的先聲。

### 2.1.4 統一認識：《關於建國以來黨的若干歷史問題的決議》的制定

為了統一認識以解決「三信危機」，中共中央政治局、中央書記處遂於1979年11月開始着手起草一份重要文件，對毛澤東及毛澤東時代作一個總結。這份文件就是先後經過4,000名黨政軍高級幹部討論，及七次修改才定稿，即最後在1981年6月召開的中共十一屆六中全會上通過的《關於建國以來黨的若干歷史問題的決議》（以下簡稱《歷史決議》）。

在討論期間，外界盛傳中國將爆發「非毛化」（de-Maoization），即「貶毛（澤東）」運動，然而，它並沒有發生。據悉，在1980年10月，黨內對《歷史決議》第三稿產生了分歧——有人提出廢棄「毛澤東思想」，另外有人認為稿子對毛澤東的錯誤沒「寫深寫夠」，還有人對毛澤東的品格提出了質疑。上述意見體現於調子比較低沉的第四稿——它加重了寫毛澤東錯誤的份量。鄧小平看了第四稿後，即於1981年3月指出：千萬注意不要把30多年的歷史寫成黑漆一團，如果這樣，就會使人們痛恨共產黨；現在稿子的調門不對頭，好像錯誤

都是毛澤東一個人的，別人都對；決議的中心問題還是毛澤東、毛澤東思想的歷史地位；這個問題寫得不好，決議寧肯不寫。這時，陳雲建議《歷史決議》「寫黨的 60 年」歷史，即在黨的「建國以來」歷史的基礎上，「增加回顧建國以前 28 年歷史的段落」。他解釋說：若把毛澤東在解放前、解放後重要關頭的作用寫清楚，那末，說毛澤東功績是第一位的，錯誤是第二位的，就能更說服人；確立毛澤東的歷史地位，堅持和發展毛澤東思想，也就有了全面的根據。陳雲的意見解決了鄧小平要肯定毛澤東歷史地位的問題，再經幾次起草修改，終於寫出了合鄧小平心意的第七稿，在此基礎上形成了定稿。上述兩位元老級人物都認為，全盤否定毛澤東就等於否定中國共產黨的歷史和貢獻，就會動搖中共的領導地位，因此，不能丟掉毛澤東這面旗幟。中國沒有出現像 1956 年蘇聯全盤否定斯大林一樣的「貶毛」運動，可以說是鄧小平與陳雲的決定。

《歷史決議》確立了毛澤東在中國歷史上的地位，指出毛澤東的領導以 1957 年為分界線：前期一貫正確；後期犯了一連串的「左」傾錯誤，包括將階級鬥爭擴大化、在經濟建設上急躁冒進，以及「錯誤發動」了一場「被反革命集團利用，給黨、國家和各族人民帶來嚴重災難的內亂」。總而言之，《歷史決議》否定了毛澤東的晚年，但肯定了他的一生。

《歷史決議》又肯定了中共對建設社會主義事業的貢獻。它表明：1957-1965 年間，儘管黨的工作方針犯了嚴重的失誤，其成績還是主要的；「文化大革命」（1966-1976 年）即使帶來巨大的經濟損失，但其間的國民經濟仍然取得了進展。《歷史決議》旨在使人們認清：在中國共產黨的歷史上，錯誤只是局部的、暫時的現象，並不是它的本質和主流。即使對某個犯嚴重的、全局性錯誤的時期，也不能簡單

地否定一切。只有這樣，才不至於在批評錯誤的時候否定中共的領導地位和社會主義基本制度。

為了捍衛毛澤東這面旗幟，《歷史決議》將「毛澤東思想」重新加以解釋，它把「毛澤東思想」與毛澤東個人的思想區分起來，前者是中共集體智慧的結晶，並可概括為「實事求是」、「群眾路線」及「獨立自主，自力更生」三個原則。至於毛澤東主張的「無產階級專政下繼續革命」理論，《歷史決議》指出這是一個「左」的理論，不是「毛澤東思想」的一部份。有論者認為，上述說法並不合理：儘管我們可以完全反對「繼續革命」，但我們不可以說該理論不屬於「毛澤東思想」，因為「繼續革命」實際上是「毛澤東思想」的精髓。

《歷史決議》又指出，社會主義中國所要解決的主要矛盾，「是人民日益增長的物質文化需要同落後的社會生產之間的矛盾」，這與1956年劉少奇在「八大」所指出的一樣，即意味着當前的工作重點將重新「轉移到以經濟建設為中心的社會主義現代化建設上來」。

《歷史決議》還指出，實行社會主義經濟建設必須同時堅持「四項基本原則」。

### 2.1.5 中共「十二大」的召開

1982年9月，中共「十二大」在北京召開，確立了外界所稱的「鄧胡趙體制」或「三頭馬車」領導局面。處於第一線的是胡耀邦和趙紫陽，前者出任中共中央總書記（「十二大」不再設中共中央主席），後者出任國務院總理。鄧小平則只出任中共中央軍委主席，沒有擔任黨和國家的最高職務，這成為鄧小平時代權力結構的一項特色。在這次會議進行的人事改組中，華國鋒辭去了中央政治局委員的職務，這顯示「凡是派」徹底退出中國的政治舞台。

「十二大」制定了中共在1980年代的三項主要任務，包括，第一，加緊社會主義現代化建設，即「建設有中國特色的社會主義」（這是鄧小平在「十二大」開幕詞中首次提出的命題）；第二，爭取包括台灣在內的祖國統一；第三，反對霸權主義，維護世界和平。鄧小平強調：「這三大任務中，核心是經濟建設，它是解決國際國內問題的基礎。」鄧小平又提出要抓緊四項工作：第一，實現幹部隊伍的革命化、年輕化、知識化及專業化（即「幹部四化」）；第二，建設社會主義精神文明；第三，整頓黨風；第四，力爭使全國工農業的年總產值由1980年的 7,100 億元增至 2000 年的 28,000 億元（即翻兩番），令人民生活達到「小康」水平。〔鄧小平所說的「小康」水平，就是國民平均收入達 1,000 美元；這個具體現代化戰略目標，是鄧小平於 1979 年12 月 6 日會見日本首相大平正芳（Masayoshi Ōhira）時首次提出的〕。

「十二大」是中國改革開放的一個重要里程碑，它標誌着「實踐派」全面掌權，並確定經濟建設是解決國內外問題的基礎。

### 2.1.6 「清除精神污染」運動的開展

「十二大」前後，由於政治上出現比較寬鬆的氣氛，知識界又再次活躍起來。當時不少黨政機關內的高級知識分子紛紛發表言論，一方面批評時弊，另一方面敦促政府維護人民的權益。他們借馬克思批判資本主義社會的「異化」（alienation）概念（馬克思抨擊資本家把工人創造的勞動及財富異化為統治工人的力量），來解釋中國在社會主義下的消極現象；又援用馬克思的經典論著來說明社會主義社會應十分關注「人道主義」（humanism）問題。當中最具代表性和影響力的兩個人物分別是《人民日報》的副總編輯王若水及當過中共文藝主管的周揚。

王若水在〈社會主義異化論〉一文中指出，社會主義仍然存在着異化現象，如人民公僕往往變成了人民的老爺就是一個好例子。他又在〈抽象的人道主義〉中說，人道主義是一種把人和人的價值置於首位的觀念，它不應該成為資產階級的專利。周揚也在 1982 年的一次講演中談過「異化」問題。儘管周揚在 1950 年代推行文藝界反右，但由於他在「文化大革命」期間受到衝擊，故進行了自我反省，並承認「整人者沒有挨整，不會知道被整的滋味」；他自此支持改革及思想解放。

1983 年 3 月 7 日，周揚以中國文聯主席的身份在全國紀念馬克思逝世一百週年學術報告會上作了一個〈關於馬克思主義的幾個理論問題的探討〉的講話。他認為社會主義在發展的過程中，其政治、經濟、思想等方面都會異化，都會走向自己的反面。他又解釋說，在經濟建設上無經驗做了蠢事，是經濟上的異化；人民公僕濫用權力變成人民的老爺，是政治上的異化；個人崇拜，是思想領域的異化。此外，周揚指出馬克思十分關心人道主義問題，因此，在社會主義制度下一切問題都應該以人為出發點。當時任中共意識形態總管的胡喬木看過周揚的發言稿後，認為問題不少，他遂於 3 月 10 日找周揚詳談，建議發言稿經修改後作為學術文章，在《哲學研究》上發表。惟王若水把周揚的講話全文刊登在 3 月 16 日的《人民日報》上，立即引起了廣泛的震盪。

1983 年 10 月，鄧小平在中共十二屆二中全會上表示「思想戰線不能搞精神污染」，並發出清污指示，於是展開了一場遏止過右言論的「清除精神污染」運動。領導這場運動的要員，理所當然是主管意識形態的胡喬木和鄧力群，還有中央黨校校長王震。他們先後發表了反「精神污染」的講話和文章，從理論層面批判「抽象的人道主義」

第一部份
從繼續革命到改革開放

與「社會主義異化」的觀點，矛頭直指王若水及周揚。儘管鄧小平一開始就強調在開展思想鬥爭的時候仍然要注意防止「左」的錯誤，並指出「過去那種簡單片面、粗暴過火的所謂批判，以及殘酷鬥爭、無情打擊的處理方法，決不能重複」，但保守派還是藉機興風作浪，且氣焰逼人，弄得全國人心惶惶。鄧小平因為擔心繼續批右會導致「左」傾回潮，嚴重影響快將上馬的城市經濟體制改革，所以在 1984 年 5 月便結束了這場「清除精神污染」運動。

### 2.1.7 政治體制改革的初試與困境

鄧小平掌權後即指出，若要防止「文化大革命」再次發生，就「要從制度方面解決問題」，這「不是說個人沒有責任，而是說領導制度、組織制度問題更帶有根本性、全局性、穩定性和長期性」。故鄧小平在 1980 年 8 月 18 日召開的中央政治局擴大會議上就鄭重聲明，中國必須實行以改革黨和國家領導制度為中心的政治體制改革，並且提出了很多重大的改革措施。必須指出，鄧小平所講的「政治體制改革」並非外界所認識的「政治改革」（即旨在還政於民及讓公眾監督政府的改革）。中國推行政治體制改革的目的，並非要取締現行的社會主義政體，而是要使它更趨完善，以提高行政效率，為「四個現代化」服務。實際上，政治體制改革即外界所稱的「行政改革」，它屬於具體的工作制度、組織制度、工作方法、工作作風的改革，是在堅持中共一黨專政前提下的改革，與堅持「四項基本原則」及反對「資產階級自由化」並不存在着矛盾。

政治體制改革由於受到既得利益集團的阻撓，遠遠落後於鄧小平原先的設想。直至 1984 年底，政治體制改革的主要成績包括通過了 1982 年的《中華人民共和國憲法》；恢復了黨總書記、國家主席與副

主席的職位；改善了人大選舉法（如引入差額選舉）；通過了刑事法和一系列經濟法規；建立了幹部退休制度；並在某程度上精簡了中央的領導機構。

## 2.2 城市經濟體制改革的開展、發展及波折：中共中央總書記胡耀邦、趙紫陽下台；「六四事件」；治理整頓（1984 年底 -1991 年）

由於農村改革取得卓越的成就，鄧小平決定將改革帶到城市，因而開展了以城市為中心的整個經濟體制改革的新局面。

### 2.2.1 中共十二屆三中全會的召開

1984 年 10 月，中共十二屆三中全會在北京召開，會上通過《中共中央關於經濟體制改革的決定》，這標誌着城市經濟體制改革的開展。

會議決定經濟體制改革的大方向是發展「社會主義有計劃的商品經濟」，即一方面縮減高度集中的「指令性計劃」，另一方面加強無約束力的「指導性計劃」及「市場調節」的比重。儘管「社會主義有計劃的商品經濟」是一種語意矛盾的說法——它包含着「計劃」和「市場」兩個相互矛盾的概念，但它卻能滿足支持計劃經濟及支持市場改革的兩派（即以陳雲為首及以鄧小平為首的兩派），因此具有實際意義。但問題是「計劃」與「市場」之間的關係應作何解釋？陳雲為解決上述問題提出了「以計劃經濟為主，以市場調節為輔」這個基本原則，即在肯定計劃經濟體制的前提下，允許搞一些市場調節。陳雲是眾所周知的計劃經濟旗手，但他相信國有經濟不必統得太死，應留點

中共第二代領導人
圖為 1985 年中共第二代領導人主要成員（左二起）：鄧小平、胡耀邦、李先念、陳雲、趙紫陽。

空間讓多種經營和小生產發展。早在 1950 年代，陳雲就提出了「三個主體、三個補充」的經濟政策，即「以國家經營和集體經營為主體，個體經營為補充；以計劃生產為主體，在國家計劃許可範圍內的自由生產為補充；以國家市場為主體，國家領導的自由市場為補充」。1979 年，陳雲在總結社會主義實踐時指出：蘇聯與中國的計劃工作制度出現了一個主要缺點，就是只有「有計劃按比例」這一條，沒有在社會主義制度下還必須有市場調節這一條；忽視市場調節的後果，就是忽視價值規律，即思想上沒有「利潤」這個概念。他提出：整個社會主義時期的經濟必須有計劃經濟部份（即有計劃按比例的部份）和市場調節部份（即不作計劃，只根據市場供求之變化進行生產的部份）；第一部份是基本的、主要的；第二部份是從屬的、次要的，但又是必須的；而且，在今後經濟體制改革中，計劃經濟和市場經濟兩

部份的數額不是此消彼長的關係，而是都相應地增加。1981-1982 年，陳雲把這一思想概括為「以計劃經濟為主，以市場調節為輔」的原則，並以它作為發展商品經濟的規範。其實，這個提法與晚清改革派主張的「中學為體，西學為用」如出一轍，它顯示陳雲承認「計劃」和「市場」各有好處與不足之處，並主張拿「市場」的好處去補「計劃」之不足。直到 1992 年 10 月中共「十四大」確立「社會主義市場經濟」為止，「計劃」和「市場」的關係基本上就是「主」與「輔」的關係。可以想見，陳雲在中國改革開放的歷程中，具有相當大的影響力。

### 2.2.2 經濟體制改革的全面開展

十二屆三中全會結束後，中國進入了經濟體制改革全面開展的新階段。重要的改革包括價格改革、企業改革及擴大對外開放。

#### 2.2.2.1 價格改革的推行

推行價格改革與創立經濟特區一樣，均採用循序漸進的方式。政府排除了一下子全面開放價格的可能性，因為政府恐怕沒法應付震盪治療式改革的風險。

準確地說，價格改革是從擴大企業自主權開始的。1984 年 5 月，國務院發出指令，企業在完成指令性計劃之後，其自銷產品（即超產部份）可在不高於計劃價格 20% 的範圍內浮動。到 1985 年 1 月，國務院乾脆把 20% 的限制也取消了，自銷產品的價格由企業根據市場自行決定，或由供需雙方自由協定，政府不加干涉。這樣，同一種產品就有兩種價格——計劃內的計劃價格（官價）和超產部份的市場價格（市價），即人們所說的「雙軌價格」。新訂政策無疑使中國經濟走上「雙軌制」的道路，它更為某些人提供發大財的機會。價格改革

一開始，社會上就出現一批投機分子，人稱「倒爺」，因為他們把計劃價格的商品倒到市場上去賣而賺大錢。當然，能當「倒爺」的都是有權力和背景的人，故群眾又稱之為「官倒」。對「倒爺」或「官倒」藉權營私的行為，社會深惡痛絕。

市場價格具有三項功能：其一是傳遞市場信息；其二是為生產提供刺激；其三是分配收入。社會主義中國雖然走上了開放價格之路，但由於價格改革是在「以計劃經濟為主，以市場調節為輔」及「雙軌制」的條件下進行，因此，當時中國的價格尚未能發揮市場價格的正常功能，是「扭曲價格」。在此一提，當時外界（主要是香港與台灣）的中國問題分析家用「鳥籠經濟」來說明價格改革在陳雲主導下有先天的局限性——開放了的價格是「鳥」，計劃經濟是「籠」；任由「籠」內的「鳥」怎樣飛，牠也飛不出那個預設的「籠」。但問題不在「籠」的存在與否，因為自由市場並非沒有「籠」；「籠」的大與小，才是問題的關鍵所在。誠然，「鳥籠」理論確實是陳雲在 1982 年 4 月聽取工作彙報時提出的，他說：「搞活經濟是對的，但必須在計劃的指導下搞活，這就像鳥一樣，捏在手裏會死，要讓牠飛，但只能讓牠在合適的籠子裏飛，沒有籠子，牠就飛跑了。『籠子』大小要適當，但總是要有個『籠子』。」

### 2.2.2.2 企業改革的推行

簡而言之，企業改革包括：

第一，實行政企職責分開，以擴大企業的自主權；

第二，實行廠長負責制，即由實行黨委領導下的廠長負責制改為實行廠長負責制，將企業的生產、經營、盈虧交廠長全盤負責。（問題在於廠長成功時獲得獎勵，但失敗時卻不會受到懲罰，因為國企始

終是屬於國家的，政府總會伸手援助，幫國企解困，這使很多國企終於虧本）；

第三，實行勞動合同制，但只限於法例通過後受聘的勞工；

第四，試行企業破產法；

第五，首次發行中國企業的股票，並在上海和深圳設立股票市場。

### 2.2.2.3 對外開放的擴大

開放政策在華國鋒主政期間正式起步，並由中共十一屆三中全會確立為基本國策。但由於 1979 年 2-3 月間爆發中越戰爭，導致國家財政出現困難，剛掌權的鄧小平遂宣佈中國自該年 6 月起將進入三年經濟「調整」期；開放政策因此一度受到影響，並體現於外商對中國投資環境質量下降表示不滿。1984 年初，中外經濟關係重現生機，新一輪開放政策很快便被提到議事日程上來。10 月，鄧小平對中央顧問委員會講話時說：「歷史經驗教訓我們，不開放不行。開放傷害不了我們。我們的同志就是怕引來壞的東西，最擔心的是會不會變成資本主義。恐怕我們有些老同志有這個擔心。搞了一輩子社會主義、共產主義，忽然鑽出個資本主義來，這個受不了，怕。影響不了的，影響不了的。肯定會帶來一些消極因素，要意識到這一點，但不難克服，有辦法克服。……在本世紀內最後的 16 年，無論怎麼樣開放，公有制經濟始終還是主體。同外國人合資經營，也有一半是社會主義的。合資經營的實際收益，大半是我們拿過來。不要怕，得益處的大頭是國家，是人民，不會是資本主義。」隨着城市經濟體制改革的開展，對外開放亦逐步擴大。當時的主要政策包括：

第一，擴大對外貿易，准許地方外貿公司保留部份外匯，另對人民幣實行貶值，以提升中國在國際貿易上的競爭能力；

第二，鼓勵外商作直接投資，其形式採取中外合資或外商獨資皆可，並通過法令保護投資者的利益；

第三，繼四個經濟特區之後，又於 1984 年 5 月將天津、上海、大連、秦皇島、煙台、青島、連雲港、南通、寧波、溫州、福州、廣州、湛江和北海共 14 個港口城市對外開放，並給予優惠政策及准許（溫州和北海除外）設立經濟技術開發區；

第四，於 1985 年 2 月劃長江三角洲、珠江三角洲及閩南廈、漳、泉三角地區的 61 個市、縣為沿海經濟開放區，建立以外向型為主的經濟，爭取多出口、多創匯；

第五，於 1988 年 4 月劃海南島為中華人民共和國第 31 個省，同時作為中國最大的一個經濟特區，這使沿海地區的對外開放最終形成了從南到北連接在一起的廣闊地帶；

第六，向國際金融機關貸款以加速國內的經濟建設；

第七，以中外合資形式在國外進行投資；

第八，擴大旅遊事業，爭取多創外匯；

第九，鼓勵學生、學者出國留學、交流，學習外國先進科技。


### 2.2.3 政治體制改革再上馬

如前所述，鄧小平早於 1980 年已指出中國急需推行政治體制改革，惟這方面的改革離他的要求還差得遠。城市經濟體制改革開展後，鄧小平再次強調推行政治體制改革的迫切性。他於 1986 年 9 月 3 日談到這個問題時說：「現在經濟體制改革每前進一步，都深深感到政治體制改革的必要性。不改革政治體制，就不能保障經濟體制改革的成果，不能使經濟體制改革繼續前進，就會阻礙生產力的發展，阻礙四個現代化的實現。」9 月 13 日，鄧小平在另一次談話中指出：政治

體制改革的目的是「調動群眾的積極性，提高效率，克服官僚主義。」至於改革的內容，他又解釋說：「首先是黨政要分開，解決黨如何善於領導的問題。這是關鍵，要放在第一位。第二個內容是權力要下放，解決中央和地方的關係，同時地方各級也都有一個權力下放問題。第三個內容是精簡機構，這和權力下放有關。」

1987 年 6 月 12 日，鄧小平會見南斯拉夫共產主義者聯盟中央主席團委員科羅舍茨（Stefan Korosec）時透露，政治體制改革「是今年 10 月將要召開的十三大的主要議程之一」。鄧小平還把政治體制改革的性質說得很清楚：「政治體制改革不能搬用西方那一套所謂的民主，不能搬用他們的三權鼎立，不能搬用他們的資本主義制度，而要搞社會主義民主。我們要根據社會主義國家自己的實踐、自己的情況來決定改革的內容和步驟」；「調動積極性是最大的民主」；「調動積極性，權力下放是最主要的內容。」

### 2.2.4 1985 及 1986 年學運：胡耀邦下台與第二次「反資產階級自由化」運動的開展

大刀闊斧的經濟體制改革開展後，社會上很快便出現複雜的情緒，一方面是樂觀及高升的期望，另一方面是不安和怨憤。經濟改革上了新台階原本是一件令人振奮的好事，但過熱的經濟發展卻帶來通貨膨脹、貪污腐敗及分配不公等問題，以致民怨沸騰。1985 年 9 月，北大學生藉紀念「九‧一八」事件發起以「反對日本經濟侵略」及「抵制日貨」為號召的學運，部份學生更將矛頭直指「北京的腐敗」。由於黨中央做了大量的游說及宣傳工作，又作了嚴密的部署，學潮終於平息，但引發這次學潮的種種問題並沒有得到解決。

1986 年初，被外界稱為「開明派」的中央高層人物（包括胡耀邦、

趙紫陽、萬里、胡啟立、朱厚澤、王蒙等人）為了防止 1985 年學運的重演及對學生的訴求作出回應，決定雷厲風行地端正黨紀、擴大反貪污、打擊經濟犯罪活動，並在深化改革開放的基礎上落實「鞏固、消化、補充、改善」的新八字方針。他們開創了一個寬鬆的政治局面，好讓改革開放在不受困擾的條件下順利進行。1986 年 7 月，中宣部長朱厚澤在全國文化廳局長會議上說：「對於跟我們原來的想法不太一致的思想觀點，是不是可以採取寬容一點的態度；對待有不同意見的同志，是不是可以寬厚一點；整個空氣、環境是不是可以搞得寬鬆、有彈性一點。」這就形成了當時所謂「寬鬆、寬容、寬厚」的「三寬」思想。由於出現了這個新的歷史契機，黨內外不少著名的高級知識分子（如嚴家其、蘇紹智、李洪林、方勵之、溫元凱、于浩成、王滬寧、劉賓雁及王若望等人）又活躍起來了。他們相繼發表大膽開放的言論，主要是批評腐敗現象及要求加快民主化進程。社會上改革的輿論迅速升溫。可惜的是，期望越高，失望越大。儘管中央三令五申地要各級領導幹部必須按照指示辦事，惟各項改革仍因阻力重重而停滯不前，貪污腐敗之風不但未被遏止，反而變本加厲，人們對此無不義憤填膺。

1986 年 12 月，中國再次爆發學生上街示威遊行運動。這次示威由安徽合肥的大學生發起，並迅速蔓延至武漢、成都、昆明、西安、長沙、南京、杭州、廣州、深圳、上海、北京及天津等地。不少人還將矛頭指向「四項基本原則」。面對全國性的激烈學潮，鄧小平遂於 12 月 30 日召見胡耀邦、趙紫陽、萬里、胡啟立及李鵬等人，批評他們未能平息學潮：「學生鬧事，大事出不了，但從問題的性質來看，是一個很重大的事件。……凡是鬧得起來的地方，都是因為那裏的領導旗幟不鮮明，態度不堅決。這也不是一個兩個地方的問題，也不是一年兩年的問題，是幾年來反對資產階級自由化思潮旗幟不鮮明、態

度不堅決的結果。」鄧小平繼而作出要反對「資產階級自由化」的指示：「沒有專政手段是不行的。對專政手段，不但要講，而且必要時要使用。當然，使用時要慎重，抓人要盡量少。但是如果有人要製造流血事件，你有甚麼辦法？我們的方針是首先揭露他們的陰謀，盡量避免流血，寧可我們自己人被打傷，對為首鬧事觸犯刑律的依法處理。不下這個決心是制止不了這場事件的。如果不採取措施，我們後退了，以後麻煩會更多。」

　　1987 年 1 月，中央政治局在批評胡耀邦後接受了他辭去中央總書記職務的請求，但保留其中央政治局常委的職務。政治局又將方勵之、王若望、劉賓雁等進行「自由化」活動的黨內知識分子開除出黨。到 1 月底，持續了一個多月的學潮終於平息。

　　當時外界盛傳鄧小平是受陳雲的壓力才讓胡耀邦下台的。其實，這是沒有根據的揣測。胡耀邦下台的根本原因是鄧小平及一些黨內元老對他完全喪失了信任。據悉，鄧小平很不高興胡耀邦在兩方面的表現：其一是胡耀邦反「自由化」不堅決，讓「自由化」氾濫；其二是胡耀邦在 1985 年 5 月 10 日接受香港《百姓》半月刊社長陸鏗訪問時，談了一些在改革中改革派和保守派鬥爭的情況。陸鏗更在訪問中提出了一個帶有挑釁的問題：「那為甚麼不趁他〔鄧小平〕健康的時候，就乾脆把軍委的工作讓你接過來，由你做軍委主席？」胡耀邦不僅沒有斷然否認他想從鄧小平手中接過這一可以使他成為第三代領導人的關鍵職務，還詼諧地說：鄧小平在軍中只要說一句話就能辦成他和趙紫陽說了五句話才能辦成的事。陸鏗回去後寫了《胡耀邦訪問記》，讚揚胡耀邦，批評保守勢力。據說鄧小平知道後大為不悅，並曾在某個場合對楊尚昆這樣說：「陸鏗打着奉承耀邦的幌子來反對我們！」「這幾年我如果有甚麼錯誤的話，就是看錯了胡耀邦這個人！」

在此有需要澄清鄧小平和陳雲的關係。當時外界有一種輿論，説鄧小平是改革派，陳雲是保守派；二人不和之傳聞，鬧得甚囂塵上。其實，二人在國家很多重大問題上的看法是一致的，可以説彼此之間的合作是第一位的，分歧是有的，不過只是第二位；而且，分歧也不在於要不要改革開放，而在於如何改革開放。具體説，陳雲不喜歡急躁，總是擔心通貨膨脹、部門失衡以及經濟過熱等問題，因此他強調改革「步子要穩」，「要從試點着手」，「要『摸着石頭過河』」；鄧小平則着重成績，因此他強調「思想要更加解放一些，改革開放的步伐要走得更快一些」，「改革開放膽子要大一些，敢於試驗，不能像小腳女人一樣。看準了的，就大膽地試，大膽地闖」。對上述的輿論、傳聞，鄧小平在 1987 年跟美國當時的國務卿舒爾茨（George Pratt Schultz）談話時，給予間接批駁。他説：「有些人對改革的某些方面、某些方法不贊成，但不是完全不贊成。中國不存在完全反對改革的一派。國外有些人過去把我看作是改革派，把別人看作是保守派。我是改革派，不錯；如果要説堅持四項基本原則是保守派，我又是保守派。所以，比較正確地説，我是實事求是派。」鄧小平這番話是準確的。

胡耀邦落馬、知識分子被開除黨籍、學運被遏止、反「資產階級自由化」運動開展——上述的一連串事件確使不少外界人士（尤其是學者和投資者）擔憂。他們對中國政局的穩定性產生疑問，並認為改革開放正在倒退中。其實，鄧小平對改革開放的決心絲毫沒有動搖，只是他相信若要改革開放成功，就必須要有一個穩定的局面，所以有需要消除破壞穩定的「自由化」活動。1987 年 4-5 月間，當鄧小平覺察到黨內的「思想警察」（如胡喬木、鄧力群等人）企圖利用這場反「資產階級自由化」運動來攻擊整條改革開放路線時，他便公開表

示：「搞四個現代化……着重反對『左』，因為我們過去的錯誤就在於『左』」，「我們既有『左』的干擾，也有右的干擾，但最大的危險還是『左』。」鄧小平再次當機立斷結束這場反「資產階級自由化」運動，阻止了「左」傾回潮。從 5 月開始，改革開放的言論又高唱入雲了。

### 2.2.5 中共「十三大」的召開

1987 年 10 月，中共「十三大」在反「左」的氣氛中召開。趙紫陽接替倒台的胡耀邦向大會作《沿着有中國特色的社會主義道路前進》的報告，並在報告中首次全面地論述了「社會主義初級階段理論」。實際上，1981 年通過的《歷史決議》已明確提出：「我們的社會主義制度還是處於初級階段。」之後的「十二大」《全面開創社會主義現代化建設新局面》報告和十二屆六中全會通過的《中共中央關於社會主義精神文明建設指導方針的決議》又重申中國仍然處於社會主義初級階段中。到 1987 年 8 月，鄧小平在談到即將召開的「十三大」的歷史地位時特別指出：「我們黨的十三大要闡述中國社會主義是處在一個甚麼階段，就是處在初級階段，是初級階段的社會主義……就是不發達的階段。一切都要從這個實際出發，根據這個實際來制訂規劃。」（毛澤東曾在 1960 年初指出：「社會主義這個階段，又可能分為兩個階段，第一個階段是不發達的社會主義，第二個階段是比較發達的社會主義」。這大概是 1980 年代提出的「社會主義初級階段理論」的思想來源）。

「十三大」闡述的「社會主義初級階段理論」具兩層含意：第一，中國社會自 1950 年代中期開始已經是社會主義社會，要堅持走社會主義道路，不能倒回去搞資本主義；第二，中國的社會主義社會還處

第一部份
從繼續革命到改革開放

在「初級階段」，要循序漸進，以達到基本實現現代化為止。趙紫陽在會議上表明：中國的「社會主義初級階段」將會延續到 21 世紀中葉；現階段的基本路線是「一個中心、兩個基本點」，即以經濟建設為中心，以堅持「四項基本原則」及堅持開放政策為基本點。

「十三大」確認「社會主義的根本任務是發展生產力」；又確定鄧小平於 1987 年 4 月 30 日會見西班牙工人社會黨副總書記、政府副首相阿方索．格拉 （Alfonso Guerra González）時提出的「三步走」經濟發展戰略：第一步，以 1980 年為基數，由 1981 至 1990 年用 10 年把國民生產總值翻一番，人均實現 500 美元，解決溫飽；第二步，從 1990 年到 20 世紀末，再翻一番，人均達到 1,000 美元，進入小康社會；第三步，在 21 世紀的前 50 年，再翻兩番，人均 4,000 美元，達到中等發達水平，基本實現現代化。在強調發展生產力的前提下，「十三大」把私營經濟、中外合資合作經濟、外商獨資經濟，以及個體經濟一起作為公有制經濟必要的和有益的補充；又進一步提出「國家調節市場，市場引導企業」的經濟體制改革目標，即國家只會用宏觀控制經濟的手段來調節市場，而不會參與個別企業的微觀決策。值得注意的是，「十三大」首次把政治體制改革提到議事日程上來；有關政治體制改革的具體內容，容後再作交代。

### 2.2.6 經濟及政治體制改革的全速前進

「十三大」閉幕後，趙紫陽領導中國向改革的深度和廣度全速前進，由此而引起一場軒然大波。先說明各項重大改革的主要內容，再談趙紫陽加速改革所引起的反響。

### 2.2.6.1 沿海地區經濟發展戰略的實施

沿海地區經濟發展戰略的整個構思，實際上來自國家計委副研究員王建在 1987 年所提倡的「國際大循環」理論。該理論建議中國首先利用農業的剩餘勞動力重點發展四類勞動密集型出口產業——紡織和服裝加工業、食品加工和飲料業、輕工雜品產業，以及勞動密集型機電產業，然後用出口產品賺取外匯，再用外匯來購買設備和技術以發展重工業，從而建立農業和重工業之間的循環關係。

趙紫陽於 1987 年底到上海、浙江、江蘇、福建等沿海省、市考察後指出，世界上隨着勞動費用條件的變化，發達國家和地區的勞動密集型產業正向勞動費用低的地方轉移；因此，中國沿海地區應利用其相對優勢，抓緊這個機遇，大力發展勞動密集的外向型經濟，把大批外資吸引進來，並在生產和經營的過程中堅持「兩頭在外」（即把原料來源和產品銷售都放到國際市場上去），以避免和內地爭原料、爭市場。從 1988 年 3 月開始，政府大力推行這套經濟發展戰略，這體現於沿海地區「三資企業」（即外商獨資企業、中外合資經營、中外合作經營企業）長足的發展。趙紫陽更鼓勵在中外合資、合作企業中試行「一企兩制」，即在同一企業中劃分若干廠房給有管理經驗的外商直接管理，或由外商在國外聘請人才來管理，好讓國內廠長學習按照國際慣例管理企業。對思想比較保守的人來說，讓外商管理企業實有導致喪失國家主權之嫌。

### 2.2.6.2 「勇闖物價關」

1988 年春，中共中央總書記趙紫陽和國務院總理李鵬在經濟體制改革的方針上出現了分歧。是年 3 月，李鵬還公開強調當前最迫切的任務是要完善「企業改革」，惟趙紫陽於 4-5 月間又公開表示經濟改

革的重點是推行「價格改革」，要「勇闖物價關」，取締「雙軌制」，以達官價與市價兩價歸一的目的。鄧小平對價格闖關大概是支持的。他在 5 月中旬與到訪的朝鮮政府軍事代表團談話時說：「理順物價，改革才能加快步伐」；「過一關很不容易，要擔很大風險」；「但是物價改革非搞不可，要迎着風險、迎着困難上」。

5 月底，中央政治局議決推行「價格改革」。6-7 月間，先後開放了白糖、鮮蛋、大白菜、豬肉、彩電、棉布、棉紗、名酒及名煙等物品的零售價格，導致各地物價全面大幅上升。6 月，通脹達 16.50%；7 月更上升到 19.30%。8 月，一般老百姓為保值起見紛紛從銀行提取存款，盲目搶購貨品。趙紫陽「勇闖物價關」的希望，至此可謂全盤落空。自 9 月起，中國經濟進入了由李鵬主持並得到陳雲支持的「治理整頓」階段。鄧小平及時指出：「我贊成邊改革，邊治理環境整頓秩序」；「現在的局面看起來好像很亂，出現了這樣那樣的問題，如通貨膨脹、物價上漲，需要進行調整，這是不可少的。但是，治理通貨膨脹、物價上漲，無論如何不能損害我們的改革開放政策，不能使經濟萎縮，要保持適當的發展速度。現在出現的這些問題是能解決的，我們有信心。小錯誤難免，只要不犯大錯誤就行了。」

### 2.2.6.3 政治體制改革的全面推行

儘管鄧小平在城市經濟體制改革開展後一再指出，只有實行政治體制改革才能保障經濟改革的成果，但由於受到既得利益集團的阻撓，政治體制改革一直收效甚微。「十三大」後，趙紫陽銳意推行以下有關政治體制改革的措施：

第一，實行黨政分開，逐步撤銷黨組；

第二，進一步下放權力，直到基層為止；

第三，精簡政府工作機構；

第四，改革幹部人事制度，包括引入公務員制度；

第五，建立社會主義協商對話制度；

第六，完善人大、政協制度；

第七，加強社會主義法制的建設。

上述措施表明趙紫陽主張的政治體制改革是全面和徹底的，並意味着權力和利益會重新分配，這正好解釋為何一般黨政幹部視趙紫陽的政改措施為洪水猛獸，以致在執行方面舉步為艱。

### 2.2.7 改革進退維谷：1989 年民運、趙紫陽下台、「六四事件」

「十三大」前後，由於中國已經歷了七、八年的經濟改革與思想啟蒙，自由主義在知識分子和青年學生當中產生了重大的影響。他們致力爭取的，主要是《憲法》賦予中國公民的思想、言論、出版、結社自由；他們反對的，主要是官僚的腐敗。在自由主義影響日益擴大的情況下，同時出現了對它進行某種制衡的「新權威主義」思潮，其代表人物是原中共中央辦公廳研究室研究員吳稼祥。就「新權威主義」而言，只有「開明專制下的社會進步，才是最終實現民主與現代化的條件」，它因此反對用激進、運動的方式去實現自由民主，而主張「用開明權威政治這隻『看得見的手』，來創造民主政治這隻『看不見的手』，保持轉型的可控制性」（「新權威主義」現代化理論代表人物蕭功秦語）。一般論者認為，真正接受「新權威主義」並將其變成政治實踐的人是趙紫陽。惟趙紫陽於 1996 年 10 月接受楊繼繩第二次訪問時否認有這麼一回事：「有人說我贊成新權威主義。我不知道新權威主義是怎麼回事。我不認識吳稼祥。」無論如何，趙紫陽在「十三大」時段的政治理念和立場是相當明顯的，大抵可歸納為兩點：一是

中共的執政地位要保持不變，二是執政方式要改變，即由傳統的無產階級專政的執政方式轉變為「文明、開明、開放」的「現代」執政方式，也就是說，「在共產黨領導的基本框架下，更多地允許各種社會力量的政治參與，同時逐步以法治代替人治，把憲法已經原則規定的許多好的東西通過好的法律一一落實」（趙紫陽語）。

當時似乎真的出現了社會民主力量和以胡耀邦、趙紫陽為代表的黨內「開明派」彼此合作的可能性。但實際上，胡耀邦、趙紫陽斷無可能與鄧小平等元老派決裂。況且，社會民主力量也依然把黨內「開明派」（特別是剛當上了中共中央總書記的趙紫陽）視為一黨專政既得利益的維護者，而未能給予有力的支持。這點可從 1989 年學運領袖、「保衛天安門廣場指揮部」副總指揮封從德寫的《六四日記》[2]中得到確認：「這時大家〔同學們〕的主流思想還是『不參與任何黨派之爭』。無論趙紫陽還是李鵬，大家只把他們當作中共官僚機器中的一個部件，本不抱任何希望。」

「十三大」後，趙紫陽為了打破改革的困局，決定大膽闖關，結果以失敗告終。闖關觸礁，一方面是由於改革步伐太快，亂了陣腳；另一方面是因為某些體制上的重大改革措施觸動了現存勢力的切身利益，引起他們的集體對抗，令改革停滯不前。趙紫陽受到建制內部強大的阻力，又面對知識分子和學生越來越難滿足的要求，可說正處於進退兩難的境地。令他感到更為難的，是物價闖關未見其利先見其害——通脹、搶購潮的湧現，使他束手無策，備受反對其政策的人責難。1989 年，趙紫陽步前任總書記胡耀邦的後塵，即因處理學潮失當而黯然下台。（關於 1989 年民運及「六四事件」的爆發、過程、轉

<hr>

2　封從德：《六四日記》，台北：自由文化出版社；香港：晨鐘書局，2009 年。

折及結果之概述，參見本書附錄二。）

### 2.2.8 穩定壓倒一切：「六四事件」後的政局與中共對當前危機的回應

「六四事件」發生後，中共不單要面對國內人心不穩與經濟滑坡的困境，它還備受國際社會輿論的指責及眾多西方國家的制裁，再加上東歐劇變與蘇聯解體的衝擊，可以說，中共正陷於自改革開放以來最深的危機。在這四面楚歌的情況下，鄧小平提出了「冷靜觀察、穩住陣腳、沉着應付、韜光養晦」的「十六字方針」，帶領中共渡過難關。

鄧小平首肯中共中央政治局用武力平息 1989 年民運，是無可諱言的事實。當時只有鄧小平一個人有權調動軍隊，因為他仍是中共中央軍委主席。須知，鄧小平對控制動亂局面，一向是蠻有信心的。1984 年 5 月 25 日，鄧小平與港澳人大代表、政協委員談及香港「平穩過渡」的問題時說：「控制局面，英國人沒有中國人行。控制動亂局面，我們可有本事了，中華人民共和國是在動亂中鍛煉出來的。」「六四事件」所造成的影響，大概不是鄧小平始料所及的。但有理由相信，他在事後仍然堅信武力平息「動亂」的必要性。1989 年 6 月 9 日，鄧小平接見戒嚴部隊時說：「這場風波遲早要來。這是國際的大氣候和中國自己的小氣候所決定了的，是一定要來的……而現在來，對我們比較有利。最有利的是，我們有一大批老同志健在……他們是支持對暴亂採取堅決行動的。雖然有一些同志一時還不理解，但最終是會理解的，會支持中央這個決定的。」鄧小平繼而提出兩個問題：「第一個問題，黨的十一屆三中全會制定的路線、方針、政策……正確不正確？……第二個問題，黨的十三大概括的『一個中心、兩個基本點』對不對？」他接着作了十分明確的回答：「改革開放這個基本

1989 年 6 月 4 日的天安門廣場
1989 年 4 月 15 日，前中共總書記胡耀邦逝世。22 日，首都學生聚集在天安門廣場悼念胡耀邦，掀起了一連串的遊行、請願、絕食行動，事件以中共出動軍隊鎮壓告終。時為 6 月 4 日清晨，故稱「六四事件」。圖為 6 月 4 日戒嚴部隊在天安門廣場焚燒滿地的垃圾。

點……沒有錯。沒有改革開放，怎麼會有今天？……以後我們怎麼辦？我說，我們原來制定的基本路線、方針、政策，照樣幹下去，堅定不移地幹下去。」可見，儘管鄧小平認為中共有需要用強硬手段消滅任何挑戰其領導權威的勢力，但他卻一直堅持要把市場改革及開放政策貫徹到底。

當時要急需解決的，是中央總書記的接班問題。據悉，正當鄧小平考慮由誰來接替趙紫陽的時候，李先念和陳雲一再向鄧小平推薦上海市領導人江澤民，說江是堅持「兩個基本點」的好幹部，力主調江到中央。鄧小平很快接納了二人的建議。（有說鄧小平早前對江澤民在上海關閉《世界經濟導報》的決定已表示讚賞，認為江是當新總書

記的合適人選，其他人都表示同意。）6月23-24日，中共中央召開了十三屆四中全會，議決撤銷趙紫陽所有職務；任命江澤民為中共中央總書記。9月16日，鄧小平在會見李政道教授時談到胡耀邦與趙紫陽下台的問題，並解釋說：「過去兩個總書記都沒有站住，並不是選的時候不合格。選的時候沒有選錯，但後來他們在根本問題上，就是在堅持四項基本原則的問題上犯了錯誤，栽了跟頭。四個堅持中最核心的是黨的領導和社會主義。四個堅持的對立面是資產階級自由化。堅持四項基本原則，反對資產階級自由化，這些年來每年我都講多次，但是他們沒有執行。在這次動亂中趙紫陽暴露了出來，明顯地站在動亂的一邊，實際上搞分裂。好在有我在，處理不難，當然也不是我一個人的作用。」1996年10月，趙紫陽接受楊繼繩第二次訪問時說：「小平對耀邦很好。有這樣的結果是兩個人政見不合，主要是對知識分子問題，從『反精神污染』沿下來，到和陸鏗談話。和陸鏗的談話是導火線，〔19〕86年學潮也是導火線。僅這次學潮小平不會把耀邦拿下來」；「小平和耀邦分手與和我分手不一樣。『六四』前鄧對我是信任的，他認為『六四』看清了我，說我是『自己暴露的』。小平和我分手沒有耀邦那麼長的過程，只是『六四』。他和耀邦是幾年的積累。他對耀邦的信任一年一年地減少，到了最後完全不信任。」鄧小平與胡耀邦、趙紫陽的決裂，大抵如此。

江澤民當上中央總書記後，由於面對嚴峻的形勢，所以實施了一系列針對時局的政策。在政治方面，其政策的重點包括加強思想工作、加強黨的建設和領導（如在1989年下半年至1990年初召開及舉辦了「三會一班」，即召開全國宣傳部長會議、組織部長會議、高校黨建工作會議三個會議和舉辦一個黨建理論研究班）、推行廉政建設、懲治貪污腐敗，以及抵抗西方對中國推行「和平演變」（即「打一場沒

有硝煙的戰爭，以改變社會主義國家的性質」）。經濟方面則強調繼續「治理整頓」，將過熱的經濟降溫，遏制通脹，並從穩定中求適度的發展。

「六四事件」發生後，中央高層對中國改革的大方向問題產生了分歧。如前所述，鄧小平始終不渝地堅持市場改革的路向，但以陳雲為首及以鄧力群為首的一些較保守的高層幹部則將近年來中國社會出現的通貨膨脹、貪污腐化、分配不公、政治動亂等問題，全歸咎於市場改革。他們認為要辨清改革的性質，並要對各項改革措施問清楚究竟是姓「社」（社會主義的改革）還是姓「資」（資本主義的改革），以防止發生「資產階級自由化」及「和平演變」。為了回應保守派對其改革開放路線的挑戰，鄧小平遂於 1992 年春節期間作出了南巡之舉。

## 2.3 改革不走回頭路：「社會主義市場經濟」的確立 （1992-1997 年）

### 2.3.1 鄧小平南巡

1991 年底，蘇聯瓦解。當時不少西方國家預言，中共也很快會垮台。東歐與蘇聯變天，使中共中央高層傾向於保守，並藉強化意識形態來防止「和平演變」在中國發生。保守派反覆宣傳，市場取向就是資本主義取向，而市場經濟就是「和平演變」的溫床。惟鄧小平指出，東歐共產政權崩潰與蘇聯解體，基本上是因為它們推行經濟改革失敗，所以，中國若要避免遭受同一命運，必須繼續走改革開放的道路。1992 年 1 月 18 日至 2 月 21 日，鄧小平南下武昌、深圳、珠海、上海等地，大力表彰市場經濟的成效，藉以扭轉當時國內的保守局面。

南巡時，鄧小平作了多次重要的談話。他首先肯定「一個中心、

鄧小平南巡
1992 年 1 月 18 日至 2 月 21 日，鄧小平南巡，再次肯定改革開放政策，改革的旋風因而吹遍神州大地。

兩個基本點」的基本路線：「基本路線要管一百年，動搖不得。……
這一點，我講過幾次。如果沒有改革開放的成果，『六四』這個關我
們闖不過，闖不過就亂，亂就打內戰，『文化大革命』就是內戰。為
甚麼『六四』以後我們的國家能夠很穩定？就是因為我們搞了改革開
放，促進了經濟發展，人民生活得到了改善。所以，軍隊、國家政權，
都要維護這條道路、這個制度、這些政策。」之後，又在多個場合說
明：「社會主義的本質，是解放生產力，發展生產力，消滅剝削，消
除兩極分化，最終達到共同富裕」；「特區姓『社』不姓『資』」；「不
改革開放，不發展經濟，不改善人民生活，只能是死路一條」；「發
展才是硬道理」；要「不爭論，大膽地試，大膽地闖」。在反駁有關
社會主義必需是計劃經濟的提法時，鄧小平解釋說：「計劃多一點還

是市場多一點，不是社會主義與資本主義的本質區別。計劃經濟不等於社會主義，資本主義也有計劃；市場經濟不等於資本主義，社會主義也有市場。計劃和市場都是經濟手段。」他把判斷一切工作是非得失的根本標準歸納為三條「是否有利於」，即是否有利於社會主義社會的生產力，是否有利於增強社會主義國家的綜合國力，是否有利於提高人民的生活水平。又特地指出當前的基本任務是防「左」：「現在，有右的東西影響我們，也有『左』的東西影響我們，但根深蒂固的還是『左』的東西。……右可以葬送社會主義，『左』也可以葬送社會主義。中國要警惕右，但主要是防止『左』。……把改革開放說成是引進和發展資本主義，認為和平演變的主要危險來自經濟領域，這些就是『左』。」鄧小平在談話中全面闡述了市場在經濟活動中的作用，並不點名批評了陳雲、鄧力群等人，旨在為深化市場改革亮起綠燈。

鄧小平「南方談話」傳返北京後一度受到掌管意識形態的保守派封鎖。但由於各地傳媒紛紛發表支持進一步改革開放的文章，而與鄧小平一起南巡的楊尚昆在軍中展開學習鄧小平的「南方談話」，中共中央遂於 1992 年 2 月底整理了這個談話的要點，以中共中央 1992 年 2 號文件下發全體黨員，由此結束了歷時三年半的「治理整頓」，並掀起了新一輪的經濟熱潮。

### 2.3.2 鄧小平南巡掀起的經濟熱潮

鄧小平南巡後不久，全國掀起搞「翻番」狂潮；所謂「翻番」，即追求當地國民產值或工業產值成倍增長的高速度發展。各地同時又出現投資狂熱，這主要體現於下列三大熱點：

第一，房地產熱——1992 年，全國房地產公司冒出近萬家，出讓土地為前五年總和的五倍，地價與房價因此持續上升；

第二，開發區熱——僅 1992 年上半年計，全國各地自辦的開發區就有 1,800 多個，然而，大部份並無足夠資金進行基建（如通電、通水、通訊及平整土地等工程）；

第三，股票熱—— 1992 年，僅上海一地之股民就從 3 萬多人增至 120 多萬人。10 月，中央政府成立國務院證券委員會。大批國營企業被轉化為股份制公司，並在上海及深圳股票市場發行 B 股，以吸引外資。至此，國企改革終於跳出了擴大企業自主權和利改稅等「放權讓利」政策的框框，開展了觸及產權關係的制度變革。

此外，中央政府在 1992 年先後開放了 571 種商品的價格。到 1992 年底，由市場調節的商品比重已達 80%。通脹因為全面開放價格捲土重來，高達 13%。

中國又於 1992 年實行全方位的對外開放——一方面以上海浦東為龍頭，開放長江沿岸 28 個城市，西至四川重慶；另一方面開放東北、西北、西南地區的 13 個邊境城市，形成周邊對外開放格局。到 1992 年 10 月，經國務院批准的開放城市已達 300 多個。國務院又批准逐步開放交通、商業、飲食、金融、保險、房地產等第三產業（即廣泛意義上的服務業）予外商投資。

### 2.3.3 中共「十四大」的召開：中國走向市場經濟的里程碑

1992 年 10 月，中共「十四大」在全國刮起「鄧旋風」的氣氛中召開，並正式作出「抓住機遇、加快發展」的決策。江澤民更在會上確定：「經濟體制改革的目標是建立社會主義市場經濟體制」。由於「社會主義」和「市場經濟」在歷史唯物論中是處於矛盾的對立面，「十四大」提出「社會主義市場經濟」這個概念和正式承認市場槓桿在社會資源配置中的主導作用，正好表示中共已掙脫傳統馬克思主義

的束縛。從實際意義而言，「十四大」標誌着市場改革派的勝利——中共自此以「計劃」和「市場」的不同「功能」來界定兩者在經濟發展中所起的作用，而不再把「計劃」和「市場」看做「主」與「輔」的關係。換言之，「計劃」不再擔當發展經濟的主導角色，它只為宏觀社會經濟發展制定理順戰略目標而已。從這個角度看，「十四大」是中國走向市場經濟的一個重要標竿。

「十四大」首次確立了鄧小平的「建設有中國特色社會主義」理論在全黨的指導地位；它還首次提出上述理論是「當代中國的馬克思主義」的概念，並要求把鄧小平理論與毛澤東思想看齊。至此，鄧小平理論終於實現了「體系化」。會議又明確地指出：「我們的政治體制改革，目標是建設有中國特色的社會主義民主政治，絕不是搞西方的多黨制和議會制。」至於如何推進「社會主義民主政治」，會議則強調完善人民代表大會制度和政治協商制度，以及精簡機構以提高行政效率，但不提撤銷黨組。

### 2.3.4 經濟失衡與宏觀調控的開展

1992 年刮起「鄧旋風」，使沉寂了三年多的中國經濟再度活躍起來，並朝着市場經濟的方向大步邁進。然而，由於市場法規未能及時建立起來，又由於政府未能及時制定有效的調控經濟措施，致使中國在 1992-1993 年間出現經濟局部過熱及金融秩序混亂的所謂「三亂兩熱」現象。（「三亂」指亂集資、亂拆借、亂設金融機關，而「兩熱」則指房地產熱、開發區熱）。以下簡單分析上述現象的成因及政府的對策。

經濟過熱的基本原因是各地上馬項目過多，兼且投資規模過大。但要指出，當時中國的經濟只是「局部」過熱，因為資金大部份集中

在新興的、投機性很強的領域裏，而正常的投資領域資金則極為短缺。至於金融秩序出現混亂情況，大抵是社會非法集資風氣氾濫及銀行違章拆借失控所致。當時不少金融機構人員及企業領導人濫用本身職權，調動銀行及社會上的閒散資金，往沿海各地進行炒賣股票及房地產等投機活動，導致金融形勢日益嚴峻。有中國經濟學者把這些炒房地產、炒股票、炒期貨的「官倒」稱為「貨幣倒爺」，並指出他們的破壞性遠大於 1987-1988 年間倒賣汽車、化肥等商品的「物資倒爺」。毋庸諱言，經濟局部過熱與金融秩序混亂，不但使全國生產資料及資金陷於緊張狀態，更加劇了 1992 年全面開放價格所帶來的通貨膨脹。1993 年 6 月，通脹上升到 25%。

為了解決當前的經濟危機，中共決定加強和改善宏觀調控措施，由國務院副總理朱鎔基負責推行。1993 年 6 月 24 日，黨中央及國務院聯合公佈《宏觀調控十六條》，旨在「治亂」和「治熱」。有關「治亂」方面的主要措施，包括嚴格規管銀行業務、嚴禁非法拆借及集資、加強股票市場及房地產市場的宏觀管理，以及強化稅收管理。至於「治熱」方面的主要措施，則包括嚴格審批新投資項目、嚴格控制銀行信貸規模、提高利率以增加儲蓄存款、限期完成國庫券的發行，以及遏制通脹。要澄清的是，加強宏觀調控並非意味着要恢復計劃經濟或全面緊縮——它是在肯定市場改革的前提下進行的，是以經濟立法來進行結構調整，而且範圍主要限於金融領域。

誠然，中共在加強宏觀調控的同時，還加速推行經濟體制邁向市場化的改革。1993 年 11 月 14 日，中共中央通過由朱鎔基制定的《（市場）改革五十條》。該文件說明「社會主義市場經濟」，「就是使市場在國家宏觀調控下對資源配置起基礎作用」；文件又為企業、金融、財稅、投資及外貿等改革訂下目標和策略，故實際上是中國建立「社

會主義市場經濟體制」的總體規劃和行動綱領。

總而言之，1993 年下半年開始的宏觀調控確實收到「治亂」和「治熱」之效。除高通貨膨脹得到控制外，過速的經濟增長也慢慢回落：1992-1994 年，國內生產總值（GDP，gross domestic product）的增長率為 14.2%、13.5%、12.6%；到 1995-1997 年，則逐步回落到 10.5%、9.6%、8.8%，沒有出現大起之後的大落，實現了經濟「軟着陸」。至於宏觀調控期間推行的多項經濟體制改革中，財稅體制和外匯管理體制改革尚算成功，相反，國有企業（1994 年以前稱國營企業）、金融體制及社會保障制度改革則顯然滯後。

### 2.3.5 鄧小平時代的終結

鄧小平因身體健康原因自 1994 年開始就不管國家大事了。陳雲也於是年 8 月動了大手術，並於 1995 年 4 月逝世。到此，中國的「雙峰政治」格局正式瓦解。1997 年 2 月，鄧小平逝世，中國遂進入後鄧小平時代。

毛澤東曾以「柔中寓剛、棉裏藏針」來形容鄧小平。不錯，鄧小平個性強悍。他不喜歡空談，喜歡快刀斬亂麻，是一個作風強硬務實、急於抓出成效來的強人，故有「鋼鐵公司」之稱。此外，他還是個意志堅定不移、老是按照自己的一套想法去幹的人。葉劍英曾這樣評論鄧小平：「他這個人歷來如此，自以為是，聽不進別人的意見，喜歡一個人打天下，不撞南牆是不會回頭的。」順便一提，鄧小平不喜歡開會，原因有二：一、他的右耳聽力很差，聽不到別人在會上發言；二、他主張少談、多做，討厭開會的人往往把時間花在空談、爭論上。1980 年 2 月，鄧小平在中共十一屆五中全會上發表他對開會的意見：「開會要開小會，開短會，不開無準備的會。會上講短話，話不離題。

議這個問題，你就對這個問題發表意見，贊成或反對，講理由，扼要一點；沒有話就把嘴巴一閉。不開空話連篇的會，不發離題萬里的議論。即使開短會、集體辦工，如果一件事情老是議過去議過來，那也不得了。總之，開會、講話都要解決問題。」

鄧小平如何評價自己的功績？這體現於 1992 年 7 月鄧小平在審閱中共「十四大」報告稿時所說的一番話：「報告中講我的功績，一定要放在集體領導範圍內。可以體現以我為主體，但絕不是一個人腦筋就可以鑽出甚麼新東西來。鄉鎮企業是誰發明的？誰都沒有提出過，我也沒有提出過，突然一下子冒出來了，發展得很快，見效也快。家庭聯產承包責任制也是由農民首先提出來的。這是群眾的智慧，集體的智慧。我的功勞是把這些新事物概括起來，加以提倡。報告對我的作用不要講得太過份，一個人、幾個人，幹不出這麼大的事情。報告第一部份最重要的是這個問題，要寫得合乎實際。」

若說毛澤東時代是一個「以階級鬥爭為綱」，以群眾運動方式辦事的一人專政的極權時代，那麼，鄧小平時代則是一個以發展經濟為中心，社會走向開放但仍須堅持共產黨領導的威權時代。


# 3、20 世紀末的中國

鄧小平逝世後，外界一度揣測中國是否會繼續由他開創的改革開放事業。1997 年 9 月召開的「十五大」終使外界釋疑，因為該會不單肯定鄧小平的「建設有中國特色社會主義」理論，還將「把鄧小平理論確立為中共的指導思想」這個提議明確寫進黨章。

為了回答在新的歷史條件下建設有中國特色社會主義所急需解決

的問題，以及為當今中共政權取得新的合法性基礎和新的群眾基礎、階級基礎，中共中央總書記、國家主席江澤民於 2000 年 2-8 月期間提出並初步闡述了「三個代表」思想。是年 2 月 20 日，江澤民在廣東省高州市領導幹部「三講」教育會議上的講話提出「兩個代表」，並沒有講「文化」問題。到 25 日，江澤民在聽取廣東省委的工作彙報後作講話時首次完整地提出了「三個代表」思想：「我們黨所以贏得人民的擁護，是因為我們黨在革命、建設、改革的各個歷史時期，總是代表着中國先進生產力的發展要求，代表着中國先進文化的前進方向，代表着中國最廣大人民的根本利益。」5-8 月，江澤民在其華東、西北和東北之行，進一步論述了「三個代表」的意義，並強調這是「我們黨的立黨之本、執政之基、力量之源」。明顯地，江澤民要把「先進生產力的發展」作為現階段一黨專政與改革開放合法性的基礎。「三個代表」思想又確立了代表「先進生產力」的經濟精英、管理精英、技術精英的政治和社會地位。2002 年 11 月，「十六大」把「三個代表」思想寫入黨章，即把它同馬克思列寧主義、毛澤東思想和鄧小平理論一道確立為中共必須長期堅持的指導思想。

以下簡述 20 世紀末中國農村及城市的一般情況，以展示當時中國所面對的重大問題。

## 3.1 20 世紀末的中國農村

1980 年代後期，國內一些學者把當前的農村問題區分為農業、農村、農民問題分別進行研究，既分析三者的關係，也研究三者各自要解決的問題。他們初步提出了「三農」問題的分析框架，並引起政府的重視。1992 年，江澤民首次提出中國的「三農」問題。他指出：「農

業是國民經濟的基礎，農村穩定是整個社會穩定的基礎，農民問題始終是我國革命、建設、改革的根本問題。」20 世紀末，中國農民人口約 8 億，佔總人口的 64%；其中失業或就業不足人口約 2 億，離村流動人口約 7,000 萬 -8,000 萬。1998 年，湖北村幹部李昌平上書總理朱鎔基，論述「農民真苦、農村真窮、農業真危險」，道出嚴峻的「三農」問題。

　　如前所述，1979-1984 年是中國農業走出低谷的黃金時期。從 1982 到 1986 年，中共中央每年下發的「一號文件」都以改善農業為主題，這表明黨中央對農業及農民問題十分關注。惟自城市經濟體制改革開展以來，由於國家對農業的基本建設投資大幅度減少，又由於農用生產資料價格不斷上漲，加以農業勞動力大量轉向非農業的生產，因此，主要農產品產量就出現滑坡下降趨勢，嚴重影響務農者的生計。農村形勢每況愈下，亦涉及到基層政府的管治素質問題，而這又與人民公社解體不無關係。1983-1985 年，中國的 52,789 個人民公社全部解體。在此之前，鄉鎮政府所有辦公經費一律由縣撥給，它既無權亦無錢去增設機關或增聘人員。人民公社解體後，中國出現了 61,766 個財政獨立的鄉鎮政府。由於國家允許它們將地方收益（如鄉鎮企業上繳的利潤、集資款項、捐款、罰款等等）作為鄉鎮財政的自籌收入，不少鄉鎮政府便乘機增設機構、增聘人員，攤子越鋪越大。同時，地方上又普遍出現所謂「三亂」——「亂徵收、亂集資、亂罰款」的情況，總之是苦了農民。在改革開放當初，據估計農村一畝地平均負擔鄉鎮政府經費約 10 元，到 20 世紀末，少的負擔要 100 多元，多的更漲到 200-300 元。儘管中央政府曾三令五申遏制「三亂」，地方政府卻聽而不聞，更嚴厲對待上訪告狀的人。[3]

---

3　有關情況，詳見陳桂棣、春桃：《中國農民調查》，北京：人民文學出版社，2004 年。該書作者花了三年時間跑遍安徽，發現省內有 50 多個縣沒有一個按照國務院規定辦事，地方主義的膨脹可謂表露無遺。

還有值得注意的是，自 1980 年代中期開始，地方政府往往購買農業副產品不交現金，長期發「白條」（即欠單），令農民生計大受影響。1990 年代又掀起房地產熱潮，農民更飽受「圈地運動」之苦。據統計，1996-2001 年，全國耕地減少了 4,335.5 萬畝，這些土地都轉化為非農用地，並由此造成了大批失地農民。他們除了得到有限的補償外（大概佔土地市場價值 10%-15%），在就業和社會保障方面幾乎沒有從徵地一方得到任何保證和安排，結果淪落為「種田無地、就業無崗、低保（即最低生活保障）無份」的「三無游民」。誠然，人民公社解體後，農民再不能享受「五保」的福利。另一方面，他們又不能不承擔越來越昂貴的醫療衛生支出和教育支出。2000 年，全國實行「教育產業化」（即教育市場化），大學本科收費比 1999 年漲幅高達 50%，這自然限制了農民子弟向上流動的機會。到 2001 年為止，中國農村小學生能夠考上大學的機會，只有 15%，機會率大約比全國平均水平低 62%。上述各種原因正好解釋為何中國農村在 1990 年代日益動盪不安。據有關資料顯示，在 1992 年，農民請願、示威、暴動事件有 9,000 起；到 2000 年，激增至十萬起。一些農民更為了生活而參加了地下組織。

「農民工階層」的崛起，是一個不能漠視的現象。所謂「農民工」，就是「擁有農業戶口、被人僱用去從事非農活動的農村人口」。早在 1980 年代初，在蘇南和珠江三角洲地區，就出現了「農民工」。但當時中國政府限制農村勞動力外流，以防止大量農民湧進城市。1984-1989 年，城市快速發展使價格相對低廉的農村勞動力向城市轉移，並形成「大氣候」；在沒有統一計劃、部署、安排的情況下，中國首次出現了「（農）民工潮」。到 1990 年代，由於農村日益衰落，越來越多具有初中文化教育水平的農村青年和壯年都棄農務工，並視

之為改善家庭生活的最佳途徑。適逢城市推行「減員增效」的企業改革，很多工廠企業都裁減了學歷較高，但體能、技能和勤力性均較低的城鎮工人，由學歷較低，但體能、技能和勤力性均較高的「農民工」替代。結果是，「農民工」數目從 1980 年代中後期的 3,000 至 4,000 萬人，增加到 2003 年的 9,900 萬人。根據 2000 年第五次全國人口普查的資料，「農民工」佔全國工人總數的 50% 以上（在產業工人中佔 57.5%，在第三產業從業人員中佔 37%），他們因此被稱為「新工人階層」。不過，他們不能享受城鎮「低保」（見下文 3.2 節）以及社會保險。跟城鎮正式工人相比，他們獲得的是「同工不同酬」、「同工不同時」、「同工不同權」的「三同三不同」的地位。[4]

為了紓緩農村的緊張局勢，中央政府遂於 1990 年代中、後期制定了一系列新政策，這主要包括：

第一，精簡基層行政機構，重建基層黨組，改善及提高地方領導的質素；

第二，規定公糧不得超過農民收入的 5%；

第三，在鄉村選舉中實行全民投票；

第四，建立中、小型市鎮以吸納更多農民；

第五，開發中國西部，為農民提供更多就業機會。

由於「三農」問題繼續日益惡化，中共中央終於在 2004 年再次下發以改善農民生計為主題的第六個「一號文件」，表明黨中央下定決心要解決「三農」問題。2006 年 1 月 1 日起，全國取消農業稅，這是中國歷史上空前的舉措。

---

4　見陸學藝主編：《當代中國社會流動》，北京：社會科學文獻出版社，2004 年。

## 3.2 20 世紀末的中國城市

改革國有企業是建立「社會主義市場經濟」的一項重點工作。
1998 年，國務院總理朱鎔基依「抓大放小」的方針整頓國企。他首先
選擇了 500-700 個大型國企作為改革對象，然後向它們提供優惠貸款，
再將這些經過整頓、合併的國企在上海和深圳上市。一般而言，國家
擁有它們 20%-30% 的股權。其他中、小型國企就以低價賣給企業管
理層，結果導致國有資產流失轉入私人腰包；不少有關幹部則從中撈
取間接好處，入股企業和充當企業保護傘。

值得注意的是，市場體制在「十四大」後已成為中國基本的經濟
體制。由於部份掌握權力、資源的官員利用「權錢交易」的腐敗手段
迅速富裕起來，因此，新興的「社會主義市場經濟」很快便帶有「權
貴市場經濟」跡象；社會上亦相繼出現了一個新的「權貴資本階層」，
其主要成員包括：一、高幹子女；二、受惠於「向地方分權」政策的
地方官員及其親屬、關係人；三、1992 年後也捲入全民經商熱潮的軍
隊。據一項調查顯示，20 世紀末葉，中國億萬富豪中有 80%-90% 是
高幹親屬，其中 2,900 多名擁有的資產達 20,000 億多元。從另一項調
查得悉，2002 年收入最高的 1% 人群組獲得了社會總收入的 6.1%，
而最高的 10% 人群組獲得了總收入的 31.9%，這正好顯示中國社會財
富的急劇集中。

國企改革的另一個結果，是大量職工下崗成為失業人口，這是中
國在 20 世紀末不能忽視的一個問題。官方（國家統計局）有關數據
顯示，全國城鎮登記失業人數 1990 年為 383 萬，1995 年上升到 520
萬人，2000 年再升到 595 萬人；上述各年的登記失業率依次為 2.5%、
2.9%、3.1%。但據不少外界專家估計，1990 年代中國城鎮失業率實

不低於 10%。下崗、失業人員及其家屬形成了城市的新貧困、弱勢群體。由於有部份國企拖欠下崗工人補償，也有用解散為藉口並不給與下崗工人任何補償，因此很多下崗工人生活艱苦，對現狀極度不滿。1999 年，經國家仲裁的勞工糾紛有 50,000 起，至於沒有記錄可稽查的糾紛則數不勝數。下崗、失業工人對處境不滿常常引發暴力事件，尤以西部、華中、東北三個地區的情況最為嚴重，但各地所發生的暴力事件大抵沒有關聯。為了緩和弱勢群體的不滿，政府決定實施城市「低保」（最低生活保障）制度。1993 年 6 月，上海市政府帶頭建立「城市居民最低生活保障線制度」，宣佈市內家庭人均收入低於市府規定的最低生活保障線（當時的標準是每月人均 120 元），皆有權向政府有關部門申請社會救助。1997 年 9 月，《國務院關於在全國建立城市居民最低生活保障制度的通知》正式下發，標誌着城市「低保」制度在中國正式確立。1999 年 8 月，國務院又決定把國企下崗職工的基本生活費、失業保險金、城鎮居民最低生活保障金水平提高 30%。是年 9 月底，全國 667 個城市、1638 個縣政府所在地的建制鎮，全部建立了「低保」制度。截至 2000 年底，共有 402.6 萬名城鎮居民得到了最低生活保障，國家有關支出為 27 億元（中央 8 億元、地方 19 億元）。

　　20 世紀末的中國城市還出現了一股以「中間階層」為代表的新興力量。據社會學家陸學藝的分析，「中間階層」主要包括：幹部群體、知識分子群體、小業主、小商販、私營企業主、鄉鎮企業家、就業外資企業的管理和技術人員，以及白領員工。在上述各類群體當中，值得作一點補充的，是私營企業主（即由各種非公有制企業組織投資人組成的一個階層）。1992 年後，私營企業的戶數和投資者人數的年增長幅度均達到了兩位數。2002 年，全國私營企業總數已達 202.85 萬戶；在整個國民經濟中，私營企業已佔 1/3 以上的比重。整體而言，

「中間階層」具有以下特徵：一、一定的知識資本及職業聲望資本；二、從事以腦力勞動為主的職業；三、所從事的職業有較高的市場回報；四、具有一定職業權力；五、收入和財富在社會屬於中等水平；六、具有購私產房、私人汽車等的消費能力和相應的生活方式；七、對社會公共事務具有一定的影響力。中共把這個新興的較富裕群體視為有助於穩定社會的進步勢力。2001 年 7 月，中共在江澤民推動下准許「中間階層」人士入黨。儘管這個決定只是確認一個既成事實——即小部份黨員已於 1990 年代蛻變成「中間階層」，但該項決定乃中共歷史上一破天荒之舉。（20 世紀末葉，在 6,600 萬中共黨員中，大約有 50 萬是「中間階層」）。可以說，中國共產黨正由一個工農黨慢慢轉化為一個「全民黨」。

## 4、20 世紀 80、90 年代改革開放的總評價

中國經濟在 20 世紀末葉取得長足的發展，是無可諱言的事實。國家統計局的數據顯示：1978 年，中國的 GDP 為 3,624 億元；到 2000 年，增至 89,404 億元。人均 GDP 則從 1978 年的 379 元增至 2000 年的 7,078 元，人民生活總體上可說達到了小康水平。1979-2000 年，中國 GDP 年均增長率為 9.7%；1979-1991 年 8.8%；1992-1995 年 12%；1996-2000 年 8.3%。與此同時，中國的所有制結構也起了重大的變化：1978 年，國有經濟、集體經濟、非公有制經濟在工業總產值中的比重為 77.6：22.4：0；到 1998 年，國有經濟、集體經濟、非公有制經濟（主要包括個體、私營經濟和港、澳、台及外商直接投資經濟）在工業總產值中的比重則為 28.5：38.3：38.8。這顯示中國的

所有制結構已從毛澤東時代的單一公有制格局轉變為多種所有制成份共同發展的局面。

經濟發展與所有制結構的變化實際上使人民的生活有所改善。1978-2000年，中國城鎮居民人均可支配收入從316元上升到6,280元，增加了20倍；中國農村居民人均純收入由134元提高到2,253元，增長近17倍。最令人振奮的，是數億窮人終於脫貧。世界銀行（The World Bank）2009年發表的報告《從貧困地區到貧困人群：中國扶貧議程的演進》（"From poor areas to poor people: China's evolving poverty reduction agenda"）指出，按照世界銀行的貧困標準計算，從1981年到2004年，中國在這一貧困線以下的人口所佔的比例從65%下降到10%，貧困人口的絕對數量從6.52億人降至1.35億人，即有5億多人擺脫了貧困。但有需要指出，中國的經濟增長基本上是靠赤字開支來推動的，這對中國經濟的長遠發展不無隱憂（詳情見本書總結之第3節）。另外，中國還面對嚴重的糧食短缺問題，主要原因包括：第一，人口龐大，兼且繼續膨脹；第二，生態環境日益惡劣（據悉，全國1/3的地區存在嚴重的水土流失，75%的湖泊和1/2的河流被污染）；第三，耕地日漸減少。上述現象顯示中國有很多重大問題仍待解決。

在社會方面，改革開放為中國人民帶來了一個相對寬鬆的工作和生活環境，使人們在工作和生活中有較多的選擇和機會。據統計，1949-1979年，從前職到現職，實現向上升遷的流動率只有7.4%；1980-1989年，向上升遷的流動率提高到18.2%；1990-2001年，進一步提高到30.5%。這給人們有不斷改善生活條件的希望。但改革開放亦導致若干不良現象湧現：其一是商品化的現象——勞動力、土地、醫療、教育、文化全都被商品化，致使21世紀的中國人民面對「住

房難」、「看病難」、「上學難」的三大困境，被稱為「三座大山」；其二是分配不公的現象——地域之間與社會階層之間皆出現嚴重分配不公的現象，令社會兩極化〔據世界銀行的數據顯示，中國在改革開放前的「基尼系數」（Gini coefficient）是 0.16（表示居民收入分配高度平均）；1980 年代初是 0.28（表示收入比較平均）；1995 年是 0.38（表示收入中度不平等）；1990 年代末上升到 0.458（表示收入不平等程度偏大）；2008 年就到了 0.5（表示收入差距懸殊）〕；其三是由消費主義、享樂主義氾濫導致的貪污腐化、道德淪亡現象，這促使罪案日增、治安日壞。上述現象解釋為何改革開放年代的中國社會仍然呈現不安和不滿的情緒。

1979 年後，中國 GDP 增長速度是世界最快的，貧富差距擴大的速度也是世界最快的。這是一種高增長、快發展、物質豐富、人民生活水平快速提高但收入差距迅猛擴大的發展模式。它使中國變好還是變壞？這屬見仁見智的問題。毫無疑問，中共中央領導人是有誠意去搞活經濟、安民恤眾的；然而，很多重大問題仍沒法解決，其中一個原因是地方越來越不受中央管制。縱然如此，中共至今仍居統治地位，亦即是說，改革開放已達到它的基本目標。

倘若你問當今的中央領導人對於改革開放有何評價，筆者相信他們心底裏會如毛澤東於 1959 年 7 月在廬山上那樣説：「成績偉大，問題不少，前途光明。」蘇聯與東歐共產主義國家已成為歷史，中共領導人一定慶幸社會主義中國沒有步它們的後塵。至於現今的中國是否社會主義國家，這亦是一個具爭議性的問題。

# 第二部份：

# 從「對抗性」到
# 「非對抗性」外交

# 緒 論

在論述中華人民共和國對外關係之前，首先要説明三點值得注意的事項：

第一點，對中國政府而言，外交是一個高度敏感的議題，原因是外交跟主權和國防這兩個重大問題有密切的關係。2004 年 1 月 16 日，中華人民共和國國務院外交部宣佈中國會將部份外交檔案解密，並逐步向社會開放。實際上，自 1980 年代以來，不少學者已充份利用西方國家與前蘇聯的解密外交檔案，以及知情人士的憶述，對毛澤東時代中國的外交進行了較深入的研究，並取得了豐碩的成果。基於上述原因，下文將會對這段時期的中國外交作較詳細的交代。

第二點，中華人民共和國的對外關係經歷了無數次的急劇轉折，但從北京的外交策略來看，中國在過去半個世紀的對外關係大概可歸納為兩個主要時期：「對抗」（即設定「敵我方」）時期與「非對抗」（即擺脱了以前的「敵我」設想）時期。

第一個時期從 1949 年新中國成立開始，到 1982 年 10 月中共「十二大」提出「獨立自主」（即「不結盟」）的外交路線為止。在這個時期，中國的對外關係基本上取決於中國與美國及蘇聯兩個「超級大國」的戰略關係。當時中國認為戰爭是不可避免的，而且迫在眉睫；因此，中國一直採取辨清及對抗「主要敵人」的策略。在 1950 年代初期，美國因為中國參與朝鮮戰爭而對中國實施「圍堵政策」，致使中國採取「聯蘇反美」的策略。到 1960 年代中期，由於美國在越南發動戰爭，又由於中蘇關係日益惡化，中國在堅持美國為「主要敵人」的同時，

更提出「反美排蘇」的口號。1969年「珍寶島事件」發生後，中國認為蘇聯已取代了美國成為「主要敵人」，所以中國在1970年代採取「聯美反蘇」的策略。

第二個時期是從1983年起直至現在。由於中國這時期估計世界將趨於和平而非戰爭，所以它認為在相當長的時間內世界大戰是打不起來的。還有，中國已走上改革開放的道路，它需要一個和諧及穩定的國際環境以發展經濟。1987年5月12日，鄧小平會見荷蘭首相呂貝爾斯（Rudolphus Lubbers）時說：「對於總的國際局勢，我的看法是，爭取比較長期的和平是可能的，戰爭是可以避免的。……1978年我們制定一心一意搞建設的方針，就是建立在這樣一個判斷上的。要建設，沒有和平環境不行。」基於上述原因，中國遂摒棄了對抗策略，實行「獨立自主」的外交路線，並強調「和平」與「發展」。

第三點，儘管中華人民共和國在過去半個世紀的對外方針、策略、政策經歷了重大的轉變，但中國政府卻從來沒有在涉及國家主權的問題上作過妥協和讓步。中國對主權的重視，最能體現於1982年9月24日鄧小平會見英國首相撒切爾夫人（Margaret Thatcher）時的一席話：「關於主權問題，中國在這個問題上沒有迴旋餘地。坦率地講，主權問題並不是一個可以討論的問題」，「如果說宣佈要收回香港就會像夫人說的『帶來災難性的影響』，那我們要勇敢地面對這個災難，做出決策。」1984年4月，鄧小平在外交部的一個請示報告上批示：「在〔香〕港駐軍一條必須堅持，不能讓步。」這正是因為中國在收復香港後行使駐軍權，是國家主權的象徵。同年5月，鄧小平會見香港和澳門人大代表和政協委員時便指出：沒有駐軍這個權力，還叫甚麼中國領土！在此順便一提，中國政府始終拒絕承諾放棄用武力解決台灣問題，也是行使國家主權的象徵。中國決非主張用武力去完成國

家統一，但作為一個擁有主權的國家，它有絕對權力去選擇結束國共內戰、實現國家統一的方式（包括使用武力），無須聽從別國的囑咐。還有，若中國政府作出放棄使用武力方式解決台灣問題的承諾，將可能導致國家統一無法實現。1984 年 10 月 22 日，鄧小平在中央顧問委員會第三次全體會議上的講話中指出：「我們堅持謀求用和平的方式解決台灣問題，但是始終沒有放棄非和平方式的可能性，我們不能作這樣的承諾。如果台灣當局永遠不同我們談判，怎麼辦？難道我們能夠放棄國家統一？……統一問題晚一些解決無傷大局。但是，不能排除使用武力，我們要記住這一點，我們的下一代要記住這一點。這是一種戰略考慮。」江澤民也曾分別在 1995 年 1 月和 2000 年 3 月這樣說：「我們堅持用和平的方式，通過談判實現和平統一，同時我們不能承諾根本不使用武力，如果承諾了這一點，只能使和平統一成為不可能，只能導致最終用武力解決台灣問題」，「如果出現台灣被以任何名義從中國分割出去的重大事故，如果出現外國侵佔台灣，如果台灣當局無限期地拒絕通過談判和平解決兩岸統一問題，中國政府只能被迫採取一切可能的斷然措施，來維護中國的主權和領土完整。」

# 第五章

從「一邊倒」（「聯蘇反美」）
到「兩面出擊」（「反美排蘇」）
（1949-1965 年）

# 1、從「一邊倒」到「和平共處」及中蘇分歧的出現（1949-1957 年）

## 1.1 建國初期中共中央規劃對外關係的三大基本方針

考慮到建國後即將面臨的形勢，中共中央在建國前夕規定了執行外交政策要遵守三大基本方針：

第一，「另起爐灶」，即是：「不承認國民黨政府同各國建立的舊的外交關係，而要在新的基礎上同各國另行建立新的外交關係」，並另行訓練一支新的外交隊伍；

第二，「一邊倒」，即是：「我國站在以蘇聯為首的和平民主陣營之內」，對抗以美國為首的帝國主義（資本主義）陣營；

第三，「打掃乾淨屋子再請客」，即是對於帝國主義同中國建交的問題，「我們的方針是寧願等一等」，把帝國主義在中國的殘餘勢力清除後才跟他們建立新的外交關係。

## 1.2 「一邊倒」方針的制定與實施情況（1949-1953 年）

### 1.2.1 毛澤東提出「一邊倒」的歷史背景

1949 年 6 月 30 日，毛澤東在〈論人民民主專政〉中指出：「一邊倒，是孫中山的 40 年經驗和共產黨的 28 年經驗教給我們的，深知欲達到勝利和鞏固勝利，必須一邊倒。積 40 年和 28 年的經驗，中國人不是倒向帝國主義一邊，就是倒向社會主義一邊，絕無例外。騎牆是不行的，第三條道路是沒有的。我們反對倒向帝國主義一邊的蔣介石反動派，我們也反對第三條道路的幻想。」這是毛澤東首次提出「一

邊倒」的外交方針。從意識形態和實際情況（即要解決爭取國際承認、爭取國際援助和保障國家安全的問題）兩個層面來看，「一邊倒」在當時是一個合理的選擇，但這樣說並非表示中共和蘇共之間沒有矛盾存在。

第二次世界大戰結束以後，斯大林認為中共沒有能力打敗國民黨，所以他主張國共兩黨進行和平談判，並且向中共施加壓力，要它作出讓步。國共內戰初期，斯大林仍然堅持上述看法，直至 1947 年夏天中共對國民黨軍隊展開一連串反攻後才覺察到自己低估了中共的實力。1948 年 2 月，斯大林與南斯拉夫共產黨領導人談話時首次坦率承認自己在中國革命問題上犯了錯誤。6 月底，聽命於斯大林的「歐洲共產黨和工人黨情報局」（Information Bureau of the Communist and Workers' Parties，簡稱 Cominform）宣佈開除由鐵托（Josip Broz Tito）領導的南斯拉夫共產黨。中共於 7 月下旬獲得通知後，隨即表示支持上述決定。從這時開始，蘇聯向中共提供軍事援助。

1948 年，毛澤東為了使中共的政治方針與蘇聯保持一致，曾三番四次提出要到莫斯科進行訪問及協商。但斯大林屢次建議把來訪時間推遲一些以免激化美蘇矛盾，令毛澤東萬分着急。1949 年 1 月 10 日，正當人民解放軍重重包圍天津、北平之際，斯大林突然來電，建議中共在兩個條件下接受同國民黨展開直接談判：第一，不讓發動內戰的戰犯參加；第二，不讓任何外國調解人參加。斯大林還解釋說，國民黨是決不會接受上述兩個條件的，所以談判只是裝樣子，不會弄出甚麼結果來。當時毛澤東已坐擁半個江山，最怕就是上了國民黨「和平陰謀」的當，所以對來電大為不滿。為了增進兩黨的相互了解，斯大林於 1 月底派蘇共中央政治局委員米高揚（Anastas Mikoyan）到河北中共中央所在地西柏坡與毛澤東會晤。蘇共與中共雙方於 1 月 31 日

至 2 月 7 日進行了八天會談。這是毛澤東第一次直接與蘇共中央成員交換意見，而米高揚亦憑這次會晤對毛澤東的想法取得進一步的了解。值得提出的是，中蘇交惡後一度盛傳斯大林派米高揚到西柏坡勸說中共跟國民黨劃江而治，即由中共統治長江以北地區，由國民黨統治長江以南地區。當時中方的俄文翻譯員師哲在其回憶錄中對此事未有提及，但師哲並沒有出席八天的所有會談。因此斯大林是否企圖在中國搞「南北朝」，不得而知。

　　1949 年 4 月，人民解放軍渡過長江，佔領南京、上海。至此，國共內戰勝負已定。1970 年代末，美國國務院一份解密文件透露，美國於 1949 年 5 月底收到一份非常秘密的、好像是周恩來的「通知」，內容主要談及兩點：第一，當時中共高層分成對立的兩派，即以劉少奇為首的親蘇派及以周恩來為首的親美派；第二，周恩來希望得到美國的實質援助，並想推動中美關係的建立。美國外交檔案文件稱這個「通知」為「周恩來的外交行動」。其實，所謂對立的兩派並不存在。從 1990 年代解密的前蘇聯機密檔案得悉，該項「行動」其實預先徵得斯大林的同意。當時國民黨在美國援助下對中國解放區實行經濟封鎖，中共因此採取此項「行動」，藉以緩和他們所面對的經濟困難。不過，美國總統杜魯門（Harry S. Truman）決定暫時拒絕與中共打交道，並打算等待適當時機來臨才作回應。毛澤東遂於 6 月 30 日正式提出「一邊倒」的親蘇外交方針。還需注意的是，蘇聯一直與國民黨政府保持正常的外交關係，直到 1949 年 10 月 2 日，即中華人民共和國成立的第二天，才宣佈承認新中國。


### 1.2.2 「一邊倒」的實際意義

　　「一邊倒」的實際意義需要從三個方面來説明：

第一，中國支持以蘇聯為首的社會主義陣營；

第二，中國對抗以美國為首的帝國主義（資本主義）陣營；

第三，中國反對任何不結盟（中立）國家，並支持人民武裝鬥爭（當時亞洲的不結盟國家，都是在第二次世界大戰後取得獨立的「民族資產階級政權」）。

「一邊倒」的基本邏輯是：凡是不支持我們就是反對我們。

### 1.2.3「一邊倒」的具體表現

「一邊倒」體現於：

**(1) 中國與蘇聯締結《中蘇友好同盟互助條約》。**

1949 年 12 月 16 日，毛澤東抵達莫斯科，準備和斯大林展開會談。作為新中國的最高領導人，毛澤東自信會把一個足以振奮人心的平等條約帶回去。故當斯大林問他想要甚麼時，毛澤東直截了當地說他想要一個「既好看、又好吃」的東西——毛的意思是雙方最好能夠達成一個既有體面、又有實質的條約，但斯大林聽了半天還是不得要領。斯大林對來訪的毛澤東一直不理不睬，令毛覺得深受侮辱。斯大林的後任赫魯曉夫也表示：「你可以感覺到他〔斯大林〕對毛澤東有種侮慢的態度。」專門利用前蘇聯秘密檔案做研究的著名學者亞歷山大‧潘佐夫指出：「斯大林故意要這麼幹，要讓毛澤東知道他才是世界共產主義運動的領袖。其實，斯大林對待其他共產黨領導人也都是這個態度，只不過對待毛澤東特別擺架子就是。」毛澤東的機要翻譯員師哲回憶說，當時毛澤東很清楚意識到斯大林的「泛俄羅斯主義」，因為斯大林「比起一般俄羅斯人更強列地表露出來」。

實際上，斯大林從開始的一刻就不肯改動他與蔣介石於 1945 年簽訂的那個《中蘇友好同盟條約》，會談因此陷入僵局，直到 1950

年 1 月初斯大林改變了主意，會談始露曙光。1 月 20 日，中國國務院總理兼外長周恩來抵達莫斯科，會談取得較快的進展。不過，雙方在協定新條約時，斯大林又開出不少苛刻的條件，例如：他答應派遣大批專家來華，但中方須支付相等於中國一般工作人員十倍的薪金；中國獲得三億美元的年利 1% 的低息貸款，但須在 14 年內用鎢、錫、銻等戰略原料來償還；中國又獲得蘇聯幫助建立四個中蘇股份公司，即航空、造船、石油及有色和稀有金屬公司，但這些「合營」公司的管理須由蘇方代表掌權；還有，中國須確保東北和新疆地區沒有第三國勢力存在。由於中國急需蘇聯的援助，故只好在各方面作出讓步。無可否認，中國從新條約得到很多好處。除了取得實質的技術和經濟援助外，中國更與蘇聯結成長達 30 年的軍事聯盟；換言之，新條約給予中國一個軍事保護傘，好讓它專心搞建設。蘇聯還答應於 1952 年底交還它通過 1945 年《中蘇友好同盟條約》在中國東北取得的所有權益。另一方面，中國在接受蘇聯援助的同時也盡力幫助蘇聯：中國不僅向蘇聯提供橡膠，而且還提供鎢、錫、鉛等稀有金屬；對蘇聯提供的經濟援助和貸款，中國都以物資、可自由兌換的外匯和黃金償付，其中包括戰略原料、農畜產品和日用消費品。可以説，新條約對中蘇雙方皆有利。

1950 年 2 月 14 日簽訂的《中蘇友好同盟互助條約》標誌着中國正式加入了社會主義陣營。就性質而言，它是一條防止美日勾結的反美軍事條約。對中國來説，這個新條約得來不易。1956 年，毛澤東向蘇聯駐華大使尤金（P. F. Yudin）透露，斯大林當年不想簽約，故意迴避他，不見他，使他很生氣，所以他決定呆在別墅裏，以致有關他被斯大林軟禁的流言不脛而走。1957 年，蘇共中央第一書記赫魯曉夫告訴毛澤東，當年斯大林在別墅裏安了竊聽器，令毛更怒。毛澤東因

此向赫魯曉夫進一步透露，他和斯大林吵了好幾次架，其中一次，斯大林把電話掛斷了，之後便派人來請他去參觀，他說沒興趣，還說他現時的任務只有吃飯、睡覺、拉屎三條，繼而拍起桌子來，大罵斯大林王八蛋，目的就是要來者回去告訴斯大林，他呆在莫斯科沒事辦多麼不高興。毛澤東曾在不同場合對人說，他和斯大林在莫斯科經歷了一場鬥爭。毛澤東的秘書胡喬木回憶說：「毛主席訪蘇回來，中央要毛主席談談情況，毛主席不願意談，請恩來同志談。這次訪蘇對毛主席刺激很大。」值得注意的是，中蘇分裂後，毛澤東在批判蘇聯時並沒有指責蘇聯對中國援助不足，而是猛烈抨擊蘇聯領導人在援助中國的問題上顯得不可一世。

**（2）中國參與「抗美援朝」戰爭（又稱「朝鮮戰爭」或「韓戰」）。**

1948 年 8 月 15 日，美國支持朝鮮南半部成立以李承晚為首的大韓民國，造成南北分裂。9 月 9 日，北半部成立以金日成為首的朝鮮民主主義人民共和國，並得到蘇聯支持。自此，南北嚴重對峙，武裝衝突不斷，終於在 1950 年 6 月 25 日爆發內戰。

四個月後，即 1950 年 10 月 25 日，中國「人民志願軍」渡過鴨綠江，投入「抗美援朝」戰爭。中國為何在大局未定、百廢待舉的關鍵時刻出兵朝鮮？這是一個耐人尋味的問題。下文將闡明中國介入朝鮮戰爭的由來，藉以解開疑團。

1949 年 3 月，金日成在莫斯科首次提出武力統一南北朝鮮的設想。斯大林大概不想與美國正面對抗，故向金日成明確表示，除非北朝鮮受到進攻，否則「你們不應當進攻南部」。

4 月下旬，金日成秘密訪問北平，強調武力解決南朝鮮問題的迫切性。毛澤東勸金日成等待中共打敗國民黨、統一中國後才動手，並

説這樣的時候不會太久。金日成此行的唯一收穫是得到一項保證：若北朝鮮受到進攻，中國會給予實際援助。

中華人民共和國成立伊始，美國政府為了阻止中蘇結盟，決定採取「楔子戰略」（wedge strategy），即在中蘇之間打入「楔子」，使中國脫離「莫斯科僕從」的地位；具體辦法是逐漸拉開與國民黨的距離，爭取中共對美國的好感。1950 年 1 月 5 日，美國總統杜魯門發表聲明，宣佈「美國目前無意在福摩薩〔台灣〕獲取特別權利和特權，或建立軍事基地。美國亦無意使用武力干預現在局勢。美國政府將不遵循足以使之捲入中國內爭的方針。同樣，美國政府將不向福摩薩〔台灣〕的中國軍隊提供軍事援助或建議。」同月 12 日，美國國務卿艾奇遜（Dean Acheson）在全國新聞俱樂部（National Press Club）發表的講話中談到美國在西太平洋的「戰略防禦圈」（defense perimeter）時，把台灣與南朝鮮排除在防禦圈之外，這意味着美國不會為了保護這些地方採取直接的軍事行動。上述兩項聲明自然壯了金日成及毛澤東的膽子——金要武力統一朝鮮；毛要武力「解放台灣」。

金日成急不及待要搶先解決統一朝鮮的問題。3 月 30 日至 4 月 25 日，金日成秘密訪問了莫斯科，期間向斯大林表明他有足夠能力統一朝鮮。由於蘇聯情報系統剛好得到了遠東美軍總司令麥克阿瑟將軍（General Douglas MacArthur）給華盛頓的一份秘密報告，建議若南北朝鮮發生衝突，美國不要進行干涉，斯大林因此相信，統一朝鮮的時機已成熟。但斯大林要金日成首先把計劃告訴毛澤東，並說如果毛同意的話，他不會有反對意見。

5 月 13 日，金日成到達北京，通報了他與斯大林會談的結果。毛澤東從蘇聯駐華大使羅申（N. V. Roshchin）處得悉金日成的說法屬實後，覺得除了同意斯大林的意見外別無選擇。15 日，毛澤東對金日

成說，他原來是想首先「解放台灣」，再解決朝鮮問題的，但既然統一朝鮮的問題已經在莫斯科得到批准，他也同意首先統一朝鮮，只是擔心美國會干預這項行動。當金日成斷然說美國參戰「幾乎不可能」時，毛澤東告誡金日成說：「帝國主義的事，我做不了主，我們不是他們的參謀長，不能知道他們心裏想的是甚麼。……帝國主義不過三八線，我們不管；如果過了三八線，我們一定打過去。」

　　6 月 25 日，朝鮮戰爭爆發了。據潘佐夫的分析，斯大林一早就企圖利用朝鮮半島的紛爭促使美國不僅和北朝鮮衝突，也和中國交戰，藉此削弱美國，並將美國的注意力從歐洲引向亞太地區，為鞏固歐洲的社會主義爭取時間。這解釋斯大林為何以抗議安理會拒絕承認中華人民共和國加入聯合國的合法權利為藉口，下令蘇聯代表杯葛、缺席安理會，令蘇聯放棄了否決安理會動議派遣聯合國部隊前往南朝鮮的機會。赫魯曉夫日後承認：「我們應該記住，我們也不是沒有罪過。是我們把美國人拖進南朝鮮的。」6 月 27 日，美國總統杜魯門命令美軍直接參戰，並旋即派遣第七艦隊（the Seventh Fleet）進駐台灣海峽，阻止任何對台灣的進攻，以確保台灣及台灣海峽中立化。杜魯門又特別聲明：台灣「未來地位的決定，必須等待太平洋安全的恢復、對日和約的簽訂或經由聯合國考慮」，所謂「台灣地位未定論」（theory of the undetermined status of Taiwan）正式出籠。美國這項行動，固然觸動了新中國領導人最為珍視的國家主權獨立、領土完整的問題，又使他們相信美國這樣做是預謀把台灣、印度支那和朝鮮問題聯繫在一起，從地緣上形成對中國的包圍圈。8 月 28 日，麥克亞瑟將軍將台灣比作「一艘不沉的航空母艦」（"an unsinkable aircraft carrier"），凸顯了台灣在美國太平洋防線中的戰略地位。9 月 20 日，美國代表在聯合國大會上公開提出《福摩薩〔台灣〕問題案》，要求討論「台灣

未來地位問題」，企圖使剛剛誕生的「台灣問題」國際化。毛澤東「解放台灣」的計劃就此告吹，無怪他後來批評金日成開戰「是百分之百的錯了」，完全是「盲目冒險」。

北朝鮮人民軍起初節節勝利，但自從聯合國軍隊於 9 月 15 日登陸仁川後，人民軍便節節敗退。9 月底，聯合國軍隊直搗三八線。10 月 1 日，美國公然向北朝鮮政府發出最後通牒，要它無條件投降，同時準備越過三八線。面臨嚴峻形勢的金日成，只好向中國求助。10 月 3 日，周恩來約見印度駐華大使潘尼迦（K. M. Panikkar），請印度轉告美國，若聯合國軍隊果真越過三八線，「我們〔中國〕不能坐視不顧，我們要管」。但美國無視中方警告；10 月 7 日，聯合國軍隊越過三八線，並向中朝邊境進逼。

從 10 月 2 日到 5 日，中共中央一連召開了三次緊急會議，商討應對辦法。毛澤東吃驚地發現，幾乎所有中央領導人對出兵朝鮮都持懷疑和反對的態度，而軍隊領導人幾乎一致對與聯合國軍隊作戰表示沒有把握。誠然，新中國的財力、物力和軍力並不足以支持它與美國在朝鮮半島上決一雌雄，況且中國在當時最關注的問題畢竟是恢復國民經濟及「解放台灣」而非朝鮮的統一，無怪出兵朝鮮不獲支持。但毛澤東有別的考慮：第一，他曾對金日成許過諾，說「帝國主義⋯⋯如果過了三八線，我們一定打過去」，現在聯合國軍隊已越過三八線，他必須履行諾言；第二，中國不出兵，他根本沒法向斯大林作交代；第三，他習慣從宏觀的戰略角度分析局勢，認為美國這次干預朝鮮內戰又同時把台灣海峽中立化是其霸權主義的具體表現；既然美國在亞洲有擴張野心，它勢必與中國交戰，等待美國向中國攻擊倒不如及早與它一戰於中國境外。毛澤東最終說服了中共中央出兵援朝，並指派彭德懷為「志願軍」總司令（毛原先屬意林彪領軍，林彪卻託病不

就），條件是蘇聯為中方軍隊提供空中掩護。

10月8日，周恩來和林彪飛抵莫斯科商談有關中國「抗美援朝」事宜。由於斯大林拒絕馬上提供空中掩護，雙方最後只好決定放棄北朝鮮，讓金日成及其政權和軍隊退到中國東北地區去。讓金日成在東北建立流亡政府，把聯合國軍隊帶到邊境來，是中共中央最不願見到的局面。須知，中國的重工業設施，大多集中在東北南部的遼寧省：鞍山和本溪的鋼產量佔全國80%以上，撫順有全國最大的煤礦，而擁有2,000多家工廠的瀋陽則是全國的機械製造中心。這些設施距鴨綠江邊界最遠不到200公里，基本依靠江上的水電站提供動力。倘若水電站被佔領或受到破壞，那麼，遼寧的重工業就會立即癱瘓，繼而拖垮新中國的整個經濟復蘇計劃。為了防止戰火蔓延到邊境，中共中央政治局一致通過出兵朝鮮的決定。

10月14日，周恩來把出兵的決定向斯大林通報。斯大林這時又似乎改變了主意，答應以最快速度出動蘇聯空軍掩護中國「志願軍」入朝鮮作戰。不過，周恩來在進一步的談判中發覺斯大林答應的空中掩護，只是掩護「志願軍」的後方而已。事情到此，已無別的辦法。10月25日，中國「志願軍」渡過鴨綠江，正式介入朝鮮戰爭。

朝鮮戰爭一直延續到1953年7月（即斯大林逝世後四個月）才結束。這場戰爭是通過談判結束的，基本上恢復了戰爭爆發前的局面。就這一點而論，戰爭似乎沒有贏家，打了個平手。必須承認，中國因參戰而付出了巨大的代價：中國在朝鮮戰爭中的全部戰爭費用多達100億美元；在朝鮮戰場上，「志願軍」戰鬥傷亡合計74.6萬人，其中犧牲18萬人。但百廢待舉的新中國竟能以弱制強，這個事實無疑改變了冷戰初期的世界格局。朝鮮戰爭直接影響了新中國的對外關係。首先，「抗美援朝」的行動消除了斯大林對中國走「民族主義道路」

上海民眾捐獻破銅爛鐵

1951 年 12 月，上海市居民響應中央號召，加強國防力量，捐獻破銅爛鐵，經工廠煉製，成為生產飛機大炮的鋼材，支援志願軍作戰。自從志願軍遠赴朝鮮戰場以後，全國掀起了愛國主義熱潮。

的最後疑慮：他首次承認中國並不是另一個南斯拉夫、承認毛澤東並不是「亞洲的鐵托」、承認中國所奉行的確實是「國際共產主義」。另一方面，正是由於中蘇結盟，才使美國在朝鮮戰爭期間儘管與中國發生了直接的軍事對抗，卻也不敢入侵中國本土。可以説，朝鮮戰爭促使中蘇關係步上一個新台階。恰恰相反，朝鮮戰爭使中美兩國陷於水火不相容的境地。中國參戰後，美國立即實施一套針對中國的政策，這包括在軍事上圍堵中國、在經濟上封鎖中國，以及在外交上不承認中國。直至 1960 年代末，中美關係始露轉機。此外，由於亞洲的不結盟國家在朝鮮戰爭中證明了它們不是美國的附庸，所以中國不再敵視這些中立國家，並於戰爭結束後爭取與它們建立友好關係。

**（3）中國支持東南亞及南亞人民的武裝鬥爭。**

1950 年代初，中國公開宣佈支持東南亞及南亞各地由共產黨領導的武裝鬥爭，這包括：越南共產黨對法國殖民主義者的鬥爭、馬來西亞共產黨對英國殖民主義者的鬥爭，以及緬甸共產黨、菲律賓共產黨、印尼共產黨、印度共產黨對當地資產階級政權的鬥爭。實際上，中國除了帶頭承認由胡志明領導的越南民主共和國及遣派軍事顧問團到越南外，根本沒有能力為海外的反帝、反殖、反資武裝鬥爭提供實質援助。到 1954 年，由於中國確認「和平共處五項原則」，所以它停止了公開支持武裝鬥爭的言論（詳情見下文）。

## 1.3 推行溫和的外交路線：確認「和平共處五項原則」及發揚「萬隆精神」（1954-1957 年）

### 1.3.1 推行溫和外交路線的主要原因

朝鮮戰爭結束後數年間，中國的外交路線在一定程度上趨向溫和。要了解這個轉變，首先就要明白朝鮮戰爭對亞太地區地緣政治及戰略形勢所引起的變化。誠然，中國正是為了在新的地緣政治環境中爭取生存空間而對其外交路線作出了適當的調整。

自中國介入朝鮮戰爭以來，美國就分別與日本、南朝鮮、菲律賓及泰國簽訂了雙邊軍事防衛和援助條約。美國原本想拼湊一個東北亞聯盟，但由於日本與南朝鮮之間存在強烈的矛盾，令這個計劃宣告流產。1954 年春，對新中國持敵視態度的美國國務卿杜勒斯（John Foster Dulles）致力組織一個類似「北大西洋公約組織」(NATO，North Atlantic Treaty Organization）的軍事集團，藉以遏制共產主義在東南亞的擴張。同年 9 月，美國、英國、法國、澳大利亞、新西蘭、泰

國、菲律賓、巴基斯坦八國代表於馬尼拉會議（Manila Conference）簽署了《東南亞集體防務條約》(Southeast Asia Collective Defense Treaty)；締約國代表又於 1955 年 2 月在泰國首都曼谷正式成立「東南亞（集體防務）條約組織」（SEATO，Southeast Asia Treaty Organization）。1954 年 12 月，美國又與台灣簽訂了《共同防禦條約》，將台灣納入美國的戰略防禦圈。

在這四面楚歌的情況下，中國感到亟須廣交朋友，以求突破美國及其盟友的軍事圍堵。基於上述原因，亞洲的不結盟國家自然成為中國要爭取過來的對象。如前所述，中國當初不只不信任和敵視這些不結盟國家，還公開支持企圖推翻它們的武裝鬥爭。惟朝鮮戰爭使中國改變了它對不結盟國家的態度。當美國在聯合國提出譴責中國為「侵略者」（"aggressor"）的動議時，印度和緬甸一起投了反對票，而印尼與巴基斯坦則棄權；又當聯合國表決對中國實行「禁運」（embargo）的美國提案時，印度、巴基斯坦、緬甸及印尼皆棄權。上述行動充份表明這些不結盟國家真正能夠堅守中立，不受大國指揮。朝鮮戰爭結束後，中國終於調整了它對東南亞及南亞不結盟國家的政策，力圖與它們建立友好關係。為了達到這個目的，中國不再公開宣稱它支持該地區反資產階級政權的武裝鬥爭了。

### 1.3.2 開展溫和外交路線的里程碑

1954 年 4 月 29 日，中國和印度簽訂了《關於中國西藏地方和印度之間的通商和交通協定》，並一起確認「和平共處五項原則」（即互相尊重領土主權、互不侵犯、互不干涉內政、平等互利及和平共處）。自此，中國的對外關係進入了一個短暫的溫和時期。

「和平共處」的基本邏輯是：不反對我們就是支持我們。

當時選擇站在中國和印度一邊的東南亞和南亞國家包括緬甸、錫蘭（今斯里蘭卡）、柬埔寨及印尼。另一方面，泰國、菲律賓、巴基斯坦則參加了「東南亞（集體防務）條約組織」，成為美國的盟友。

### 1.3.3 日內瓦會議

1954 年 4 月下旬，中國國務院總理兼外長周恩來率團往瑞士參加日內瓦會議（Geneva Conference），這是新中國首次參加大型國際會議。日內瓦會議原本為解決朝鮮戰爭遺留下來的問題而召開，但由於胡志明正在領導越南人民擺脫法國殖民主義的桎梏，並於 5 月初在奠邊府大敗法軍，與會國遂轉向集中討論解決印度支那問題。

胡志明決定要好好地把握奠邊府戰役為他帶來的歷史契機，因此，他要求在解決越南問題的同時，一起解決老撾和柬埔寨問題；換言之，他想趁機把越南的勢力擴展到鄰近的老撾和柬埔寨。然而，蘇聯當時不想得罪美國和法國，而中國又剛剛公開表示支持「和平共處五項原則」，蘇中雙方因此規勸胡志明放棄在老撾和柬埔寨那裏攫取利益的計劃。胡志明迫於形勢，只好就範。

日內瓦會議的停戰協議規定，越南以北緯十七度線為臨時軍事分界線；此線以北為越南人民軍集結地區，以南則為法國軍隊集結地區。又根據會議的最後宣言，與會國保證「尊重越南、老撾和柬埔寨三國的民族獨立、主權、統一和領土完整，並對其內政不予任何干涉」；法國軍隊將從印度支那三國撤軍；越南將在 1956 年 7 月舉行全國自由選舉。胡志明相信，他到時會在全國普選中取得勝利並統一國家。惟美國自 1954 年底便向南越吳庭艷政權提供軍事援助。吳庭艷因獲美國撐腰，遂以南越沒有在日內瓦協議上簽字為藉口，拒絕同北越進行任何關於普選的協商。普選計劃結果胎死腹中，而越南一直處於分

裂狀況，到 1975 年才得以統一。

### 1.3.4 萬隆會議

1955 年 4 月，印度、巴基斯坦、錫蘭、緬甸及印尼這五個「科倫坡計劃」（Colombo Plan）的成員國在印尼萬隆主辦了首次大型的亞（洲）非（洲）會議，即萬隆會議（Bandung Conference）。出席這次會議總共有 29 個國家，包括 15 個反共國家、12 個中立國家及兩個共產國家（中國和北越）。蘇聯表示不高興，因為它沒有被邀請出席會議。

會議開始時，有某些國家的代表別有用心地提醒與會者要特別關注共產主義的威脅，令會場氣氛一度緊張起來。代表中國的周恩來則開宗明義地指出，「中國代表團是來求團結而不是來吵架的」，「是來求同而不是來立異的」。他接着闡釋了求同存異的方針：「在我們中間有無求同的基礎呢？有的。那就是亞非絕大多數國家和人民自近代以來都曾經受過、並且現在仍在受着殖民主義所造成的災難和痛苦。這是我們大家都承認的。從解除殖民主義災難和痛苦中找共同基礎，我們就很容易互相了解和尊重、互相同情和支持，而不是互相疑慮和恐懼、互相排斥和對立。……不同的思想意識和社會制度，並不妨礙我們求同和團結。」周恩來用耐心聆聽各方的意見，又幫助調解與會國之間的糾紛，終於贏得各國代表團的普遍讚揚，並在一定程度上消除了當時一般亞非國家對中國的猜疑。值得特別注意的是：

第一，中國在是次會議上與泰國、菲律賓、巴基斯坦這三個《東南亞（集體防務）條約組織》成員（即美國的盟友）達成諒解並建立友誼；

第二，中國在是次會議上與印尼簽訂了《關於雙重國籍問題的條

約》，規定「凡屬同時具有中國和印度尼西亞兩國國籍的成年人，應在條約生效後兩年的限期內，根據本人自願的原則，就中華人民共和國國籍和印度尼西亞共和國國籍中選擇一種國籍」，由此解決了有關華僑雙重國籍（即雙重效忠）的問題；

第三，周恩來在閉會前一天（4月23日）發表聲明，聲稱中國願意就緩和台灣地區的緊張局勢進行談判，包括舉行國際會議或中美直接會談。該聲明全文如下：「中國人民同美國人民是友好的。中國人民不要同美國人民打仗。中國政府願意同美國政府坐下來談判，討論緩和遠東緊張局勢的問題，特別是緩和台灣地區的緊張局勢問題。」這是新中國第一次公開表明它願意跟美國用談判方式來解決問題。

總而言之，中國在萬隆會議上的表現標誌着中國正在實行溫和的外交路線。但中國對美國的態度基本上沒有改變，它只是作出了策略上的調整，以符合強調友好、團結、合作及維護世界和平的「萬隆精神」而已。由此可見，中國的外交策略具有高度的靈活性。4月26日，美國國務卿杜勒斯表示不排除與中國進行雙邊談判。從1955年8月起，中美兩國先後在日內瓦和華沙斷斷續續地舉行了長達15年的大使級會談，主要討論緩和台灣地區的緊張局勢問題，雖未達成協議，卻為中美兩國政府保持了一條聯繫渠道。

## 1.4 赫魯曉夫上台與中蘇分歧的出現（1955-1957年）：中國是否仍然倒向以蘇聯為首的社會主義陣營？

斯大林逝世後，蘇聯掀起了新一輪權力鬥爭。1954年，蘇共中央委員會和部長會議決定，由赫魯曉夫率領政府代表團訪問中國。9月29日，代表團抵達北京。在訪問期間，赫魯曉夫為了博取中共對他的

赫魯曉夫訪華
1953 年,蘇共領導人斯大林逝世,由赫魯曉夫承繼權力,出任蘇共中央委員會第一書記。上任
之初,赫魯曉夫向中國釋出善意,包括減免中國對蘇聯的債務,以及歸還中國在新疆的企業等。
1954 年 9 月 29 日,赫魯曉夫率領政府代表團訪問中國。圖為訪問期間,赫魯曉夫與毛澤東會談
情景。

支持,答應為中國提供更多技術、經濟及軍事援助,促使中蘇關係登
上另一個新台階。返國後,赫魯曉夫旋即向他的政敵展開攻擊,並於
1955 年初步鞏固了他的政治地位。

### 1.4.1 蘇共「二十大」的召開

　　1956 年 2 月 14-25 日召開的蘇共「二十大」,是國際共產主義運
動的一個里程碑,也是中蘇關係的一個轉捩點。1963-1964 年中蘇公
開大論戰期間,中共把中蘇兩黨分歧的開始追溯到那次代表大會,並
指出它是蘇共領導走上「修正主義」道路的第一步。值得注意的是,

中共在開會期間甚至在閉會後的三數年間皆未嘗作出上述批評。

赫魯曉夫在蘇共「二十大」期間的言論的確引起了廣泛的震盪。他首先出乎意料地在會上宣佈,蘇聯的外交路線將以「和平共處」、「和平過渡」及「和平競賽」三項原則為依歸(這三項原則,即是後來被中共抨擊為「修正主義」的「三個和平」)。赫魯曉夫解釋說,核時代的來臨已使列寧的「戰爭不可避免」學說變得過時,原因是核武器不懂得尊重階級鬥爭的法規,它只會不加區別的毀滅一切,因此,現今人類如不選擇和平共存,就會遭到全體滅亡的命運。他又解釋說,由資本主義社會過渡到社會主義社會不一定需要經過激烈的階級鬥爭,用非暴力的議會政治形式達到社會主義是可以的;至於帝國主義(資本主義)與社會主義兩大陣營的對抗,則應採取經濟競爭而非軍事競爭的方法來解決。顯而易見,赫魯曉夫把蘇聯的利益放在首要地位。他提出「和平共處」及「和平競賽」,主要是因為他急於緩和蘇美的緊張關係,以防止核災難在蘇聯發生〔1954 年 1 月,美國國務卿杜勒斯公開宣佈美國將會採用「大規模還擊」(massive retaliation)戰略——即同時使用核武器和常規武器來「還擊」(retaliate)社會主義陣營的侵略。由於當時美國確實擁有絕對的核優勢,赫魯曉夫擔心美國有可能會以所謂「還擊」為藉口而對蘇聯發動核突擊〕;他提出「和平過渡」,主要是因為他想得到鐵托的支持(1948 年,南斯拉夫共產黨領導人鐵托因主張通過議會政治達到社會主義,被斯大林驅逐出社會主義陣營)。就國際共產主義運動的前途而言,赫魯曉夫的新路線在一定程度上是有影響的。

赫魯曉夫出人意表之舉,還不止於此。大概是為了爭取曾遭斯大林清算的人的支持,赫魯曉夫於 2 月 24 日深夜至 25 日凌晨突然向蘇共代表宣讀了一份全盤否定斯大林的「秘密報告」,並分別向幾個大

黨的代表團負責人提交了該份報告的副本。這份報告的內容既沒有經過蘇共中央全會的討論，也未與各國共產黨磋商。赫魯曉夫因此在報告的最後強調：「請不要將這個問題傳到黨外，尤其不要洩露給報紙。我們之所以在大會的秘密會議上討論，其理由正在於此。」3月16日，《紐約時報》（New York Times）駐東歐國家的記者披露了赫魯曉夫在蘇共「二十大」全盤否定斯大林的消息。5月，美國中情局（CIA, Central Intelligence Agency）終於得到了「秘密報告」，全文於6月初被刊載在《紐約時報》上，令舉世震驚。

毛澤東曾用「一則以喜，一則以憂」這樣的話，來形容他此時的心情——「喜」是因為赫魯曉夫打破了思想的束縛，使大家可以公開批評斯大林（這實際上將毛澤東從蘇聯指導的束縛徹底解放出來）；「憂」是因為他認為赫魯曉夫獨斷獨行及打倒一切的做法，犯了不顧國際共產主義運動大局的嚴重錯誤。1956年3月7日，毛澤東在中央書記處的會議上說赫魯曉夫「秘密報告」在全世界造成兩個影響，「一是揭了蓋子，一是捅了婁子」，大概就是這個意思。他在親信的圈子內也常常發洩他對赫魯曉夫的不滿，如向翻譯員李越然抱怨說，斯大林是「該被批評，但不是殺頭呀！」重要的一點是，「秘密報告」使毛澤東心底裏相信赫魯曉夫這個人缺乏革命道德、信不過，正如他後來再三批評赫魯曉夫說：「你從前那麼擁護〔斯大林〕，現在總要講一點理由，才能轉過這個彎來吧！理由一點不講，忽然轉這麼180度，好像老子從來就是不擁護斯大林的，其實從前是很擁護的。」赫魯曉夫在斯大林死後不到三年就搞「非斯大林化」，毛澤東自然覺得赫魯曉夫立了個清算前任的壞榜樣。1957年9-10月，毛澤東對來訪的蘇共中央主席團的一位成員坦率地說：「今天你看到巨大的斯大林肖像陳列在我們的廣場。你認為我們不怨恨斯大林嗎？不，我們非常怨恨

他。斯大林造成中國革命許多困難……縱使如此，中國重要節慶場合還是要掛斯大林肖像。這不是做給領導人看，而是要人民看到。」毛澤東補充說：「我家就沒有斯大林肖像。」

### 1.4.2 中共對「非斯大林化」的回應

中共對「非斯大林化」的態度，可見於《人民日報》兩篇社論，分別是 1956 年 4 月 5 日發表的〈關於無產階級專政的歷史經驗〉與同年 12 月 29 日發表的〈再論無產階級專政的歷史經驗〉。兩篇社論並沒有直接批評赫魯曉夫全盤否定斯大林，只說明中共認為對斯大林要「三七開」，即須承認斯大林的功過是「七分功勞、三分錯誤」。

當時社會主義陣營內部對斯大林所犯的錯誤屬何種性質，也產生了不同的看法——蘇共中央認為這是斯大林個人品質和個人崇拜的問題；歐洲共產黨一般認為這是斯大林獨裁和民主退化的問題；毛澤東則認為這是肅反擴大化的問題，是好心犯錯誤的結果，屬認識上的問題。至此，各兄弟黨可謂各唱各調了。

### 1.4.3 中共對東歐「波（蘭）匈（牙利）事件」的回應

受到赫魯曉夫全盤否定斯大林的影響，長期受制於斯大林和斯大林主義的東歐國家紛紛爆發改革運動。改革派一方面要求「自由化」（liberalization），另一方面要求蘇聯少管別國的內政。1956 年 10 月，波蘭和匈牙利反蘇浪潮高漲，形勢急轉直下，這個發展當然並非赫魯曉夫始料所及。10 月中旬，在工人示威風潮下起而掌權的波蘭共產黨新領導人哥穆爾卡（Wladyslaw Gomulka）將斯大林派趕出政治局。正當赫魯曉夫準備出動蘇軍對付哥穆爾卡之際，毛澤東通過蘇聯駐華大使尤金轉告赫魯曉夫，中共堅決反對蘇聯武裝干涉波蘭，並表明「如

果蘇聯出兵，我們將支持波蘭反對你們。」赫魯曉夫遂決定，「鑒於情勢……對武裝干預全面節制，展現忍耐。」10月下旬，經過蘇、波、中三國共黨的代表團在莫斯科輪流雙邊會談後，一度十分緊張的波蘇關係終於告一段落。值得注意的是，毛澤東雖然反對蘇聯武裝干涉波蘭內政，他卻反對波蘭改革派摒棄「以蘇聯為首的社會主義陣營」這個提法。

10月底，匈牙利政權因民主革命落入自由派共產黨人納吉（Imre Nagy）手中。改革派上台後，要求蘇聯撤走駐軍。由於反蘇情緒達到難以控制的地步，赫魯曉夫遂下令撤兵。改革派政府獲得通知後，竟宣佈匈牙利退出「華沙條約組織」（Warsaw Pact），並取消一黨專政，實行多黨制。消息傳到北京，毛澤東認為匈牙利已出現了反革命動亂，況且，匈牙利退出「華沙條約組織」將會破壞社會主義陣營的團結，他因此通過剛好在莫斯科的劉少奇向蘇共建議，蘇聯部隊應留在匈牙利，盡快恢復秩序。結果，赫魯曉夫取消撤兵決定，並把改革派趕下台。

中共對解決波匈問題採取了截然不同的態度，這是因為它認為「波蘭事件」與「匈牙利事件」的性質有異。「波匈事件」也表明當時中共對蘇聯的立場——它一方面承認蘇聯在社會主義陣營中的領導地位，另一方面卻反對蘇聯干涉其他社會主義國家的內政，認為每個社會主義國家都有權走自己選擇的、適合自己國情的道路（到1956年，中國已發現照搬斯大林那套發展模式行不通，它開始尋找一條適合自己的發展道路）。

### 1.4.4《國防新技術協定》的簽訂

毛澤東沒有公開批評赫魯曉夫在蘇共「二十大」的做法，除了不

想令赫魯曉夫尷尬及不想破壞社會主義陣營的團結外，大概還有一個
實際的考慮——他希望蘇聯幫助中國（他亦知道只有蘇聯能夠幫助中
國）走核武器道路。赫魯曉夫起初不肯幫中國搞核武器。他解釋說，
既然蘇聯已為中國提供了核保護傘，中國便無須擔心受到核攻擊。毛
澤東卻鍥而不捨，因為他相信鞏固國家主權必須擁有核武器。

1957 年夏天，蘇共領導層發生了莫洛托夫（V. M. Molotov）、馬
林科夫（G. M. Malenkov）等人聯合起來反對赫魯曉夫的所謂「反黨
集團」事件。風波平息後，赫魯曉夫決定把滋事者開除出黨，並得到
中共中央表態同意。為了答謝中共對他的支持，赫魯曉夫遂於 1957
年 10 月與中國政府簽訂了毛澤東期待已久的《國防新技術協定》。
根據這一協定，蘇方將於 1961 年底前向中國供應原子彈樣品和生產
原子彈的技術資料。由此可見，儘管中蘇兩黨在若干問題上已出現了
分歧，整體關係還是良好的。

### 1.4.5 莫斯科會議

1957 年 11 月，毛澤東出席了莫斯科會議（Moscow Confer-
ence），那是毛第二次也是他最後一次出國。會議召開前，國際上發
生了兩件令毛澤東大為鼓舞的事：其一是蘇聯在 8 月成功試射了世界
上第一枚洲際彈道導彈；其二是蘇聯在 10 月成功發射了世界上第一
顆人造地球衛星進入太空軌道。對毛澤東來說，這是了不起的成就，
足以證明蘇聯是社會主義陣營中名副其實的領袖。

當時國際共產主義運動正好出現了多元化的趨勢，有需要解決以
誰為首的問題。毛澤東在會上公開支持赫魯曉夫，並當眾對赫魯曉夫
說：「好花還要綠葉扶，你這朵花比我毛澤東好看，我們這次就是來
扶助你的。」毛澤東所謂「扶助」，就是要把赫魯曉夫扶到「班長」

〔毛的説法〕的位置上來。11 月 14 日，毛澤東第一次向各國共產黨和工人黨代表發言時，就公開承認中國還不具備當「班長」的實力：「我們中國是為不了首的，沒有這個資本。我們經驗少。我們有革命的經驗，沒有建設的經驗。我們在人口上是個大國，在經濟上是個小國。我們半個衛星都沒有拋上去。這樣為首就很困難，召集會議人家不聽。」

11 月 18 日，毛澤東作了他在大會期間的最後一次講話，講了「形勢」及「團結」兩個問題。當日所有發言者都按照預先提交的講稿進行發言，只有毛澤東發言時沒有講稿；所有發言者都走到主席台前站着講話，只有毛澤東坐在自己的座位上發言。

講到「形勢」時，毛澤東指出蘇聯在戰略核武器上的成就已改變了世界上兩個敵對陣營的力量對比，他說：「我認為目前形勢的特點是東風壓倒西風，也就是説，社會主義的力量對於帝國主義的力量佔了壓倒的優勢。」當他講到要壓倒「美帝國主義紙老虎」時，公開主張與美國「和平共處」的赫魯曉夫就顯得尷尬。意想不到的是，毛澤東這段講話令許多在場人士不安。首先，「東風壓倒西風」這句話，令敏感的俄國人立刻想到在他們東面的、日趨壯大的中國。從俄國人的習慣上來説，「東風壓倒西風」也是不好的一種形容，因為只有西風才能夠為他們帶來雨水，東風帶來的只是乾燥的空氣，對農作物不利；說「東風壓倒西風」，亦難免使他們想起成吉思汗所帶來的「黃禍」。至於毛澤東說「美帝國主義」和原子彈都是「紙老虎」，沒有甚麼好怕，「極而言之，死掉一半人，還有一半人」，這個觀點對大部份與會代表來說，是難以接受的。

講到「團結」時，毛澤東說：「社會主義陣營必須有個頭，這個頭就是蘇聯。各國共產黨和工人黨必須有個頭，這個頭就是蘇聯共產

黨。」惟毛澤東又引用了中國俗話「蛇無頭而不行」，令到與會者不滿，因為多數歐洲國家的共產黨人認為蛇是不吉利的象徵；他們對毛澤東把國際共產主義運動比喻成蛇，很不以為然。

最後，會議還是達成《莫斯科宣言》這個共同綱領而宣告圓滿結束。毛澤東祝酒時再次勸勉大家要團結，並當眾對赫魯曉夫朗誦了一首中國古詩以表手足之情：「兩個泥菩薩，一起打碎囉。用水一調和，再來做兩個。我身上有你，你身上有我。」

有論者指出，中共在斯大林死後即與蘇共不和，原因是毛澤東相信自己比蘇共的新領袖赫魯曉夫更具資格當社會主義陣營的首領。筆者認為上述說法值得商榷。在 1950 年代中期，毛澤東深知中國實力有限，沒有蘇聯幫助不行，遑論領導社會主義陣營與美國抗衡。毛澤東確實不喜歡赫魯曉夫在蘇共「二十大」的所作所為，甚至瞧不起他，對他懷有戒心。但二人發生爭執、關係變得惡劣，則是莫斯科會議以後的事。可以說，直到 1957 年底，中蘇關係雖然出了些矛盾，但大致上還是良好的；用毛澤東的話來說，是「十個指頭中九個指頭和一個指頭的關係」，即是「有一個指頭不同，其他九個指頭是相同的」。


## 2、從中蘇關係開始惡化到「反美排蘇」（1958-1965年）

### 2.1 中蘇分裂的過程：從交惡開始到赫魯曉夫下台 （1958-1964 年）

毛澤東曾表示：事實上同蘇聯鬧翻是 1958 年，他們要在軍事上控制中國，我們不幹。下文簡單論述中蘇交惡的緣起及中蘇分裂的過

程（論述以 1964 年 10 月赫魯曉夫下台為下限）。

如前所述，中國在 1950 年代中期實行溫和的外交路線，為整個亞太地區帶來了比較寬鬆的政治氣氛。萬隆會議後，由於美國積極介入南朝鮮、印尼、老撾、西藏、黎巴嫩等地的政治及軍事活動，國際形勢頓時緊張起來。相對來説，美國在台灣地區的活動，最令毛澤東不放心。自美國與台灣於 1954 年 12 月簽訂《共同防禦條約》以來，蔣介石便不斷調整軍事部署，在兩三年間把台灣三分之一的軍隊（大約 10 萬人）屯駐在金門和馬祖這兩個與福建省近在咫尺的島嶼上。1957 年 1 月，美國宣佈撥款 2,500 萬美元在台中建立空軍基地；5 月，又宣佈在台灣裝置「鬥牛士」（Matador）地對地中程導彈，瞄準中國大陸。這些充滿敵意的舉動使毛澤東感到中國的安全大受威脅，進而認定溫和路線只會產生適得其反的效果。1958 年 2 月，主張及負責執行溫和外交路線的周恩來受到毛澤東的批評，遂失去外交部長一職，由陳毅繼任。

面臨日益嚴峻的形勢，毛澤東自然希望得到蘇聯的幫助，然而，赫魯曉夫不單不拔刀相助，反而在這個關鍵的時刻向中國提出兩個要求，令毛澤東覺得他是個喜歡落井下石、混水摸魚，完全沒有道義的人。中蘇交惡，由此而起。1958 年 4 月 18 日，蘇聯國防部長馬利諾夫斯基（Rodion Malinovsky）寫信給中國國防部長彭德懷，表示希望雙方合作，用四年時間在中國南方建設一座長波電台，以便蘇聯核潛艇艦隊在太平洋地區活動時，可以通過這個長波電台與莫斯科聯繫。馬利諾夫斯基建議，長波電台由蘇方出資 7,000 萬盧布，中方出資 3,000 萬盧布，共同建設，共同使用。由於毛澤東認為外資介入必會損害中國的主權，因此，在 6 月 12 日的覆函中，彭德懷明確表示中方同意建台，但全部費用由中方負擔，即該台的所有權屬於中國，技

術方面則請蘇聯專家協助，建成後由中蘇共同使用。馬利諾夫斯基稍後又來電報，堅持蘇聯也出錢，但避談所有權問題，令毛澤東感到惱火。

7月21日，蘇聯駐華大使尤金緊急會見毛澤東，說赫魯曉夫希望中國考慮同蘇聯建立一個共同艦隊。原來中國海軍司令部的蘇聯顧問在早些時候提議中方要求莫斯科幫助提供核潛艇以加強海軍力量。周恩來因此致信赫魯曉夫，希望蘇聯能夠在生產核潛艇和快艇方面為中國提供技術幫助。蘇方認為蘇聯海軍軍港受自然條件的限制，戰時容易被敵人封鎖；相反，中國海岸線很長，條件很好，故希望中國能考慮與蘇聯建立一支共同艦隊，把蘇聯的核潛艇編入這支艦隊，越南也可以參加。對赫魯曉夫而言，提議建立長波電台及共同艦隊大概是出於中蘇軍事同盟運作方式的考慮。但對毛澤東來說，長波電台也好，海軍潛艇也好，都是所有權的問題，沒有甚麼好談。況且，在中蘇軍事同盟中建立長波電台和共同艦隊，是對中國未來國家安全利益的損害。毛澤東因此對尤金說，倘若赫魯曉夫真的想談，就叫他自己來談好了。

赫魯曉夫於7月31日抵達北京，並展開了一連四天的會談。令人感到詫異的是，在7月31日舉行的第一次會談時就發生了毛澤東怒斥赫魯曉夫的尷尬場面。據悉，當時赫魯曉夫正在忙着解釋共同艦隊的「共同」就是「共同商量商量的意思」，毛澤東突然大發雷霆，伸手一指，指着赫魯曉夫的鼻子大聲說：「甚麼叫共同商量，我們還有沒有主權了？你們是不是想把我們的沿海地區都拿去？」毛澤東跟着將手一劃，劃出中國海岸的弧形，語帶譏嘲的說：「你們都拿去算了！」赫魯曉夫眼見毛澤東發火，隨即轉了個話題道：「毛澤東同志，我們能不能達成某種協議，讓我們的潛水艇在你們的港口加油，修理，

短期停泊，等等？」「不行！」毛澤東斷然拒絕了這個請求，把手向外一拂說：「我不想再聽到這種事！」赫魯曉夫還是沉住氣，用討價還價的語氣道出另一項建議：「為了合情理，假如你願意的話，毛澤東同志，你們的潛艇也可以使用我們的摩爾曼斯克〔Murmansk〕基地。」毛澤東不假思索說：「不要！我們不想去你們的摩爾曼斯克，不想在那裏搞甚麼名堂，也不希望你們來我們這兒搞甚麼名堂。」他又好像給赫魯曉夫上課一樣，繼續説道：「英國人、日本人，還有別的許多外國人已經在我們的國土上呆了很久，被我們趕走了。赫魯曉夫同志，最後再説一遍，我們再也不想讓任何人利用我們的國土來達到他們自己的目的。」赫魯曉夫一向脾氣暴躁，每以強者作風示人，這次因有求於毛澤東而竭力克制慍怒，然而心底裏必然已冒出火來。儘管 8 月 1-3 日的會談如常舉行，但由於雙方的一把手心存芥蒂，自然談不出甚麼實質的東西來。

　　赫魯曉夫離開中國的第 20 天，即 1958 年 8 月 23 日，人民解放軍福建前線部隊開始炮轟金門，三個炮兵師一個小時發射了幾萬發炮彈，致使金門與台灣的海上通道被截斷。這是毛澤東所作的決定，事前並沒有通報蘇聯，儘管美國總統艾森豪威爾（Dwight Eisenhower）多次指責蘇聯策動金門衝突，説這是「中蘇武裝侵略」的行動。實際上，毛澤東並非馬上要「解放台灣」，而是要打擊一下國民黨和美國的氣焰，「考驗美國人的決心」，同時希望對美國在黎巴嫩的軍事行動起一些牽制作用，以支援阿拉伯人的鬥爭。由於中共這次軍事行動是衝着美台《共同防禦條約》去的，赫魯曉夫的反應顯得異常謹慎。為了避免承擔戰爭風險，赫魯曉夫不作任何表態，直至蘇聯外交部長葛羅米柯（Andrei Gromyko）秘密訪京並獲悉中方不會和美國打仗後，赫魯曉夫才於 9 月 7 日向美國放了一個空炮，裝模作樣地宣佈：任何

對中華人民共和國的侵略也就是對蘇聯的侵略，蘇聯一定要援助中華人民共和國保衛領土主權的完整。無可否認，炮轟金門使中蘇領導人之間的誤解和不信任感進一步加深。

1959 年 6 月 20 日，赫魯曉夫以蘇美兩國正在日內瓦談判禁止試驗核武器的協議為藉口，中斷供應原子彈樣品及生產原子彈的技術資料給中國；換言之，赫魯曉夫單方面撕毀了中蘇兩國早先簽訂的《國防新技術協定》。

7 月 18 日，赫魯曉夫在波蘭公開批評「大躍進」屬「左傾」，是「冒險主義」；又於 12 月 1 日在匈牙利提出社會主義各國「必須對錶」（即是說各國要向莫斯科看齊），藉以影射及攻擊中共所推行的「大躍進」。

9 月 9 日，赫魯曉夫通過塔斯社（Russian News Agency，簡稱 TASS）發表關於中印邊境衝突的聲明，聲稱蘇聯對中印邊境發生衝突表示「遺憾」，還進一步說該事件是「那些企圖阻礙國際緊張局勢緩和的人搞的」。無可置疑，赫魯曉夫的目的是要討好印度和美國〔中國和印度於 1959 年因兩件事情再度交惡——其一是印度總理尼赫魯（Jawaharlal Nehru）於是年 3 月底為逃離西藏的達賴喇嘛及其 15,000 個支持者提供政治庇護；其二是兩國邊境糾紛再起，終於在 8 月下旬爆發武裝衝突。〕

9 月 15-28 日，赫魯曉夫接受艾森豪威爾邀請訪問美國，並在美國總統休假地戴維營（Camp David）和艾森豪威爾舉行高峰會談。對中共來說，赫魯曉夫在訪美前撕毀《國防新技術協定》及發表塔斯社聲明，分明是做給艾森豪威爾看的，是罔顧中方利益的行為。9 月 30 日，赫魯曉夫抵京，與中共中央政治局常委舉行正式會談。據悉，赫魯曉夫在會談的過程中抱怨中共把中國與印度的關係搞壞了，又用教

訓的口吻告誡中共不要「用武力去試探資本主義制度的穩定性」，結果，赫魯曉夫與中國外交部長陳毅吵翻了天。當陳毅罵蘇聯的政策是「機會主義和見風轉舵」時，赫魯曉夫光火了，他對陳毅咆哮：「如果就如你所說的，我們是見風轉舵，陳毅同志，你別向我伸手。我拒絕和你握手」；「你不要從元帥權杖的高度向我吐唾沫！你的唾沫是不夠的，我們是不會被嚇着的。」毛澤東在爭論過程中沒有多說話，到會議快結束時就對赫魯曉夫說：「我聽了半天，你給我們扣了好些頂帽子：沒有看着達賴，沒有團結尼赫魯，不該打炮〔炮轟金門〕，大躍進也不對，就是說我們『左』。那麼我也送你一頂帽子，就是右傾機會主義。」會議終於不歡而散。赫魯曉夫一到西伯利亞，就公開批評中共，甚至影射毛澤東是「好鬥的公雞」。毛澤東也在內部批評赫魯曉夫說：「赫魯曉夫很幼稚。他不懂馬列主義，易受帝國主義的騙。他不懂中國達到極點，又不研究，相信一大堆不正確的情報，信口開河。……他有兩大怕：一怕帝國主義，二怕中國的共產主義。他怕東歐的各黨和世界各共產黨不相信他們而相信我們。他的宇宙觀是實用主義，這是一種極端的主觀唯心主義。他缺乏章法，只要有利，隨遇而變。」

1960 年 4 月，中共中央發表了三篇有關列寧的理論性文章，說明列寧主義沒有過時，並指名批判南斯拉夫「修正主義」，矛頭其實指向蘇共中央（這三篇文章後來印成小冊子，用《列寧主義萬歲》做標題公開發行）。

5 月，毛澤東與到訪的朝鮮勞動黨領導人金日成談話時公開批評蘇共當時大力宣傳的「和平共處」、「和平過渡」及「和平競賽」。

6 月，中蘇兩黨的代表分別在北京召開的世界工聯理事會會議與在布加勒斯特召開的羅馬尼亞共產黨第三次代表大會發生爭執。赫魯

曉夫甚至對派往布加勒斯特開會的中國代表團說：「如果你們要斯大林，把他連棺木一起載走好了！我們可以把他用火車專列送去給你們！」當中國代表團團長彭真在大會上批評赫魯曉夫搞「父子黨」時，赫魯曉夫非常激動，二人你一句我一句，你來我往地吵起來。赫魯曉夫回到莫斯科後，懷恨地跟好友說：「當我看到毛澤東時，就如同看到斯大林。毛澤東完全就是他的翻版。」

7月，蘇共中央停止在蘇聯出版發行中方俄文刊物《友好》週刊，又以蘇聯專家在中國得不到信任、中方不尊重蘇聯專家，並使其捲入中蘇兩黨分歧的討論為藉口，單方面決定並通知中共中央蘇聯政府將於一個月後撤走所有援華專家及終止所有協定。這全是赫魯曉夫個人的決定。對正在面臨「大躍進」失敗的中共來說，消息傳來猶如晴天霹靂，連當時的蘇聯駐華大使契爾沃年科（Stepan Chervonenko）也感到通知難以理解，半信半疑地向赫魯曉夫求證，並指出這個做法有違國際慣例。惟赫魯曉夫一意孤行，按照原定計劃撤走專家1,390人（包括222名軍事專家），撕毀343個專家合同及廢除257個科學合作項目。毛澤東只好無奈地說：「這正好迫使我們自力更生。壞事一定會變成好事。不是嗎？」「中國沒有專家，人會死光，我就不信！」在此順便一提，1960年中蘇兩黨關係破裂後，中蘇貿易額由當年的16.64億美元、佔中國進出口總額的43.7%，急劇下降到1965年的4.1億美元和9.6%。在同一時期，中國與西歐和日本的貿易取得了一些突破，貿易額有所增長，引進了一些化工、汽車生產的關鍵設備和技術。

從1961年春開始，赫魯曉夫對阿爾巴尼亞不斷施加壓力——3月，蘇共代表在華沙條約國首腦會議上通過一個點名譴責阿爾巴尼亞的決議；5月，蘇聯宣佈終止對阿爾巴尼亞的一切援助；8月，華沙條約國首腦會議拒絕阿爾巴尼亞出席，實際上把阿爾巴尼亞開除出華

沙條約國組織。值得注意的是，中國有十足的理由支持阿爾巴尼亞：第一，兩國皆認為南斯拉夫領導人鐵托搞的一套是「修正主義」，故雙方都不滿赫魯曉夫跟鐵托修好；第二，阿爾巴尼亞是產鉻國家（鉻是製造原子彈的一種必需原料），同阿爾巴尼亞保持良好關係實有助中國發展核武器；第三，阿爾巴尼亞瀕臨地中海，有助中國在北非擴展其影響力。

7月底，蘇共中央發表了它準備提交蘇共「二十二大」討論的《蘇共綱領草案》。這個所謂「現代的共產黨宣言」宣稱，蘇聯已徹底消滅了所有階級，將成為「全民國家」，蘇共亦將成為「全民黨」。

10月，蘇共「二十二大」在莫斯科召開。一如中國代表團所料，赫魯曉夫在會上公開點名大肆攻擊阿爾巴尼亞。但中方沒有估計到赫魯曉夫又來一次全盤否定斯大林，在會上大聲疾呼要把斯大林遺體遷出列寧墓，焚屍揚灰。赫魯曉夫還當眾宣佈，蘇聯將在20年內實現共產主義。周恩來以中國代表團團長身份致詞時表明，中方不同意赫魯曉夫在兄弟黨面前大反阿爾巴尼亞的做法，他隨後率團提前離會，以表示對赫魯曉夫的不滿。蘇共「二十二大」以後，毛澤東斷定整個蘇共已走上「修正主義」的道路；赫魯曉夫則控訴中國搞「分裂主義」。

1962年2月，中共中央對外聯絡部長王稼祥（王稼祥是1949年10月中國派駐蘇聯的第一任大使）給周恩來、鄧小平、陳毅等人寫了一封信，提出包括緩和中蘇關係在內的一系列大膽的建議。3月，王稼祥進一步提出，在支持別國革命問題上要「實事求事，量力而行」。6月，又更進一步提出了爭取國際和平環境的外交思想，主張堅持和平共處、絕不輸出革命。8月，毛澤東尖銳地批評了王稼祥提出的那些主張。及後，毛澤東又公開批評黨內有少數同志主張「三和一少」〔即對帝國主義和氣一點、對反動派和氣一點、對「修正主義」和氣

一點、對亞（洲）非（洲）拉（丁美洲）人民的革命鬥爭少援助一點〕，並說這是「修正主義」的路線。

10 月 20 日，印度軍隊在中印邊界的東段和西段同時向中國方面推進，釀成中印邊界戰爭（中國稱之為「自衛反擊戰」）。24 日，中國政府發表聲明，建議中印雙方軍隊後撤 20 公里，脫離接觸，重開談判，和平解決中印邊界問題。但是印度政府拒絕了中方的建議。奇怪的是，蘇共中央機關報《真理報》（*Pravda*）於 25 日一反常態地發表社論支持中國的立場。原來赫魯曉夫剛好被美國發現他把中程導彈秘密運進了古巴而陷於進退兩難的境地，故一時希望得到中國的支持。由於美國總統肯尼迪（John F. Kennedy）下令封鎖古巴，又下令 20 個中隊的空降部隊整裝待發，準備襲擊正在古巴建造的導彈基地，赫魯曉夫只得接受肯尼迪的要求，於 28 日將導彈撤走，結束了這場「古巴導彈危機」〔Cuban Missile Crisis；蘇聯稱之為「加勒比海危機」（Caribbean Crisis）；古巴則稱之為「十月危機」（October Crisis）〕。美蘇核對峙危機解決後不久，中國政府單方面宣佈 11 月 22 日零時起在中印邊界全線停火，並且從 12 月 1 日起主動撤回部隊，撤到 1959 年第一次發生中印邊境衝突前實際控制線中國一側。中印戰爭隨即結束。12 月 12 日，赫魯曉夫又突然改變立場，從支持中國變為指責中國，暗示仗是中國打起來的，而不是印度入侵中國的領土。中國則批評赫魯曉夫把導彈運進古巴是「冒險主義」，將導彈撤走是「投降主義」。中蘇關係不斷惡化。

1963 年 3 月，中共發表關於國際關係的「中間地帶」理論。該理論早於 1946 年由毛澤東首次提出，意指在美蘇之間存在着一個廣闊的中間地帶，包括世界各地的許多資本主義國家、殖民地或半殖民地國家，以及民族主義國家。到 1964 年，「中間地帶」所指的，是在

政治上處於美國（中國的「主要敵人」）與社會主義各國之間的國家，是中國要爭取過來的對象。中共自此不再公開用「以蘇聯為首的社會主義陣營」及「以美國為首的帝國主義（資本主義）陣營」這兩個提法。

7月，蘇聯、美國及英國三國代表在莫斯科達成協議，並於8月5日簽署了《部份核禁試條約》（又稱《三國條約》），遭到中國反對。所謂「部份核禁試」，即禁止在大氣層、外層空間和水下進行核試驗，但不禁止在地下進行核試驗，而當時只有簽署國擁有足夠技術條件搞地下核試驗。中國政府因此發表聲明，揭露該條約旨在鞏固蘇、美、英三國的核壟斷地位；聲明又重申中國政府主張全面、徹底禁止和銷毀核武器的立場。

同月，《真理報》發表了《蘇共中央給蘇共各級黨組織和全體黨員的公開信》，藉以說明蘇共與中共兩黨分歧的由來和實質。《公開信》把分歧追溯到1960年4月中共發表《列寧主義萬歲》三篇文章，又指出分歧的實質是中共在很多重大問題上採取了一條「獨特的路線」。由於《公開信》對中共和中共領導人指名道姓進行攻擊，毛澤東因此認為中共在還擊時也要指名道姓，毫無保留地罵個痛快，他說：「從蘇共『二十大』到1963年7月，我們比較被動。現在我們轉入了反攻，大有大鬧天宮的勢頭，打破了他們的清規戒律。」從1963年9月到1964年7月，中共中央用《人民日報》編輯部和《紅旗》雜誌編輯部的名義先後發表了評論蘇共中央《公開信》的九篇文章（簡稱《九評》），使中蘇公開大論戰達到了白熱化的程度。《九評》的第一篇文章指出，中蘇兩黨的分歧，並不是像《公開信》裏所講的是從1960年4月開始，而是早在1956年2月蘇共「二十大」時就開始了。據中共的說法，那次代表大會是蘇共走上「修正主義」道路的第一步，

第二部份
從「對抗性」到「非對抗性」外交

是赫魯曉夫背叛馬列主義的開始。中共這樣說，是要對各兄弟黨講清楚它是為了捍衛馬列主義的基本原則而與蘇共鬧翻的。至此，中共正式公開挑戰蘇聯在國際共產主義運動中的領導地位。

1964 年 1 月，毛澤東進一步補充、發展「中間地帶」理論，提出了「兩個中間地帶」的說法：「第一個中間地帶」是指亞非拉發展中的國家；「第二個中間地帶」則指所有發達國家，美國除外。中共在中蘇大論戰期間發表「兩個中間地帶」理論，大概有兩個目的：第一，中國當時正與西德、日本等資本主義發達國家擴展貿易關係，更與正在謀求擺脫美國控制的法國建立邦交，故特地提出「第二個中間地帶」的概念為上述政策提供理論上的依據；第二，中國要喚起亞非拉發展中國家的注意，使它們明白到「第一個中間地帶」已成為當前世界的抗美中心。儘管毛澤東一直主張採取強硬路線對付美國，但他從沒有輕視美國的實力；對毛澤東來說，最有效的抗美戰略就是在全球的範圍內打一場基於「自力更生」原則的民族獨立解放戰爭，亦即中共在 1960 年代中期鼓吹亞非拉國家打的「人民戰爭」。

同月，毛澤東會見法國議會代表團時說：「必須建立〔美蘇以外的〕第三勢力，並把英國納入進來，因為它將脫離美國，這會是一件好事情，可以組成一個倫敦—巴黎—北京—東京軸心。」毛澤東把中國定位為「第三勢力」的一部份，顯示他對國際戰略格局的看法起了根本變化，即不再把資本主義陣營視為鐵板一塊，而是認為這個陣營正在走向分崩離析，因此，中國可以利用美歐矛盾，聯合西歐，甚至日本，抗衡美國。由此可見，儘管中國與蘇聯正處於意識形態論戰的巔峰，中國外交仍具務實的一面。

10 月 14 日，蘇共中央委員會解除了赫魯曉夫蘇共中央第一書記的職務，由勃列日涅夫（Leonid Brezhnev）繼任。15 日，蘇聯最高

蘇維埃主席團又解除了赫魯曉夫蘇聯部長會議主席的職務，由柯西金（Aleksei N. Kosygin）繼任。16 日，中國第一個原子彈在新疆羅布泊核武器試驗基地成功試爆。中國政府把核試爆成功和赫魯曉夫下台的消息一同刊登在 17 日《人民日報》的第一版上。

## 2.2 分析赫魯曉夫下台前中蘇分裂的原因

下文從意識形態、國家利益、領袖個性及作風三個層面探討中蘇分裂的原因：

### 2.2.1 中共與蘇共兩黨在意識形態上的分歧

探究中蘇分裂的原因，斷不能漠視意識形態所起的作用。毛澤東畢竟是個重視意識形態的人，這解釋毛為何一方面厭惡斯大林看不起中國，但另一方面卻始終維護他，因為毛認為斯大林反對帝國主義夠堅決，一生忠於革命的精神。相反，毛澤東瞧不起赫魯曉夫，主要是因為他認為赫魯曉夫背叛了馬列主義，是個不折不扣的「修正主義」分子。無怪中共花了很大工夫，在《九評》中引經據典，全面地、有系統地揭露赫魯曉夫如何歪曲、背叛馬列主義。儘管如此，意識形態的分歧並沒有直接導致中共與蘇共兩黨分裂，否則中共已早於 1956年對赫魯曉夫所提出的「和平共處」、「和平過渡」及「和平競賽」大興問罪之師。事實上，中蘇之間友誼與合作在蘇共「二十大」以後的兩三年間仍在繼續發展，這證明意識形態因素並非影響中蘇關係的決定因素。

### 2.2.2 中蘇兩國利益衝突

毋庸諱言，任何國家的對外政策都是以維護本國利益為依歸的（具體來說，國家利益主要指國家領土、國家安全、國家主權、國家發展、國家穩定，以及國家尊嚴）。第二次世界大戰後，蘇聯成為國際舞台上的「超級大國」，其勢力範圍之廣，與另一個「超級大國」——美國不相上下；在此情況下，蘇聯政府自然以維持現狀為己任，因為只有這樣做才最符合蘇聯的利益。剛好相反，中國在 1950 年代被孤立、圍堵，其國土仍然呈現分裂狀態，而其國際地位與它的傳統大國身份並不吻合；在此情況下，中國政府自然不滿現狀，並以改變現狀為己任，因為只有這樣做才最符合中國的利益。當時極力阻止中國改變現狀的國家是美國，所以中國視美國為其「主要敵人」，並期望其盟友——蘇聯幫它對抗美國。不言而喻，中蘇關係在很大程度上乃取決於蘇聯對美國的態度。赫魯曉夫一上台，就把蘇聯的外交路線建基於所謂「和平共處」及「和平競賽」兩大原則上，令毛澤東大失所望。對毛澤東而言，赫魯曉夫的基本外交路線就是「蘇美合作，主宰世界」。須知，1950 年簽訂的《中蘇友好同盟互助條約》實際上是一條反美條約，但由於赫魯曉夫不支持甚至反對中國跟美國對抗，該條約遂變得毫無意義。歸根結底，毛澤東把赫魯曉夫看成是屈服於帝國主義壓力的懦夫，他認為赫魯曉夫為了討好美國就罔顧中國的利益。從這個角度看來，中蘇分裂只是時間上的問題而已。

此外，毛澤東深信「革命時外援，勝利後援外」是「國際主義」的基本精神。他又相信援助是無償的，不應計算利潤——「要買、要還賬，這沒有道理，不是國際主義」。在蘇聯援助中國的問題上，毛澤東極為不滿，這並不關乎援助多少的問題，而是因為毛認為俄國人恃強凌弱，指手畫腳，對中國人態度傲慢並頗多戒備，事事向中方保

密，更常常藉機佔中國人的便宜，令他們有不平等的，甚至是屈辱的感覺。他批評俄國人自私自利，不重兄弟手足之情，不從「國際主義」的大義出發，搞「老子黨」和「大國沙文主義」。毛澤東在這方面的不滿，實構成中蘇分裂的深層原因。

### 2.2.3 中蘇兩個一把手（毛澤東與赫魯曉夫）的不和

毫無疑問，在中蘇關係當中，兩國一把手的個人經歷、性格、作風和願望是起了決定性作用的，這是因為當時中蘇兩國都是權力高度集中的國家，兩國的最高領導人都是對外政策的決策者。這意味着：赫魯曉夫對中國認識的發展與變化，事實上決定了蘇聯對中國的政策；同樣，毛澤東對蘇聯認識的發展與變化，事實上也決定了中國對蘇聯的政策。因此，這兩位領導人對對方的認識，甚至感情用事，或一時衝動，都會左右中蘇關係發展的方向。

在中國方面，毛澤東自尊心極強，敏感易變，愛衝動，不大掩飾其內心感情及愛好。他極好勝，脾氣又不好，愛爭吵，無怪赫魯曉夫把他看成是一隻「好鬥的公雞」。毛澤東曾當面對赫魯曉夫說：「我們的原則是人不犯我，我不犯人，人若犯我，我必犯人。不為天下先。但是誰要欺負我們，那是不行的。誰都不行！」毛澤東認為赫魯曉夫有能力幫助中國，但實際上一再罔顧中國的利益，兼且混水摸魚，因此，他必須報復，誰也改變不了他的主意。況且，赫魯曉夫對「大躍進」的批評與中共黨內的反對意見同時發生，使毛澤東感到自己的威望和領導地位受到嚴重的威脅。這種危機感與中蘇兩國在各方面的分歧交織在一起，終使中蘇決裂成為不可逆轉的趨勢。

至於在蘇聯方面，斯大林一向傲慢多疑，但由於他處理外交問題相當小心謹慎，故蘇中雙方雖然常有爭執，惟始終沒有決裂。而赫魯

曉夫的性格則與毛澤東同樣過於鮮明，易衝動，心直口快，甚至口沒遮攔。他又常常心血來潮地做出驚人的舉動，最典型的例子包括：在聯合國大會上大發脾氣，脫下皮鞋敲桌子；先答應向中國供應原子彈的生產技術，後來又下令停止向中國提供早已準備好了的原子彈樣品；私自下令撤回所有在華專家；把導彈秘密運進古巴，被發現後又把導彈撤走。無可否認，赫魯曉夫往往自作主張、一意孤行，做了不少傷害了毛澤東和中國人感情的事；他倒台後，蘇聯領導人也承認了這一點。

## 2.3 勃列日涅夫上台與中蘇矛盾的激化

赫魯曉夫倒台使中蘇關係出現一線曙光。1964 年 11 月 5 日，周恩來率領中國黨政代表團抵達莫斯科參加「十月革命」47 週年慶典。他們參加了 6 日舉行的慶祝大會及 7 日上午在紅場（Red Square）舉行的閱兵式和群眾巡遊，各項活動都在友好氣氛中進行。但是，在 7 日晚的招待會上卻發生了一宗意想不到的嚴重事件，使中蘇關係雪上加霜。據悉，在招待會進行過程中，蘇聯國防部長馬利諾夫斯基突然對中方團員賀龍說：「不要讓任何鬼來擾亂我們的關係。不要在政治上耍魔術，不要讓任何的毛澤東，任何赫魯曉夫再妨礙我們。我們已經把赫魯曉夫搞掉了，現在該你們把毛澤東搞掉。」周恩來獲得通知後，馬上向勃列日涅夫正式抗議，並指出中方不能接受這種挑釁。經派人調查後，勃列日涅夫向周恩來解釋説，馬利諾夫斯基喝醉酒了，酒後失言，請中方不必介意。惟周恩來鄭重地回應説，這根本不是甚麼酒後失言，而是酒後吐真言，説了他心裏的話。當天晚上，中共中央就收到了中國代表團發來的急電，報告此事的經過。毛澤東一直懷

疑蘇共領導企圖搞掉他，現在可以說是證據確鑿；毛因此提出要繼續批判「沒有赫魯曉夫的赫魯曉夫修正主義」，還要「公開論戰一萬年，少了不行」。

1965 年 2 月，蘇聯部長會議主席柯西金訪問越南路過北京，先後與周恩來及毛澤東進行了會談。當時正值美國「地毯式」轟炸越南北方，柯西金返國後就建議中蘇兩國在越南搞「聯合行動」，並通過蘇聯駐華使館向中國提出三點要求：第一，派一個旅的戰鬥部隊和其他現役武裝人員 4,000 人通過中國鐵路去越南；第二，在中國領空開闢「空中走廊」，供蘇聯運送武器及其在越軍事人員所需的物資；第三，在中國西南撥出一至兩個機場（如昆明機場），供蘇聯一個米格 -21 截擊機大隊使用，並駐紮 500 名蘇聯現役軍人，以確保機場的安全。蘇聯領導人大概想通過和中國聯手支援越南來改善蘇中兩國的關係，但他們顯然沒有考慮中方的反應。對毛澤東而言，上述三點要求無不侵犯中國的主權。他因此感到惱火，並認為蘇聯的新領導人與赫魯曉夫如出一轍，喜歡混水摸魚、討兄弟國的便宜。無怪中國斷然拒絕了所謂「聯合行動」的建議。

5 月，中國人大常委會副委員長彭真訪問印尼時指出，蘇聯的總路線是「為美帝國主義反革命全球戰略服務」，「他們一定要把自己放在全世界人民反美統一戰線的外邊，同美帝國主義像棒打不散的鴛鴦一樣，難解難分，打得火熱。」這是中國領導人第一次公開表示，蘇聯不在「反美統一戰線」之內。6 月 14 日，《人民日報》發表文章，痛斥蘇聯對外政策的「靈魂」就是「美蘇合作」，並提出了「反帝必反修」（即反對美國帝國主義就必須反對蘇聯修正主義）的口號。至此，中共已決定實行「反美排蘇」的「兩面出擊」外交路線。

值得特別注意的是，毛澤東在當時仍然認為美國是中國及所有

革命人民的「主要敵人」，而蘇聯只是起着「幫兇」的作用而已。到1969 年 3 月「珍寶島事件」發生後，中共才把蘇聯視為「主要敵人」。

在這裏還須指出，當美國在越南開始進行直接軍事干涉時，中國曾兩度發出明確的警告。1965 年 4 月 2 日，周恩來請即將訪美的巴基斯坦總統阿尤布‧汗（Ayub Khan）向美國總統約翰遜（Lyndon B. Johnson）轉達：中國不會主動挑起與美國的戰爭；中國人說話是算數的，那就是如果世界上任何國家遭到美國侵略，中國一定會給予支持和援助的；如果美國侵犯中國，不論它來多少人，用甚麼武器，它將進得來，出不去；中國已作了準備，戰爭將沒有限制。由於阿尤布‧汗訪美之行推遲，外長陳毅遂於 5 月 31 日約見英國駐華代辦霍普森（Donald Hopson），請其向美國國務院轉達同樣信息。約翰遜大概想起了 1950 年 10 月杜魯門總統漠視中國警告美國軍隊不可越過三八線的結果，他因此相信中國說的話，這解釋為何約翰遜在越戰期間始終沒有命令美國地面部隊越過北緯十七度線。就是這樣，中美兩國終於避免了一場直接的衝突。

第六章

從「四面出擊」（「紅衛兵外交」）
到「聯美反蘇」（1966-1981 年）

# 1、大轉折時代的外交路向：中國從「文化大革命」 到改革開放初期的對外關係

按照中共的說法，除了 1966-1967 年外，1949 年後中國所奉行的外交政策基本上是正確的。上述那個短暫的時段，就是毛澤東策動紅衛兵去奪權，結果導致全面內戰的時期。當時極「左」勢力（包括中央文革小組、造反派紅衛兵和造反群眾）干擾外交活動，使中國的外交工作和聲譽受到嚴重的損害，更使中國被國際社會所唾棄而陷於孤立。在「打倒一切」的號召下，造反派紅衛兵擔當了衝鋒陷陣、大肆破壞的重要角色，無怪不少西方學者把中國在這個短暫時期的外交稱為「紅衛兵外交」（Red Guard diplomacy）。

1960 年代末到 1970 年代初，隨着紅衛兵運動的瓦解，中國的外交也逐漸回到正常的軌道上來。儘管當時的政局仍然動盪不安、社會經濟仍然千瘡百孔、「左」傾思潮仍然到處氾濫，然而，中華人民共和國在外交領域裏卻取得了戲劇性的突破和輝煌的成就——它不僅重返到世界舞台上，更於 1971 年 10 月成為中國在聯合國的唯一合法代表。由此可見，就算在那個「史無前例」的「文化大革命」年代，中共的對外政策也具務實和靈活的一面。這大概又與毛澤東對國防問題及國際戰略形勢特別關注不無關係。毛澤東覺察到蘇聯的軍事擴張不只威脅中國，還削弱了美國的霸權地位，於是決定作出重大的策略調整，一方面盡力爭取修補、改善和拓展中國的對外關係，另一方面實行「聯美反蘇」。中美和好的公開化又掃除了一些國家與中國發展外交關係的障礙。到 1976 年，和中國有邦交的國家已由「文化大革命」爆發前夕的 51 個增加到 108 個，這當然大大提升了中國在國際上的

地位。《外交部文革紀實》[1] 的作者馬繼森問道：「為甚麼毛澤東能改正極左外交的錯誤，而至死不能改正運動〔「文化大革命」〕的極左錯誤？」這是一個發人深省的問題。（馬繼森女士於 1952-1969 年間任職中國外交部。）

到 1980 年代初，由於美蘇兩個「超級大國」正處於勢均力敵的狀態，又由於中國需要一個安定的國際環境來進行改革開放，因此，中共決定摒棄它習慣使用的「對抗性」外交策略，即不再「聯蘇反美」或「聯美反蘇」，轉而實行不與任何一個「超級大國」結盟的「獨立自主」外交路線，旨在維持美蘇之間的均勢，以確保國際局勢繼續安穩下去。上述的轉變正好標誌着中華人民共和國外交史上一個舊時代的結束、一個新時代的開始。

# 2、「紅衛兵外交」與中國暫別國際舞台 （1966-1967 年）

## 2.1「紅衛兵外交」的特色

如前所述，1966-1967 年是一個不正常的外交時期。在極「左」派的干擾下，中國外交展示了兩項主要特色：

第一，無論在觀念上或在實際行動上，中國外交只為世界革命服務。不僅如此，當時紅衛兵還大肆宣揚「毛澤東思想最高、最高，北京是世界革命中心」，因為他們相信毛澤東思想即是馬克思列寧主義，

---

1　馬繼森：《外交部文革紀實》，香港：中文大學出版社，2003 年。

而中國則是現今世界上唯一真正的反帝反資中心。1966 年 10 月，中共中央批准把宣傳毛澤東思想和「文化大革命」作為中國駐外使領館的首要任務，實際上混淆了外交和革命的界限。在這種唯我獨尊心態的驅使下，紅衛兵要求中國承擔起領導世界革命的角色；他們又大反周恩來不許輸出革命的外交方針，強行向外國散發「紅寶書」（《毛主席語錄》、《毛澤東選集》）和毛像章，更蓄意煽動海外華人在居住地滋事造反，結果引起了無數的外交糾紛，有些還在友好國家發生。無怪當時世界上只有阿爾巴尼亞一個國家對「文化大革命」表示贊同。

第二，在戰略上，中國向美蘇「兩面開弓」，甚至在全球範圍內「四面出擊」。當時紅衛兵熱切擁護剛於 1965 年出籠的「反美排蘇」外交路線，大呼「反帝必反修」的口號。此外，紅衛兵把中國自 1949 年以來所執行的外交路線誣蔑為「向帝國主義投降，向修正主義投降，向各國反動派投降，撲滅人民革命」的「三降一滅路線」；他們堅決執行所謂「三反路線」，即「打倒〔以美國為首的〕帝國主義，打倒〔以蘇聯為首的〕現代修正主義，打倒〔以印度為代表的〕各國反動派」。1967 年 1-8 月，由於革命造反派鼓吹對外實行全面鬥爭，故發生不少遇事就鬥的情況，導致外交事件頻仍。如在該年 2 月，為了向剛在莫斯科發生的「紅場事件」[2]進行報復，北京市革命委員會策動百多萬革命群眾在蘇聯駐華大使館外日以繼夜地遊行示威。隨後的 4、6、7、8 月，北京造反派群眾又製造了「三砸一燒」事件——砸印尼、印度、緬甸駐華大使館和火燒英國駐華代辦處，釀成嚴重的外交風波（英國雖然早於 1950 年已表示承認中華人民共和國，但由於「英國代表在聯合國安理會及其他組織中竟繼續承認國民黨代表為合法」，而英國

---

2　1967 年 1 月下旬，69 名途經莫斯科返國的旅歐中國留學生在紅場上朗讀《毛主席語錄》，遭蘇聯軍警襲擊，結果 30 多名學生受傷，造成「紅場事件」。

政府又未能澄清「英國香港政府對國民黨政府在港的官方代表、機關及其所屬的一切國家資財採取如何態度」，因此，中英建交談判一直拖下去。在此期間，英國沒有正式派大使來華，只派代辦。換言之，中英兩國一直處於「半建交」的狀態，直到 1972 年 3 月，兩國關係才升格為大使級全面外交關係）。

總括而言，「紅衛兵外交」使眾多國家與中國疏遠。在「文化大革命」爆發後的一年多時間裏，中國跟建交和「半建交」的 51 個國家中的大部份國家先後發生外交糾紛，致使中國在國際舞台上陷於孤立。

## 2.2 「文化大革命」初期的外交部：造反派奪權始末

「文化大革命」中的外交部雖然逃不過被衝擊的命運，但是它在總理周恩來的直接領導下，可算是國務院系統中秩序最好的一個部。除了 1967 年 8 月 19-31 日這十多天外，外交部未曾陷於癱瘓。

周恩來確實花了大量心思和精力來保護外交部的領導班子，尤其是外長陳毅。他看清毛澤東支持造反派奪權，又深知不能與毛唱反調，所以公開表明他支持造反派。周恩來的策略，歸根結底，是以支援造反派來制約造反派，藉此減少他們的衝擊，把運動納入有序的軌道。故當外交部 200 餘個造反派於 1966 年 12 月下旬決定成立「外交部革命造反聯絡站」（簡稱「聯絡站」）時，周恩來立即讓外交部常務副部長姬鵬飛傳達他支持「聯絡站」成立的指示。

1967 年 1 月，奪權運動席捲全國。為了防止外交部以外的造反派奪權和擾亂外交部的事務，周恩來委託陳毅接見「聯絡站」代表，宣佈支持「聯絡站」奪權，同時把外交部奪權限制在「領導運動，監督

業務」的範圍內。所謂「監督業務」，即是由「聯絡站」在部、司兩級成立業務監督小組，參加研究及處理具體業務案件，並參與簽署上報的檔，而業務監督小組的參與亦僅此而已。外交部自此形成兩個系統——「文化大革命」運動和「業務監督」由「聯絡站」的造反派領導；日常外交工作仍然由以陳毅為書記、姬鵬飛為副書記的中共外交部委員會（簡稱部黨委）負責，這解釋為何外交部的工作在造反派奪權後仍然正常進行。

2月中旬後，形勢起了變化。起因是陳毅與一眾老帥強烈批評「文化大革命」打倒一切的做法，捲入了當時所謂「二月逆流」的漩渦。陳毅受到毛澤東的嚴厲批評，並成為中央文革小組的批判對象。從2月18日到3月18日，陳毅被迫出席了七次所謂「政治生活會」，硬着頭皮聽批判。他兩次寫信求見毛澤東，但是遭到毛的拒絕。

到了4月，形勢急轉直下。外交部「聯絡站」先後通過「炮轟陳毅」的聲明及「打倒陳毅」的口號。從這時開始直到8月，外交部造反派對陳毅的批鬥逐步升級。由於陳毅不能再領導外交工作，所以周恩來直接掌管了外交部的運動和業務。為了順應時勢，同時保護陳毅，周恩來只好一方面支持群眾組織批判陳毅，另一方面盡力防止批鬥場面失控。他親自過問批判的具體過程，如要求「聯絡站」先把控訴要點向他上報，以及將各大中小批鬥會的具體時間交由他安排。他還盡量抽空親自主持批陳大會，藉以控制場面，強調要先批判後定性，又命令警衛部隊保護陳毅進場、離場，以防止群眾把陳揪走。

7月下旬，爆發了第二次奪權運動，這次是激進造反派企圖從軍隊與周恩來的手中奪權。8月7日，中央文革小組成員王力召見「聯絡站」核心組的代表，對外交部造反派監督業務的辦法表示懷疑，並鼓勵他們動外交部的領導班子，徹底奪權。當時王力說：「你們1月

份奪權,奪了多少權?業務監督權有多少?能監督得了嗎?部黨委班子沒有動吧?革命不動班子?!這麼大的革命,班子不動還行?為甚麼不能動一動班子?」「聯絡站」的激進派於是改組核心組和部級業務監督小組,將溫和派清除。16日,激進派奪了政治部的權(當時叫「砸政治部」),並向周恩來建議改組外交部領導班子。就在這個關鍵時刻,具體說是19日,北京外國語學院「紅旗造反團」學生衝進外交部,封閉了部黨委辦公室,挾持了姬鵬飛、喬冠華兩名負責日常工作的副部長,奪了外交部的權。在同一天,佔領外交部的造反派紅衛兵向英國政府發出具有最後通牒性質的照會,要求香港當局在48小時內宣佈取消對三家親中共報紙的出版禁令,並且釋放被關押的19名記者,否則一切後果由英國政府承擔。22日,這些紅衛兵闖進英國駐華代辦處,砸壞了辦公室內所有的東西,然後放火焚燒房屋〔周恩來於1971年8月7日與緬甸聯邦革命委員會主席、政府總理奈溫(Ne Win) 談到這次事件時說:「群眾包圍了英國駐華代辦處,我們事先毫無所知。等我知道時,已經來不及了,燒起來了。當時我們下命令要群眾離開,那些壞人不聽。一個有趣的事情是,我們廣播命令時,英國代辦聽到了,他相信這是我們政府的意見,他就找我們解放軍保護,結果他沒有受傷。」〕25日,身在上海的毛澤東從周恩來處獲知紅衛兵火燒英國駐華代辦處一事後,大為不悅,並於翌日批評肇事者說:「至少是無知,也可能是壞人幹的。」毛澤東又批評王力「八七講話」實在「極壞」,說王「是破壞文化大革命的,不是好人」,叫周恩來把他「抓起來」。王力就在當天被逮捕。隨後,奪權的紅衛兵也被逐出外交部。到了9月1日,外交事務在周恩來的領導下恢復正常。10月18日,外交部召開全體大會,宣佈周恩來一項緊急指示:外交部革命造反聯絡站核心組有成員同外交部之外的「首都五一六紅

衛兵團」有「直接間接的聯繫」（簡稱「五一六」的「首都五一六紅衛兵團」，是第二次奪權運動中最激進的、煽動打倒周恩來的造反派）。由於「五一六」已被毛澤東打成「反革命」，「聯絡站」激進派核心組因受牽連而頓時瓦解。一場席捲全國的「清查五一六」運動隨即開展，而外交部則是頭號重災區——據 1972 年定案顯示，外交部的 3,000 個工作人員當中，一共抓了 1,700 名「五一六」，其中被周恩來批准定為「五一六反革命分子」的有 20 人。

# 3、聯美反蘇：由中美和好到中美建交
# （1968 年 -1979 年 1 月 1 日）

正當「文化大革命」進行得如火如荼的時候，國際形勢起了重大的變化。上述變化可導源於兩個主要原因，其一是蘇聯在勃列日涅夫的領導下開展了全球性的軍事擴張，其二是美國在出兵越南後陷入了內外交困的窘境中。

## 3.1 蘇聯軍事擴張影響之一：中國決定「聯美反蘇」

自從勃列日涅夫上台後，蘇聯在擴充軍備方面速度愈來愈快、規模愈來愈大。由於勃列日涅夫提出既準備打核戰爭，也準備打常規戰爭的戰略方針，因此，蘇聯從 1965 年起就大增軍費以實現常規武器和戰略核武器的現代化。1965-1978 年間，蘇聯的實際軍費開支每年增加 8% 左右；最後五年約為 5%，即 1965-1973 年間每年的遞增率比 8% 還要高。

勃列日涅夫建立霸權的野心很快便見諸行動。1968 年 8 月 20 日，蘇聯揮軍進佔捷克，並封鎖了邊境，令舉世震驚。周恩來在這次事件發生後第二天就指出，蘇聯已經蛻變為「社會帝國主義」，其所奉行的是「霸權主義」，這個轉變標誌着國際政治上一個新歷史時期的開始。11 月 12 日，勃列日涅夫在波蘭講話時說，當東歐某一個國家的問題對「社會主義大家庭」的「安全」和「共同利益」構成「威脅」時，蘇聯就有權對這個「大家庭」成員採取「軍事」「措施」。蘇聯報刊隨即宣稱，「大家庭的利益」是「最高主權」，而一國的主權是有限的；「社會主義大家庭」有權「決定性地決定」「大家庭」成員的「命運」，「其中包括它的主權的命運」，這就是所謂「有限主權論」（the theory of limited sovereignty）的由來。蘇聯大肆宣揚「勃列日涅夫主義」（the Brezhnev Doctrine），大概是要為其佔領捷克的行動製造理論依據，但中共卻認為「勃列日涅夫主義」還包藏着更大的禍心，就是向外擴張，這當然包括對中蘇邊界大幅地區的威脅。

　　中共對「勃列日涅夫主義」有這樣的理解，主要是因為當時中蘇邊境衝突已達到了白熱化的程度。中蘇邊界糾紛雖自 1960 年中蘇交惡開始便頻頻發生，惟邊界問題的升級，很大程度上還是 1964 年開始的。1960 年 1 月至 1964 年 10 月，發生在中蘇邊界線上的糾紛共 1,000 餘起；1964 年 10 月至 1969 年 3 月，增至 4,189 起。究其原因，主要是因為蘇共中央政治局在勃列日涅夫的領導下批准大規模調動蘇軍到中蘇邊界去；它又於 1966 年 2 月與蒙古人民共和國簽訂了為期 20 年、具有軍事同盟性質的《蘇蒙友好合作互助條約》，還派遣軍隊協助蒙古鎮守中蒙邊界。這樣一來，過去那些在舊的邊界條約中含混不清的地段，很快就成了雙方軍隊發生摩擦的導火線。據中方估計，蘇聯部署在亞洲地區可用於對付中國的兵力到 1969 年已增加到 100 萬人

以上，這包括 70 多個陸軍師、2 萬餘輛坦克、3,000 多架飛機，以及 800 多艘海軍艦艇。

1969 年 3 月，雙方軍隊終於在中蘇邊界東段烏蘇里江上的珍寶島爆發武裝衝突。據當年瀋陽軍區司令員陳錫聯回憶，這是一場「自衛反擊戰」，是經過中央批准，早有準備的。又據蘇方幾個消息來源，蘇聯國防部長安德列・葛瑞契科（Andrei Grechko）堅持以原子彈攻打中國工業中心；其他人建議炸毀中國的原子彈基地。不過，勃列日涅夫決定以格勒式（Gard）火箭隊深入中國邊界 20 公里的地區轟炸。據悉，3 月 2-21 日，中方傷亡 92 人，蘇方則為 152 人。「珍寶島事件」發生後，毛澤東認為中蘇大戰迫在眉睫，自此不止一次號召全國人民「要準備打仗」。4 月，中共「九大」召開，毛澤東再次發出備戰號召：「我們要作好充份準備，準備他們大打，準備他們早打。準備他們打常規戰，也準備他們打核戰。總而言之，我們要有準備。」8 月中旬，蘇軍侵入新疆裕民縣巴爾魯克山西部鐵列克提地區，並對中國邊防巡邏分隊進行突然襲擊。8 月底至 9 月初，有消息説蘇聯正向美國及東歐國家試探對中國實施核打擊的反應，西方報章又盛傳蘇聯將會對中國設在新疆羅布泊的核試驗基地進行空襲。在此情勢下，中共中央緊急發佈文件，號召全國廠礦企業職工及城市居民立即開始「深挖洞、廣積糧」，以備核大戰之需。9 月 11 日，蘇聯部長會議主席柯西金在參加胡志明的葬禮後於回國途中經過北京，與周恩來在北京機場作了三個半小時的重要會晤。為了表明中國堅決反對核威懾的立場，周恩來開宗明義説：「你們説我們想打核大戰，我們的核武器達到甚麼水平，你們是清楚的。你們説你們要用先發制人的手段來摧毀我們的核基地，如果你們這樣做，我們就宣佈，這是戰爭，這是侵略，我們就要堅決抵抗，抵抗到底。」由於雙方都想緩和當時劍拔弩張的緊張局

面，最後商定兩國談判代表團從 10 月 20 日起在北京舉行中蘇邊界談判。毛澤東、林彪以及軍委辦事組皆認為，這次談判是蘇聯為其大舉侵略中國而放的煙幕；毛於是提出：「中央領導同志都集中在北京不好，一顆原子彈就會死很多人，應該分散些，一些老同志可以疏散到外地。」中央政治局遂議決並於 10 月 14 日晚發出通知，要求在北京的黨和國家領導人於 20 日之前全部疏散。18 日，林彪又通過軍委辦事組下達「一號命令」，指示全軍立即疏散備戰（有關「一號命令」所產生的問題及影響，見第三章第 2 節：「政治鬥爭的第二個回合：『毛、江、林』集團的內部鬥爭與『九‧一三』事件的發生和影響」）。儘管戰爭沒有到來，毛澤東到 1970 年卻仍然反覆強調，要「用備戰的觀點，觀察一切，檢查一切，落實一切」。

這裏要特別指出，中共自 1969 年開始就視蘇聯為「主要敵人」（俗稱「頭號敵人」）；換言之，在新的戰略形勢下，美國已變成了「次要敵人」。下文將簡單交代這個重大轉變的由來及其對中國之對外策略所產生的影響。

1969 年 2 月，美英報章有消息說蘇聯要出兵中國，而蘇聯又確實在遠東正在秘密進行軍事演習，這使毛澤東感到難於理解，因為他一直深信蘇聯的戰略重心在歐洲。為了集思廣益起見，毛澤東委託四位老元帥——陳毅、葉劍英、徐向前、聶榮臻「研究一下國際問題」。老帥們於 7-9 月完成了兩份書面報告，並在總結當前國際形勢時指出，「中蘇矛盾大於中美矛盾，美蘇矛盾大於美中矛盾」。毛澤東對上述觀點表示贊同，於是作出了「聯美反蘇」的考慮和決定。可以說，四位老帥是率先提出「打美國牌」的人。

毋庸置疑，中美和好對中國是有利的：第一，它能協助中國對抗蘇聯；第二，它能激化美蘇矛盾；第三，它能促使中國同美國及其盟

友建立經濟和技術關係；第四，它能把台灣孤立於國際舞台上。「聯美反蘇」策略既定，中共宣傳機關便立即製造輿論，指美國在越戰中已經陷入泥潭，實不足以對中國或世界構成嚴重的威脅，這樣說無非是因為中共需要為其「聯美反蘇」的新戰略提供理論依據而已。

## 3.2　蘇聯軍事擴張影響之二：美國決定與中國改善關係

「聯美反蘇」只是中國的主觀願望，若非當時美國的霸權地位受到蘇聯挑戰，使其從自身戰略利益考慮希望同中國改善關係，則一直敵對僵持的中美關係恐難有所改變。可以說，中美關係的改善，在某種程度上其實是源於美方主動的。

蘇聯擴充軍備及向外武力擴張固然動搖了美國的霸權地位，另一方面，美國出兵越南也給自己帶來巨大的困難。為了取得軍事勝利，美國早於 1967 年就把 50 多萬軍隊投入南越戰場；整個戰爭則動用了美國近 1/2 的地面部隊，近 1/5 的空軍和 1/4 以上的海軍。軍費的支出，從 1965 到 1967 年，每年耗費 300 億美元；1964 到 1969 年，一共花費了 1,000 多億美元。由於要支出巨大的軍費，美國在財政上出現了龐大的赤字；1965-1969 年間，財政赤字達 361 億美元。惡性的通貨膨脹也出現了，使人民生活日益惡化。在這情勢下，反戰運動及由它帶動的青年運動、婦解運動、黑人運動等各種反建制運動都蓬勃起來。總之，美國社會在各種矛盾激化之下出現了嚴重的政治危機，最終導致民主黨總統約翰遜下台。

共和黨的尼克松（Richard Nixon）於 1969 年 1 月成為美國新總統。他早於 1967 年 10 月在《外交》（*Foreign Affairs*）雙月刊上發表了〈越南戰爭之後的亞洲〉（ "Asia after Vietnam" ）一文，提出

與中國和解的主張；又在就職演說時，間接提到中美建立關係的問題。尼克松雖然面對蘇聯的威脅，但他沒有「聯中反蘇」的意圖；恰恰相反，尼克松因為覺察到「蘇聯已經建立了一支可同美國媲美的核力量」（尼克松語），所以他想藉着「打中國牌」來緩和美蘇核對抗的緊張局勢。1969 年底，美蘇在芬蘭的赫爾辛基開展了「第一階段限制戰略武器談判」（SALT I, Strategic Arms Limitation Treaty Talks I），惟談判很快就陷入僵局，原因是蘇聯堅決拒絕將攻擊性武器——如洲際彈道導彈和多彈頭分導再入飛行器——包括在談判清單中。這個問題困擾尼克松，他相信倘若擺出與中國和好的姿態，將會大大提升美國在談判桌上討價還價的力量。他坦白地說：「在我和蘇聯人進行對話時，我也可能需要在中國問題上為自己找個可以依靠的有利地位。」事後證明尼克松的想法絕對正確——美蘇限制戰略武器談判終於在 1971 年 5 月打破僵局、達成妥協，而勃列日涅夫更於尼克松公開宣佈其訪華行程後，邀請尼克松在他訪華三個月後到蘇聯舉行高峰會議。由此可見，中美兩國希望與對方改善關係的出發點截然不同——中國想「聯美反蘇」，而美國則想「打中國牌」來迫使蘇聯裁減軍備，以消除核戰的危機。儘管雙方的動機並不相同，然而，蘇聯所執行的全球性擴張政策畢竟把中美兩國帶到和好的道路上來。

在某程度上，中美和好實有賴尼克松不斷向中國發出改善關係的信號，而毛澤東和周恩來又能抓住時機，果斷地作出中美和解的戰略決策，對美方改善關係的信息作了積極的回應。以下將 1969-1971 年間中美和好與中國重返國際舞台的歷程作簡要的交代：

1969 年 7 月，美國國務院宣佈在對華貿易及旅行等方面逐步放寬限制。

同月，尼克松在關島記者招待會上承認美國在越戰中的「挫折」，

並表示要「擺脫這場戰爭」。他又指出，美國從此要避免捲入亞洲另一場戰爭中，其唯一辦法就是讓美國在越戰結束後「繼續在亞洲起重要作用」。尼克松對他說的「重要作用」作出解釋：「我們必須避免採取使亞洲國家太依賴我們，以致使我們捲入類似我們在越南捲入的那樣衝突的政策」；「我們應該幫助他們，而不是發號施令」；「從現在起，我們只準備向那些願意承擔責任以自己的人力來自衛的國家提供物質和軍事經濟援助。」當時美國參議院外交委員會主席曼斯菲爾德（Mike Mansfield）把尼克松這個新亞洲政策稱之為「尼克松主義」（the Nixon Doctrine）。

8月，尼克松在國家安全委員會會議上指出：「蘇聯是更富有侵略性的一方。」

9月，美國從越南撤出軍隊 40,000 人。

12月，美國停止派驅逐艦到台灣海峽巡邏。

1970 年 10 月，尼克松向《時代》（*Time*）雜誌記者發表談話時說：「如果說在我去世之前，有甚麼事情要做的話，那就是到中國去。如果我不能去，我希望我的孩子能夠去。」這是尼克松第一次公開表示願意訪華。

同月，尼克松分別委託到訪的巴基斯坦總統葉海亞‧汗（Yahya Khan）及羅馬尼亞總統齊奧塞斯庫（Nikolae Ceauşescu）作為中間人提供幫助，使中美關係正常化。尼克松就此建立了所謂「巴基斯坦管道」和「羅馬尼亞管道」，並通過它們向北京轉達他訪華的願望。此外，在歡迎齊奧塞斯庫的宴會上，尼克松在祝酒時以總統身份第一次使用了「中華人民共和國」的名稱，藉以作為「一個意義深長的外交信號」（尼克松語）。

12月，毛澤東向應邀訪華的美國記者兼老朋友埃德加‧斯諾

（Edgar Snow）表示歡迎尼克松訪華，他説：「如果尼克松願意來，我願意和他談，談得成也行，談不成也行，吵架也行，不吵架也行，當作旅行者來談也行，當作總統來談也行。總而言之，都行」；「我看我不會跟他吵架，批評是要批評他的。」

在 1970 年中，中國與五個國家建立了邦交——赤道幾內亞、埃塞俄比亞、智利、意大利及加拿大。

1971 年 3 月，美國國務院宣佈取消對於使用美國護照去中國旅行的一切限制。

4 月，中國邀請正在日本參加第 31 屆世界乒乓球錦標賽的美國乒乓球隊訪問中國，開展了「乒乓外交」；這一消息引起廣泛的關注，人們稱之為「小球轉動了大球」。

同月，尼克松宣佈結束已存在 20 年的禁止中美兩國之間貿易的法令。

7 月，尼克松在美國堪薩斯城講話中提出「世界五大力量中心」論，他説：「在我們的時代裏，我們將看到五個超級經濟大國——美國、西歐、蘇聯、大陸中國，當然還有日本」；「對抗的時代過去了，我們正進入談判的時代。」

同月，尼克松的國家安全事務助理亨利‧基辛格（Henry Kissinger）取道巴基斯坦，秘密到了北京與周恩來舉行會談；中國正式邀請尼克松於 1972 年 5 月以前訪問中國。

10 月，基辛格第二次秘密訪華，為尼克松訪問中國進行具體安排。

同月，第 26 屆聯合國大會表決阿爾巴尼亞提案，以 76 票贊成、35 票反對、17 票棄權獲得通過，承認中華人民共和國政府的代表是中國在聯合國的唯一合法代表。這是聯大第 2758 號決議，它使美國

所提出的所謂「雙重代表權」──承認中華人民共和國的代表權，但同時保留「中華民國」代表權之提案成為廢案（具體說，「雙重代表權」提案主張由中國在聯合國享有安理會席位，而由台灣當局繼續佔有聯合國大會席位）。毛澤東得知中國恢復在聯合國合法地位後曾說：主要是第三世界兄弟把我們抬進去的。

11 月，中美雙方發表公告，宣佈尼克松將於 1972 年 2 月 21 日開始訪問中國。

1971 年，中國再與 15 個國家建立了邦交──科威特、土耳其、伊朗、黎巴嫩、塞浦路斯、尼日利亞、喀麥隆、塞拉利昂、盧旺達、塞內加爾、秘魯、聖馬力諾、奧地利、比利時及冰島。

要特別指出的是，尼克松自上任後就一直擺出友好的姿態及發出有重大意義的外交信號，這使中國領導人覺得他有誠意而樂意加快改善兩國關係。

## 3.3 中美和好的里程碑：尼克松訪華
## （1972 年 2 月 21-28 日）

1972 年 2 月 21 日，尼克松抵達北京。他步下飛機後所做的第一件事就是主動和周恩來握手，這無疑是另一個「意義深長的外交信號」。在其《回憶錄》中，尼克松解釋說：「我知道，在 1954 年的日內瓦會議上，周氏由於福斯特・杜勒斯拒絕與他握手，受到很大侮辱。因此，當我到了機梯最低一級時，我特地伸出手來，向他走去。我們的手一接觸，一個時代宣告結束，另一個時代宣告開始了。」

2 月 28 日，中美兩國政府在上海發表《中美聯合公報》（也稱《上海公報》）。《公報》打破了一般外交上的慣例，就是雙方在不掩蓋

分歧的情況下各自闡明本身的立場和態度。

中國在《公報》中重申自己的一貫立場:「台灣問題是阻礙中美兩國關係正常化的關鍵問題;中華人民共和國政府是中國的唯一合法政府;台灣是中國的一個省,早已歸還祖國;解放台灣是中國內政,別國無權干涉;全部美國武裝力量和軍事設施必須從台灣撤走。中國政府堅決反對任何旨在製造『一中一台』、『一個中國,兩個政府』、『兩個中國』、『台灣獨立』和鼓吹『台灣地位未定』的活動。」

美國又按自己的立場在《公報》中聲明:「美國認識到,在台灣海峽兩邊的所有中國人都認為只有一個中國,台灣是中國的一部份。美國政府對這一立場不提出異議。它重申它對由中國人自己和平解決台灣問題的關心。考慮到這一前景,它確認從台灣撤出全部美國武裝力量和軍事設施的最終目標。在此期間,它將隨這個地區緊張局勢的緩和逐步減少它在台灣的武裝力量和軍事設施。」

尼克松訪華表明中國的外交政策在極「左」年代也有務實的一面。1958 年 9 月,曾經中斷了九個月的中美大使級會談在華沙復會;當時由於中方代表不滿美方故意拖延談判,因此訂下了新的談判原則,即台灣問題未解決,其他問題都談不上。1972 年,中國竟然願意在「台灣問題」尚未解決之前就和美國改善關係,這可說是北京在處理外交事務上一個務實的大突破。《公報》的發表啟動了兩國關係正常化的進程。但由於美國在「台灣問題」上仍不肯放棄其原有立場,加上其他原因,兩國關係正常化要到 1979 年 1 月 1 日才能實現(詳情見下文)。1973 年 5 月,中美相互在對方首都設立聯絡處處理雙方有關事宜。

尼克松訪華更掀起了新一輪的建交活動。在 1972 年與中國建立邦交的國家包括:馬耳他、墨西哥、阿根廷、英國(由「半建交」升格為大使級外交關係)、毛里裘斯、荷蘭(由「半建交」升格為大使

級外交關係）、希臘、圭亞那、多哥、日本、西德、馬爾代夫、馬達加斯加、盧森堡、牙買加、扎伊爾、乍得、澳大利亞及新西蘭。

由於中共在過去的 20 年一直對內宣傳美國是其「頭號敵人」，因此，中美和好是一般人心目中意想不到及難以理解的事情。為了釋疑，中共中央就在尼克松訪華前後向群眾宣傳，說中美和好實際上是由美方作主動的，中方只是應尼克松的要求才邀請他來訪，整件事情標誌着中國的勝利。此外，為了給中美和好提供理論依據，中共中央就採用「統一戰線」的辯證邏輯向全國黨政軍機關交代對美國的新政策。按黨中央的說法，鑒於美國實行「兩面性的反動戰術」（即在侵略印度支那的同時又與中國進行協商），中國就採用「兩面性的革命戰術」（即對美國「既聯合、又鬥爭」）予以還擊。必須說明的一點是，就「統一戰線」的理論和實踐而言，當時美國並沒有被中共視為其盟友，它只是「反蘇國際統一戰線」的一分子而已（當時中共仍視美國為其「次要敵人」，是要爭取過來對付蘇聯的對象，但同時也是要繼續進行鬥爭的對象）。明白這個道理，才會明白為何「聯美反蘇」這個務實的戰略仍可稱得上為「革命外交」。

## 3.4 尼克松訪華後「美蘇中大三角」戰略關係下的中蘇、中美關係 （1972-1977 年）

到了 1970 年代，蘇聯不僅在常規軍備方面保持對美國的優勢，在戰略核武器方面也逐漸趕上了美國（當時蘇聯在核武器的數量方面已趕上美國，又在核武器的質量方面縮小了差距）。由於美國在越戰中遭到挫折，且要保護在世界各地的利益，而蘇聯則繼續大力擴充軍備，決心與美國爭霸，因此，1970 年代中期的全球戰略格局就呈現了

「蘇攻美守」的態勢。從 1970 年代初期到中期，中國在蘇聯軍事擴張的威脅下不斷抨擊蘇聯霸權主義的行徑。按中方所揭示，這主要體現在以下幾個方面：

第一，蘇聯大軍壓境，破壞中蘇邊界談判——自「珍寶島事件」發生後，勃列日涅夫在中蘇邊境部署了蘇聯近 2/5 的地面部隊，近 1/3 的坦克車，數千架飛機及數十個導彈基地，使 7,300 多公里長的中蘇邊界長期處在緊張狀態中；

第二，蘇聯企圖圍堵中國而在 1969、1973、1975、1976 年四次嘗試組建「亞洲集體安全體系」（Asian Collective Security Conference）——勃列日涅夫在 1969 年 6 月首次提出建立一個以蘇聯為首的集體安全體系，並派出 20 多個代表團到中國周邊國家游說，企圖建立反華包圍圈。他於 1973 年再次大肆宣傳「亞安體系」，又於 1975、1976 年鼓吹將「歐洲安全和合作會議（歐安會）」（Conference on Security and Co-operation in Europe） 推廣到亞洲。中國認為蘇聯此舉與美國在 1950 年代組建「東南亞（集體防務）條約組織」來圍堵中國的做法如出一轍。雖然沒有亞洲國家表示願意接受「亞安體系」（蒙古除外），但中國為了防範圍堵而感到極度困擾；

第三，蘇聯利用「華沙條約組織」威脅西歐的安全；

第四，蘇聯利用 1972 年在日內瓦舉行的「第二階段限制戰略武器談判」（SALT II） 和 1973 年在維也納進行的中歐裁軍談判製造虛假的緩和現象，以掩飾其擴軍的實質——「第二階段限制戰略武器談判」涉及美蘇戰略核武器的問題，而「中歐裁軍談判」則涉及「華沙條約組織」和「北大西洋公約組織」在中歐的 200 萬常規兵力問題。中國指出，蘇聯所謂「裁軍」談判，實際上是為美蘇兩個「超級大國」的核軍備競賽「制定新的競賽規則」而已；

第五，蘇聯利用 1973-1975 年在赫爾辛基和日內瓦召開的「歐安會」與美國劃分勢力範圍——「歐安會」承認二次大戰後歐洲地區的政治地理現狀及「邊界的不可侵犯性」（the inviolability of frontiers）這個原則，亦即承認蘇聯在東歐的已有地位；

第六， 蘇聯在越南統一後支持越南搞「地區霸權主義」（詳情見下節）；

第七，蘇聯把印度洋變為其波羅的海艦隊和太平洋艦隊的匯合點；

第八，蘇聯向非洲、中東、拉丁美洲國家售賣舊機器及武器以換取珍貴的原料和石油。

在蘇聯持續擴張的情況下，中美兩國理應加速達成關係正常化，但事實並非如此。恰恰相反，中美關係在尼克松訪華後出乎意料地呈現倒退的跡象，其主因有下列四點：

第一，如前所述，中美和好背後蘊藏着截然不同（甚至可以說是相互對立）的動機——中國想「聯美反蘇」；尼克松卻想「打中國牌」以紓緩美蘇核戰危機，其動機與中國的「反蘇」意圖大相徑庭。尼克松很快便如願以償。1972 年 5 月，即美國在任總統歷史性訪華後三個月，尼克松就應邀到莫斯科與勃列日涅夫舉行高峰會議，完滿結束「第一階段限制戰略武器談判」。同年 11 月，尼克松獲得連任並與勃列日涅夫開展「第二階段限制戰略武器談判」。當時中共對尼克松仍抱有期望，並預測在他第二個任期結束前可達成建交的創舉。1973年 1 月 27 日，美國與越方正式簽署《關於在越南結束戰爭、恢復和平的協定》，理應有助中美關係正常化。惟當時美國的首要目標是和蘇聯建立新的緩和關係（détente），這意味着美國在「戰略大三角」（strategic triangle）中是以對華關係服從於對蘇關係為依歸的。基辛格又看透了中蘇兩國存着不可彌合的鴻溝，並認為中國除了依靠美

國外別無選擇。他在尼克松訪華後曾得意地說：「美國既可以繼續飲茅台，又可以飲伏特加了！」（"the US could continue to have our *mao tai* and drink our *vodka* too!"）。而尼克松鑒於美蘇軍事實力正處於大致均衡的狀態，故於連任後視完成「第二階段限制戰略武器談判」為他的首要任務。1973 年 6 月，勃列日涅夫訪美，揭開了美蘇關係新的一頁。中共覺察到尼克松的意圖後，就對美國尋求與蘇聯緩和關係表示不滿，同時揭示蘇聯正在蓄意製造虛假的緩和現象；

第二，中共認為美國對解決「台灣問題」缺乏誠意。尼克松訪華後，美國並沒有盡快從台灣撤軍，它還准許台灣當局在美國開設更多所領事館及繼續向台灣售賣武器。對中共來說，這些做法違反了《上海公報》的基本精神；

第三，毛澤東重新評估全球戰略形勢後得出如下結論：蘇聯的戰略重心仍在歐洲；儘管蘇聯霸權主義的威脅沒有削減，但蘇聯部署在中蘇邊界的軍力已達到了極限；中蘇爆發戰爭的可能性已減低。毛澤東認為當前最值得關注的問題反而是美蘇兩國領導人大肆渲染緩和現象及歐洲的「裁軍」談判，他恐怕從歐洲撤走的蘇軍會被增派到中蘇邊界地方去；

第四，中國與美國的政局在 1970 年代中期起了變化，直接影響兩國關係。先說美國。1974 年 8 月，尼克松因「水門事件」（the Watergate affair）被迫辭職。新總統福特（Gerald Ford）上任後即致力促進美蘇緩和關係。同年 11 月，福特專程來到鄰近中蘇邊界的符拉迪沃斯托克（Vladivostok，中國稱海參崴）與勃列日涅夫舉行高峰會議。中共認為福特此行有屈服於蘇聯之嫌，故譏諷他執行「綏靖」政策。1975 年 7 月，福特赴「歐安會」簽署承認蘇聯在東歐已有地位的《赫爾辛基協議》（the Helsinki Accords）。12 月，美國國務院顧

問赫爾穆特・索南費爾特 （Helmut Sonnenfeldt） 在倫敦召開的美國駐歐洲國家大使會議上發表講話，強調「美國的政策必須是爭取使東歐人同蘇聯的關係成為有機的關係的演變」，以便「使它們〔蘇聯和東歐國家關係〕不會遲早發生爆炸而引起第三次世界大戰」。據當時從巴黎發出的一篇報道指出，這個「講話意思看來是，美國將把承認蘇聯今後長期統治東歐作為一個交換條件」，「再次確認世界劃分為不彼此對立的美蘇兩大勢力範圍」。中共對美國拋出「索南費爾特主義」（the Sonnenfeldt Doctrine） 感到懊惱，因它恐怕蘇聯在東歐的勢力範圍獲得確認後便會肆無忌憚地向東推進。至於中國政局方面，由於周恩來在 1973 年底被江青指控對美國犯了「右傾投降主義」錯誤，兼且健康每況愈下，所以從此不再直接參與中美外交事務，由剛復出的鄧小平接管。為了避免給「四人幫」抓到攻擊藉口，鄧小平在處理中美事宜時態度顯得頗為強硬，無怪中美關係正常化的進程停滯不前。儘管福特在 1975 年底應邀訪問中國，但中美關係並沒有因此而取得甚麼進展。

總括而言，中美關係在尼克松訪華後不進反退。為了針對美蘇爭霸，周恩來在 1973 年 8 月召開的中共第十次全國代表大會上提出「反對美蘇兩個超級大國的霸權主義」（即「反兩霸」）的新外交路線和戰略思想。中國在「反兩霸」的時候又側重反對蘇聯霸權主義。中共解釋說，蘇聯是一個後起的、依靠軍事力量的帝國主義大國，其侵略性和冒險性比美國更大，故當前世界主要的戰爭危險來自蘇聯。

1974 年 1 月，毛澤東在會見日本外相大平正芳 （Masayoshi Ōhira） 時談到一個「反蘇國際統一戰線」的話題。他認為中國、美國、日本、巴基斯坦、伊朗、土耳其、歐洲等大致處在同一緯度的各國要團結起來，另外亞非拉一大片亦都要團結起來，共同對付蘇聯霸

權主義。這就是中國在 1970 代所提倡的「一條線」和「一大片」戰略方針——不只第三世界和第二世界的國家要團結起來，連第一世界的美國的力量也要利用起來，以集中對付蘇聯。

　　同年 2 月，毛澤東在會見贊比亞總統卡翁達 （Kenneth D. Kaunda） 時完整地提出了「三個世界劃分」的戰略思想，為「反兩霸」的新外交路線提供了理論依據。毛澤東說：「我看美國、蘇聯是第一世界。中間派，日本、歐洲、加拿大，是第二世界。咱們是第三世界。」他又說：「第三世界人口很多。亞洲除了日本都是第三世界，整個非洲都是第三世界，拉丁美洲是第三世界。」此前，1970 年 6 月，毛澤東在會見索馬里政府代表團時首次表示中國屬於第三世界：「我們把自己算作第三世界的。現在報紙上經常吹美國、蘇聯、中國叫做大三角，我就不承認。他們去搞他們的大三角、大四角、大兩角好了。我們另外一個三角，叫做亞、非、拉。」1974 年 4 月，鄧小平在聯合國大會第六屆特別會議上首次向與會各國代表介紹了這個新戰略思想。他說：「從國際關係的變化看，現在的世界實際上存在着互相關係又互相矛盾的三個方面，三個世界。美國、蘇聯是第一世界。亞非拉發展中國家和其他地區的發展中國家，是第三世界。處於這兩者之間的發達國家是第二世界。」他強調：「中國是一個社會主義國家，也是一個發展中國家。中國屬於第三世界。」誠然，劃分「三個世界」戰略思想是對「一條線」、「一大片」思想的發展，它同時確定了中國的自身地位，即中國屬於第三世界。

　　外界一般人都會覺得中國一方面主張「反兩霸」而另一方面又主張團結「兩霸」之一的美國實在費解。惟若對中共「統一戰線」的辯證法規——「既聯合、又鬥爭」有所認識，就不難理解毛澤東這套看似自相矛盾的戰略主張。毛澤東慣用「矛盾」這個概念來分析局勢。

他在分析 1970 年代初的國際形勢後有如下結論：第一，當前世界的「主要矛盾」乃第一世界與第二、第三世界的矛盾，故有需要「反兩霸」；第二，當前世界的「次要矛盾」包括第二與第三世界的矛盾、第二世界國家之間的矛盾、第三世界國家之間的矛盾，以及第一世界中兩個「超級國家」之間的矛盾。由於蘇聯是當前最危險的戰爭策源地，又由於美蘇之間存在矛盾，因此有需要利用這個矛盾，把美國納入「反蘇國際統一戰線」中，即是「聯美反蘇」。還有重要的一點是，鑒於美國是「兩霸」其中的一霸，所以有需要對它採取「既聯合、又鬥爭」的策略。儘管「三個世界」的理論可用上述的辯證法規去解說，但實際上，該理論的提出正好表明中共已將決定外交戰略的意識形態因素放到次要地位，而將國家安全利益提升到首要地位。

1976-1977 年，中美關係正常化的談判因雙方領導層起了變化而陷於僵局。1976 年是中國政壇多事的年頭——1 月，周恩來病逝；4 月，鄧小平被撤銷黨內外的所有職務；9 月，毛澤東逝世；10 月，以江青為首的「四人幫」被逮捕。毛澤東的繼任人華國鋒對外交事務不熟悉，又忙於鞏固自己的地位，無暇他顧。恰巧福特在 1976 年 11 月的大選中落敗，而繼任美國總統的是北京不熟悉的民主黨人卡特（Jimmy Carter）。1977 年，卡特在國務卿萬斯（Cyrus Vance）的影響下把尋求與蘇聯緩和關係及促成美越建交置於美國外交的首、次要地位。萬斯使他相信靠近中國只會激怒蘇聯及妨礙他完成「第二階段限制戰略武器談判」。是年 8 月，卡特派萬斯訪華，提出在台北設立美國聯絡處和在北京派駐一個正式外交使團的所謂「倒聯絡處」安排　（the "reverse-liaison-and-embassy" proposal），但立即遭到中方拒絕。剛復出的鄧小平批評萬斯的建議使中美關係倒退，並重申中美建交的三個先決條件——美國對台灣必須：第一，斷交；第二，廢約（即廢除

1954 年 12 月美台簽署的《共同防禦條約》）；第三，撤軍。萬斯無功而返。另一方面，北京批評卡特政府對蘇聯採取「綏靖」政策。

## 3.5 走向中美建交（1978 年）

就在 1978 年，中美關係取得了突破性的發展，使兩國終於在 1979 年 1 月 1 日建立大使級外交關係。促成中美建交的主要原因有下列三點：

第一，卡特不滿「第二階段限制戰略武器談判」進行了整整一年仍無絲毫進展，他又對蘇聯在安哥拉、扎伊爾、埃塞俄比亞及索馬里變本加厲地進行擴張感到擔憂。當時美國國家安全顧問布熱津斯基（Zbigniew Brzezinski） 提出與國務卿萬斯截然不同的戰略觀點——他認為美國若跟中國結為戰略夥伴，便能收告誡蘇聯之效。卡特因沒法與蘇聯緩和關係，遂決定作出策略調整，把美中關係正常化置於當前的首要地位；

第二，中共決定實行開放政策，以實現「四個現代化」。1978 年 3 月，五屆人大第一次會議修訂並通過《1976-1985 年發展國民經濟十年規劃綱要》，預算在 1977 年的基礎上加開百多個投資項目，並撥大量資金購買先進科技。日本和歐洲共同體隨即與中國簽訂貿易協定。據《華盛頓郵報》（*Washington Post*）披露，在 1978 年上半年，「〔歐洲〕共同市場向中國的出口比美國的出口多三倍，日本向中國的出口〔比美國〕多五倍」。有見及此，美國一些財團就發起一個簽名運動，要求卡特實現美中關係正常化，以提升他們在中國市場的競爭能力。這迫使卡特下決心開展建交談判；

第三，中國因越南「地區霸權主義」日益猖獗而希望與美國建立

戰略夥伴關係。越南在 1975 年統一後即開始實行其「印度支那聯邦」計劃；它首先在政治、經濟及軍事各方面加強對老撾的控制，繼而在 1977 年底入侵柬埔寨。1977 年，越南又推行排華政策——年初實施所謂「淨化」邊境地區方針，把以前從中國遷居越南的邊民成批驅趕回中國境內；年底更大批驅趕越南各地的華僑，並沒收他們的財產。它還蓄意挑起邊境衝突；據統計，由越南當局製造的邊界事件從 1975 年 439 次增至 1978 年 1,108 次。中國深知越南有蘇聯在背後撐腰，才敢肆無忌憚地在區內作出挑釁性的行為。1978 年 11 月，越南與蘇聯簽訂具軍事同盟性質的《蘇越友好合作條約》。12 月 25 日，越南出動 10 萬多正規軍，對柬埔寨發動大規模的攻擊，並於 1979 年 1 月 7 日佔領了柬埔寨首都金邊。

可以說，《蘇越友好合作條約》的簽訂促使中美兩國迅速完成建交談判。1978 年 12 月 16 日，雙方同時在各自首都發表《中美 / 美中建交聯合公報》。《公報》除載明兩國自 1979 年 1 月 1 日起互相承認並建立外交關係外，還宣佈「美利堅合眾國承認中華人民共和國政府是中國的唯一合法政府。在此範圍內，美國人民將同台灣人民保持文化、商務和其他非官方關係。」雙方又分別發表建交聲明。美國政府在聲明中表示，將在 1979 年 1 月 1 日中美建交時正式通知台灣：第一，「結束外交關係」；第二，「美國和中華民國之間的共同防禦條約也將按照條約的規定予以終止」；第三，美國「在四個月內從台灣撤出美方餘留的軍事人員」。另一方面，中國政府在聲明中指出，「解決台灣回歸祖國，完成國家統一的方式，這完全是中國的內政」。1979 年 1 月 1 日，中美互相承認並建立大使級外交關係。同日，全國人大常委會委員長葉劍英發表《告台灣同胞書》，提出了和平統一台灣的方針；國防部部長徐向前又發表聲明，宣佈停止炮擊金門等島嶼。

無論 1970 年代初之中美和解也好，或 1979 年之中美建交也好，中美雙方的決定基本上都是出於國防戰略的考慮，這是無可置疑的事實。與此同時，中美經濟交往又隨着兩國關係趨向正常化而迅速擴大：1972 年，兩國雙邊貿易額只有 1,288 萬美元，其中中國進口 331 萬美元，出口 957 萬美元；到 1978 年，中美貿易額增長到 9.9 億美元，（相當於 1972 年的 76.7 倍），其中中國進口 7.2 億美元，出口 2.7 億美元。

# 4、走向「獨立自主（不結盟）」的外交路線 （1979-1982 年）

## 4.1 中美建交後中美關係的曲折發展

1979 年 1 月 28 日至 2 月 5 日，鄧小平應邀訪問美國。在訪問中，鄧小平指出「兩國社會制度不同不應妨礙彼此加強友好關係和合作」；又強調遏制蘇聯霸權主義不能只靠談判和協定，還需要有「更加現實的、更加切實可行的步驟」。他向美國參眾兩院議員說：「我們不再用『解放台灣』這個提法了。只要台灣回歸祖國，我們將尊重那裏的現實和現行制度。」無可否認，鄧小平此行給中美建交帶來一個美好的開端。

鄧小平返國後遂於 1979 年 2 月 17 日至 3 月 5 日向越南發動了一場「自衛還擊戰爭」。儘管中共聲稱這場戰爭給「霸權主義」以沉重的痛擊，但中越戰爭並沒有解決越南倒向蘇聯的問題，反而增加了越南對蘇聯的依賴；另一方面，越南又為蘇聯提供各種方便，如准許蘇聯艦隊利用它在金蘭灣的港口設施。對中國而言，中越戰爭還導致

鄧小平訪美

1979 年 1 月 28 日至 2 月 5 日，鄧小平應邀訪問美國。圖為美國總統卡特夫婦在白宮接待鄧小平夫婦，雙方共同向草坪上的群眾揮手。

兩個不良的後果：第一，中國動武引起了亞太區內普遍的恐慌，尤其影響了中國與「東盟」（ASEAN，Association of Southeast Asian Nations）國家的關係；第二，戰爭對本已疲弱的國民經濟猶如雪上加霜，它迫使鄧小平宣佈中國自 1979 年 6 月起進入三年經濟調整期，這無形中拖慢了中國對外開放的進展。

中越戰爭剛結束，中美關係就受到嚴峻的考驗。

1979 年 3 月下旬，美國參眾兩院通過《與台灣關係法》（Taiwan Relations Act），並於 4 月 10 日由美總統卡特簽署，成為法律。該法案表明，「美國將向台灣提供防禦性武器」；「美國將向台灣提供使其能保持足夠自衛能力所需數量的防禦物資和防禦服務」，以「使美

第二部份
從「對抗性」到「非對抗性」外交

國保持抵禦會危及台灣人民的安全或社會、經濟制度的任何訴諸武力的行為或其他強制形式的能力」。該法案還規定，美台之間在 1978 年底以前有效的「條約」和「協定」，除美台《共同防禦條約》及有關「協定」外，一律繼續有效。4 月 28 日，中國政府向美方提交了抗議照會。7 月 6 日，美駐華大使館覆照說：「國會最後通過的美台關係法並不是在每個細節上都符合政府的意願，但它為總統提供了充份的酌情處理的權力，使總統得以完全按照符合正常化的方式執行這項法律。總統就是在這個基礎上簽署了該法案，使之成為法律的。美國政府一直努力確保該法措詞不損害美國同貴國政府達成的諒解，或迫使美國政府採取背離這種諒解的行動。」惟中方對上述解釋並不滿意。1980 年初，卡特還宣佈將會繼續向台灣售賣武器，這使中方更加不滿。

令中國政府感到極度憂慮的，是共和黨保守右派分子里根（Ronald Reagan）在 1980 年 11 月大選中擊敗了卡特而當選總統——他一向以反共見稱。里根毫不諱言他強烈支持台灣，如在競選時宣稱要與台灣重建「官方關係」。上任後，里根採取被人稱為「雙軌」的對華政策，即一方面表示要繼續發展中美兩國的正常關係；另一方面聲稱要「充份實施」《與台灣關係法》，包括向台出售過去從未提供的高性能武器。中美關係於是急劇倒退。為了解決這一問題，中美兩國政府代表自 1981 年底起在北京經過多個月的談判，終於就美向台出售武器問題達成協議，並於 1982 年 8 月 17 日分別在北京和華盛頓同時發表聯合公報，即《八‧一七公報》。美國政府在《公報》中聲明：「它不尋求執行一項長期向台灣出售武器的政策，它向台灣出售的武器在性能和數量上將不超過中美建交後近幾年供應的水平，它準備逐步減少它對台灣的武器出售，並經過一段時間導致最後的解決。」而中國外交部則就此聲明指出，「美國售台武器本來早就應該完全停止。由

於考慮到這是一個歷史遺留的問題，中國政府在堅持原則的基礎上，同意分步驟予以解決。」（中共常常宣稱中美關係必須符合三個公報的基本精神，它們包括 1972 年 2 月 21 日發表的《上海公報》、1978 年 12 月 16 日發表的《中美建交聯合公報》及 1982 年 8 月 17 日發表的《八‧一七公報》。）

正當中美關係在里根上台後急劇倒退之際，北京首次全面闡述了和平統一台灣的方針，即 1981 年 9 月 30 日由葉劍英提出的九條對台方針（後來被稱為「葉九條」）。1982 年 1 月 11 日，鄧小平接見美國華人協會主席李耀滋時說：「九條方針是以葉〔劍英〕副主席的名義提出來的，實際上是一個國家兩種制度。」這是第一次正式提出了「一個國家、兩種制度」的新概念。鄧小平又指示按照解決「台灣問題」的「一國兩制」構想來解決香港和澳門的回歸問題。

## 4.2　中國重新評估國際形勢及調整對美蘇的政策

1980 年代初，日益不穩的中美關係迫使中國領導人重新評估全球戰略形勢，藉以制訂最符合中國改革開放利益的對外方針。

據北京的分析，里根政府大增軍費以達到大肆擴充常規和戰略核武器的目的，結果是美國體現了自朝鮮戰爭以來最大規模的軍備擴張。里根還鼓勵其盟友日本增加國防預算，又設法使東歐共產主義國家產生「和平演變」。顯而易見，美國的勢力因「里根主義」（the Reagan Doctrine）的推行而迅速膨脹。恰恰相反，蘇聯因支持越南入侵柬埔寨、支持古巴入侵安哥拉，以及在 1979 年 12 月揮軍侵佔阿富汗而須肩起沉重的經濟負擔，這對蘇聯本已疲弱的經濟猶如百上加斤。1982 年 3 月，病危的勃列日涅夫向北京表示蘇聯願意同中國緩和

關係，澄清「勃列日涅夫主義」並不適用於中國，又重申支持中共對台灣的立場，這顯示蘇聯的勢力正在縮減。中共評估當前美蘇力量對比的結論是，兩個「超級大國」正處於一種基本勢均力敵的局面；換言之，1970 年代「蘇攻美守」的格局已不存在。

　　有見及此，中共認為中國作為國際舞台上的一股不輕的力量若同任何一個「超級大國」結盟，都會造成國際戰略格局的失衡，這既不利於國際局勢的穩定，也不利於中國的經濟發展。於是，中國決定執行對美蘇都不結盟的新政策，從此不參與兩個「超級大國」的任何紛爭，以保持當前均衡的國際局勢。中國副總理兼外長黃華在 1981 年 9 月仍然強調「對付蘇聯霸權主義的挑戰」，但到了 1982 年 8 月則強調「反對霸權主義，維護世界和平，不管這種霸權主義來自何方」，即是對兩個「超級大國」已不作明顯區分。9 月，中共「十二大」在北京召開。中共總書記胡耀邦在會上作報告時說：「中國決不依附於任何大國或者國家集團，決不屈服於任何大國的壓力。」12 月，中國五屆人大五次會議通過的憲法規定「中國堅持獨立自主的對外政策」，這標誌着中華人民共和國「對抗性」（聯一方、反一方）外交時期的終結。

第七章

「堅持獨立自主的對外政策」
（1982-2000 年）

# 1、歷史新時期的外交路向：中國在冷戰末期及後冷戰初期的對外關係

　　1982 年 12 月，五屆人大五次會議通過了《中華人民共和國憲法》（即「八二憲法」），當中規定：「中國堅持獨立自主的對外政策」。中國從此實行以「不結盟」、「和平」及「發展」為基本內容的「非對抗性」外交，原因是中國需要一個和平及安穩的國際環境，好讓其改革開放政策得以順利進行。論者嘗言：「外交是內政的延續。」毋庸置疑，改革開放年代的中國最能體現這個說法。

　　由於中國公開表示它不再「聯美反蘇」，因此，長期處於緊張狀態的中蘇關係漸趨緩和，並於蘇聯改革派領袖戈爾巴喬夫上台後向正常化的道路大步邁進。與此同時，中國跟美國結束了十多年的戰略夥伴關係——它們轉而著眼於發展雙邊經貿關係，很快便成為密切的經濟夥伴。概括而言，隨着冷戰局勢的緩和，國際關係已不再取決於國防戰略的考慮，這解釋為何美、蘇、中「戰略大三角」終於在 1980 年代下半葉瓦解。

　　「六四事件」一度使中國陷於外交困局中。東歐巨變和蘇聯解體更給中國帶來嚴重的衝擊，還迫使它在後冷戰時期的多極化世界裏作出重大的策略調整。為了推動建立一個以「和平」及「發展」為依歸的國際新秩序，中國堅持貫徹務實的外交政策——它一方面實行睦鄰政策及致力於廣交朋友，另一方面則與現今世界上的唯一超級大國（美國）在「求同存異」的基礎上維持以合作和對話為主流的關係。簡單地說，中國在後冷戰時期的外交仍然是為了促進其經濟發展服務的。儘管中國的崛起令某方面人士感到恐懼和不安，但中國務實的外交表現卻令所謂「中國威脅論」不攻自破。

　　第二部份
　　　　從「對抗性」到「非對抗性」外交

## 2、執行以「獨立自主」、「和平」、「發展」為主題的外交路線 (1982-1989 年)

### 2.1 中國對「獨立自主 (不結盟)」、「和平」及「發展」的確認和闡述

中共中央領導人在 1982 年正式宣佈中國將奉行「獨立自主」的外交路線，後來又在不同場合指出「和平」與「發展」是當代世界的兩大主題。以下摘錄他們闡述有關「獨立自主」、「和平」及「發展」的談話：

1982 年 9 月，胡耀邦在中共「十二大」上說：「中國決不依附於任何大國或者國家集團，決不屈服於任何大國的壓力。」

1984 年 5 月，鄧小平會見巴西總統菲格雷多 (João Baptista de Oliveira Figueiredo) 時指出：「中國的對外政策是獨立自主的，是真正的不結盟。中國不打美國牌，也不打蘇聯牌，中國也不允許別人打中國牌。」

1985 年 3 月，鄧小平會見日本商工會議所訪華團時又指出：「現在世界上真正大的問題，帶全球性的戰略問題，一個是和平問題，一個是經濟問題或者說發展問題。和平問題是東西問題，經濟問題是南北問題。概括起來，就是東西南北四個字。南北問題是核心問題。」

（由於發展中國家多數在發達國家的南方，因此國際上習慣把發展中國家同發達國家之間的經濟關係稱為「南北關係」，或稱「南北問題」。人們又習慣把發展中國家之間的合作稱為「南南合作」。）

同年 6 月，趙紫陽在英國皇家國際事務研究所 (British Royal Institute of International Affairs) 演講時說：「維護和平與發展經濟，是

互相影響，互為作用的。和平的國際環境是各國謀求發展必不可少的條件；而國際經濟合作的擴大，廣大國家的經濟繁榮與發展，又能增強維護世界和平與穩定的力量。」

1986 年 3 月，趙紫陽在全國人大六屆四次會議上又說：「中國從本國人民和世界人民的長遠利益和根本利益出發，把反對霸權主義、維護世界和平、發展各國友好合作和促進共同經濟繁榮，作為自己對外政策的總目標。」

1988 年 12 月，鄧小平會見印度總理拉吉夫‧甘地（Rajiv Gandhi）時說：「霸權主義、集團政治或條約組織是行不通了」；「世界上現在有兩件事情要同時做，一個是建立國際政治新秩序，一個是建立國際經濟新秩序。……我認為，中印兩國共同倡導的和平共處五項原則是最經得住考驗的。……我們應當用和平共處五項原則作為指導國際關係的準則。」

## 2.2　中蘇關係解凍及正常化

鄧小平上台後不久就表明中共當年發表《九評》是不對的，他解釋說：「中蘇之間當年的那場爭論，雙方都講了很多空話。為甚麼說是空話呢？因為每一個國家、每一個黨都有自己的經歷，情況千差萬別，各國的事情一定要由各國人民自己去尋找道路，解決問題，各國黨的方針、路線是對還是錯，應該由本國黨和本國人民去判斷。我們反對人家向我們發號施令，然而我們自己也犯了對人隨便指手畫腳的錯誤。」

1982 年 3 月，勃列日涅夫在塔什干發表講話時表示蘇聯願意改善與中國的關係，又重申支持「一個中國」的原則。8 月，鄧小平委派

外交部蘇歐司司長于洪亮赴莫斯科向蘇聯領導人轉達中國對改善中蘇關係的願望。勃列日涅夫隨即答覆說：蘇方願意在任何時候、任何地點，以任何級別與中方討論蘇中雙邊關係問題，以便消除雙方關係正常化的障礙。雙方遂通過外交途徑商定輪流在北京和莫斯科舉行副外長級的內部磋商。9月，中共召開「十二大」，自此棄用「修正主義集團」及「社會主義帝國」等針對蘇聯的名詞。又鑒於中國宣佈「不結盟」，即不再「聯美反蘇」，中蘇關係於是進一步走向緩和。10月初，第一輪磋商在北京舉行。從 1982 年 10 月到 1986 年 4 月，中蘇兩國一共舉行過八輪副部長級磋商。儘管中方一再堅持優先解決嚴重影響中蘇關係的「三大障礙」（即蘇聯支持越南入侵柬埔寨、在中蘇邊境和蒙古駐紮重兵，以及武裝佔領阿富汗），惟蘇方每次都以「談判不得損害第三國利益」為藉口，實行不承認、不討論、不行動的「三不政策」。總之，八輪磋商沒有取得實質成果。然而，中蘇關係有進一步改善的跡象，如在 1984 年，中國正式承認蘇聯是社會主義國家；同時，中國報刊也沒有像以往般把蘇聯對中國所構成的威脅說得那麼嚴重。

在進行八輪磋商期間，先後作為蘇聯最高領導人的勃列日涅夫、安德羅波夫（Yuri V. Andropov）及契爾年科（K. U. Chernenko）相繼於 1982 年 11 月、1984 年 2 月及 1985 年 3 月去世。中國政府利用參加上述三位蘇聯最高領導人葬禮的時機展開「葬禮外交」，先後派出外長黃華、副總理萬里及李鵬前往莫斯科出席葬禮，並趁機與蘇聯新領導人直接交換意見，積極地推動了中蘇關係的發展。

1985 年 3 月，戈爾巴喬夫（Mikhail Gorbachev）成為蘇聯黨和國家的最高領導人。他上台後立即表示願意和蘇聯的軍事競爭對手洽商軍備管制措施、願意和世界上任何國家擴大經貿關係，以及願意不再

以無產階級國際主義作為蘇聯對外政策的指導原則。上述主張，又稱「外交新思維」（"New Thinking" in foreign affairs），一方面緩和了冷戰的緊張局勢，另一方面又揭開了中蘇關係新的一頁。

1986 年 2-3 月，蘇共「二十七大」在莫斯科召開。與會者認為當前的形勢「要求改革」，隨即提出了「加速」（*uskoreniye, acceleration*）、「重建」（*perestroika, restructuring*）、「開放性」（*glasnost, openness*）等新概念，最後通過《加速社會經濟發展的戰略》，以達「完善社會主義」的目標。還有值得注意的是，當時中國與匈牙利所推行的改革，在該次會議上得到表揚。

中蘇經貿和科技合作在蘇共「二十七大」結束後取得了突破性的發展。從 1986 到 1988 年，中蘇貿易增加約 100%（除邊界地區以物換物的貿易以外，蘇聯主要提供重工業生產原料及製成品，中國則主要提供農產品及輕工業製成品）。1986 年 7 月，中國在莫斯科舉辦自 1953 年以來最大型的工業貿易展覽；同年 12 月，蘇聯又在北京舉行同樣性質的展覽。1989 年，兩國貿易總額已超過 30 億美元；至此，蘇聯已成為繼香港、美國、日本和聯邦德國之後中國的第五大貿易夥伴。在技術合作方面，蘇聯和東歐專家再次大批來華，幫助中國重建 1960 年因中蘇決裂而被棄置的 156 所工廠。此外，新疆政府於 1988 年 12 月獲得蘇聯一項實物貸款，這是蘇聯自中蘇交惡以來首次向中國一個具戰略重要性的省份直接提供貸款。

與此同時，中蘇文化交流也有明顯的進展。1986 年 5 月，兩國簽訂了一個為期兩年的文化交流合作協議，其範圍包括科學、教育、藝術、電影電視業、新聞事業、出版事業、廣播事業、體育等各方面。1986 年 6 月，中國科學院和蘇聯科學院又簽署了一項為期兩年的科學合作協議。

至於消除影響中蘇關係正常化的「三大障礙」問題，戈爾巴喬夫執政當初還是採取「三不政策」，企圖繞過這問題去改善中蘇關係。但隨着國際及國內形勢的變化，戈爾巴喬夫對消除「三大障礙」的態度也起了變化：首先，由於面對美國的挑戰，戈爾巴喬夫遂決定對美國採取和平攻勢，結果是國際關係全局由對抗走向對話，而蘇聯對中國的政策也作出了適當的調整；其次，蘇共「二十七大」通過《加速社會經濟發展的戰略》後，戈爾巴喬夫覺察到「三大障礙」問題不僅妨礙中蘇關係正常化，也妨礙蘇聯的經濟發展，所以決定嘗試消除「三大障礙」；再其次，戈爾巴喬夫所提出的「外交新思維」要求蘇聯對外政策有高度的靈活性，並且重視發展與亞太地區各國的關係，這當然包括中國在內。

　　蘇共「二十七大」結束後，戈爾巴喬夫就致力消除阻擋着中蘇關係正常化的所有障礙。當時中國雖然很希望改善中蘇關係，但是，中國並沒有蓄意加快談判步伐，因為它想藉中蘇談判以增加中美談判桌上的籌碼。此外，中共領導人深明改革開放要成功，就要靠中國跟美國、西歐和日本發展良好的經貿關係。因此，中國的外交策略不宜太過急於向蘇聯傾斜，否則就會影響到整個建基於歐美經濟科技關係的開放改革政策。儘管如此，中蘇關係在 1986-1989 年間還是朝着正常化的方向邁進。以下簡述「三大障礙」消除的過程：

　　1986 年 7 月，戈爾巴喬夫在符拉迪沃斯托克（中國稱海參崴）講話，明確表示將會從阿富汗撤出蘇軍六個團，另從蒙古撤出大部份蘇軍（後來訂定為 75%）。

　　1987 年 4 月，蘇聯開始從蒙古撤軍。

　　1988 年 4 月，蘇聯、美國、巴基斯坦和阿富汗四方簽署了關於政治解決阿富汗問題的《日內瓦協議》（the Geneva Accords），規定蘇

軍自該年 5 月起從阿富汗撤出，9 個月內完成撤軍。

同年 9 月，戈爾巴喬夫在克拉斯諾亞爾斯克（Krasnoyarsk）講話，表示願意促使越南從柬埔寨撤軍。

同年 12 月，中國外長錢其琛訪問蘇聯，同蘇方討論有關中蘇邊境駐軍等問題。這是 1957 年以來中國外長首次正式訪蘇，標誌着兩國關係已開始「半正常化」。戈爾巴喬夫隨後在聯合國大會宣佈，蘇聯將從東歐、蒙古撤出部份軍隊，特別是從蒙古和中國接壤地區撤出大部份軍隊。同月，越南宣稱從柬埔寨撤出五萬越軍。

1989 年 2 月，蘇聯外長謝瓦爾德納澤 （Eduard Sherardnadze）正式訪華，並與中國外長錢其琛舉行會談。兩國外長隨後發表《聯合聲明》，宣稱越南在 1989 年 9 月底以前將從柬埔寨全部撤軍，之後即由聯合國發揮其在柬埔寨問題上的作用。同月，蘇聯最後一批駐阿富汗軍隊撤走。至此，阻擋着中蘇關係正常化的「三大障礙」基本上已消除。

同年 5 月，戈爾巴喬夫應中國國家主席楊尚昆的邀請，到中國進行為期四天的正式訪問，並先後與楊尚昆、鄧小平、趙紫陽及李鵬會談，這是 1959 年以來蘇聯最高領導人首次訪華。鄧小平在會見戈爾巴喬夫時說：「我們這次會見的目的是八個字：結束過去，開闢未來。」他繼續說道：「從〔19〕60 年代中期起，我們的關係惡化了，基本上隔斷了。這不是指意識形態爭論的那些問題，這方面現在我們也不認為自己當時說的都是對的。真正的實質問題是不平等，中國人感到受屈辱。雖然如此，我們從來沒有忘記在中國第一個五年計劃時期蘇聯幫我們搞了一個工業基礎。……歷史賬講了，這些問題一風吹，這也是這次會晤取得的一個成果。雙方講了，就完了，過去就結束了。現在兩國交往多起來了，關係正常化以後的交往，無論深度和廣度都會

有大的發展。在發展交往方面，我有一個重要建議：多做實事，少説空話。」戈爾巴喬夫聽完後即表示，在並不久遠的過去，在蘇中關係的決裂方面，蘇聯有一定的過錯和責任，但歷史問題是複雜的，蘇方還有些不同的看法。他贊同過去的事情已過去，重點在於向前看。雙方最後發表了《中蘇聯合公報》，確認兩國將在和平共處五項原則的基礎上發展雙方關係，兩國的共產黨將在獨立自主、完全平等、互相尊重、互不干涉內部事務的基礎上進行交往。《聯合公報》又提出，「和平」與「發展」已成為當代世界兩個最重大的問題。至此，中蘇兩國兩黨關係完全正常化。

誠然，這次中蘇高峰會議是中蘇關係史上，也是當代國際關係史上的一個重大事件。不過，由於戈爾巴喬夫訪問期間北京爆發了百多萬人上街聲援絕食學生的大遊行，所以外界傳媒的焦點都較集中在天安門廣場上的學生民主運動。不久就發生「六四事件」及由此掀起的國際間制裁中國浪潮。蘇聯採取甚麼態度，是國際社會關注的事。當時的蘇聯駐華大使特羅揚諾夫斯基（Oleg Troyanovsky）回憶説：「當然這裏就出來了一個蘇聯官方對北京事件的反應問題。在蘇聯人民代表大會上，主席團非常巧妙地否決了極其尖銳地譴責中國當局的提案。……同時，決議強調，中國事件是中國人民的內政，任何人都不應該從外部施加壓力。」結果，蘇聯沒有參與制裁中國。1990 年 4 月，中國總理李鵬對蘇聯進行訪問，並簽署了多項重要協定。這是自 1964 年 11 月周恩來總理率領中國黨政代表團訪蘇，相隔 25 年後中國總理首次訪蘇。1991 年 5 月，中共中央總書記江澤民正式訪問蘇聯，也是對戈爾巴喬夫兩年前來華的回訪；兩國外長正式簽署了《中蘇聯合公報》，確認在和平共處五項原則的基礎上加強兩國睦鄰友好關係。同年 12 月 8 日，蘇聯宣告解體了。27 日，中國政府致電俄羅斯聯邦，

宣佈承認其獨立，並派遣中國經貿部部長李嵐清為中華人民共和國特使訪俄。雙方遂確認 1989 年和 1991 年兩個《聯合公報》所確定的各項原則為中俄關係的指導原則；願承擔中蘇簽訂的條約和協定所規定的義務；願以和平共處五項原則為基礎進一步發展睦鄰友好合作關係。

## 2.3 從戰略夥伴到經濟夥伴：在摩擦中穩步前進的 中美關係

　　1980 年代初，由於里根政府向台灣出售先進的高性能武器，又由於中國在中越戰爭後進入了三年經濟調整期致使美國對中國的投資減少，中美關係遂走向低谷。1983 年初，中國總理趙紫陽認為，中美關係「仍然欠佳」。同年 10 月，中共總書記胡耀邦卻指出，中美關係「不是那麼差勁」。顯而易見，兩國關係已呈現了轉機。究其原因，大概可歸納為下列兩點：第一，美國於 1983 年 6 月放寬對華技術出口規定，打破了僵局；第二，隨着經濟調整期的結束，中美經貿關係得到改善並逐步擴大。1984 年 1 月，趙紫陽應美國總統里根的邀請訪問了美國。他在訪美時說：「我應美國政府的邀請到貴國來訪問的主要目的就是促進中美關係的發展，其中當然也包括經濟貿易關係的發展。」4 月，里根回訪中國（這是中美建交後美國在職總統第一次訪華），並表達了同樣的願望：「我們能夠合作的範圍很廣泛。我們認為，雙方在貿易、技術、投資和交流科學與管理技術這四個方面特別有希望取得進展。」兩國高層領導人互訪傳達了一個確實的信息：中美關係正走出低谷。

　　從 1984 年 10 月中國城市經濟體制改革發軔到 1989 年 6 月「六四事件」發生，中美關係可說是進入了一個持續及穩定的發展階段。

中國經濟體制改革的全面開展——包括企業、價格改革的推行及對外開放的擴大，無疑創造了一個更符合外商願望的貿易和投資環境。另一方面，政治體制改革的重新列入議事日程與相對寬鬆政治氣氛的出現，不只為中外學術和文化交流帶來契機，還迎合了美國某方面人士盼見中國建立美式政經體制的主觀願望。誠然，當時外界一般人都錯誤地認為，中共中央重申政治體制改革的迫切性，就是要趕上西方民主多元化（即多黨政治）的道路。無怪乎不少美國人預料中國將會成為世界上第一個摒棄馬列主義而擁抱資本主義和自由民主的共產主義國家。他們更認為，與中國結成經濟和文化夥伴將會加快中國的經濟和政治自由化。總而言之，從 1980 年代中期開始，美國政界、商界及學術界中不少人士皆憧憬與中國擴展關係。中美兩國實際上很快便成為密切的經濟夥伴，在既合作又競爭的基礎上穩步前進。

1985-1989 年間，中美兩國在經貿和科技合作方面，取得了長足的進展。據資料顯示，中美貿易總額 由 1985 年的 74 億美元增至 1989 年的 122 億美元。至此，美國已成為繼香港和日本之後中國的第三大貿易夥伴。美商在華投資總額，則由 1983 年的 1,800 萬美元猛增至 1988 年的 15 億美元；除港商外，美商就是當時最大的海外投資者。至於中美科技合作項目，由 1986 年的 80 個增至 1988 年的 500 個。

中美文化交流也蓬勃起來。各式各樣的文化藝術交流項目，由 1987 年的 100 起增至 1988 年的 200 起。從 1986 年開始，有數千多個美國教師來到中國教授英文或各類專業科目。另一方面，中國留美學生及訪美學者亦大增——1983 年，美國簽發了 4,300 個護照；1988 年，增至 14,000 個。1988 年，中國留美學生不下 40,000 人，其中公派、自費學生大概各佔一半，當中以研究生為主。

儘管美國希望與中國保持戰略合作以促使蘇聯和越南分別從阿富

汗及柬埔寨撤軍，但由於中國正在實行「不結盟」的對外政策，所以它拒絕了同美國建立廣泛的戰略夥伴關係。惟雙方仍保持以下幾個方面的軍事接觸：

第一，舉行解決地區性防禦問題的高層會晤和磋商，如共同討論有關支持阿富汗和柬埔寨反對派的問題、增強巴基斯坦和泰國防禦的問題，以及增加與「東盟」成員國合作的問題等等；

第二，展開有關交換蘇聯軍事情報的合作；

第三，舉行有關美國向北京售武和兩國合作製造武備的磋商，這在 1985 年之前是沒有出現過的；

第四，增進兩國國防機構和國防學院的交流。

在 1980 年代下半葉，中美關係已不再建基於國防戰略的考慮了。當時蘇聯正忙於加速改革及解決國內問題，所以它對中美兩國已不再構成嚴重的威脅。另一方面，美國和蘇聯已達成軍備管制協議，並取得了合作解決地區性問題的共識。與此同時，中國又與蘇聯不斷擴展貿易、增進文化交流，以及逐步解決邊界問題。上述形勢標誌着美、蘇、中三國雙邊關係的各自發展，亦意味着美、蘇、中「戰略大三角」的瓦解。

自 1980 年代中期開始，由於海峽兩岸非官方及間接的（主要是經香港的）經濟和文化接觸迅速擴大，因此，中美兩國在「台灣問題」上的摩擦也相應地減少。1987 年 10 月，中國國務院發佈《關於台灣同胞來大陸探親旅遊接待辦法》通知書；1988 年 7 月，又頒佈《關於鼓勵台灣同胞投資的規定》。由於台灣當局准許台灣公民回大陸探親及投資，這直接促進了海峽兩岸的溝通。1988 年，兩岸人員往來達 45 萬人次；1989 年，超過 50 萬人次。至於台商投資大陸，1989 年已有 540 個投資項目，投資額為 1.54 億美元。這時美國已沒有向台灣出

售大宗武備，而中國也沒有公開要求美國廢止《與台灣關係法》及停止向台灣售賣武器。因此，由「台灣問題」所引起的中美矛盾在這個時段已有漸趨緩和之勢。

然而，中美整體關係在持續發展中依然存在摩擦和矛盾，致使雙方不時發出不滿情緒。中方的不滿包括以下幾個方面：

第一，中國保守官員不滿美國某方面人士在華鼓吹資本主義和自由主義，並抨擊這些人蓄意包庇異見分子及企圖改造中國的政經體制；他們又不滿美國大眾文化入侵中國，認為這是「精神污染」，對社會產生了不良影響；

第二，中國政府不滿人才外流（當時大概只有 32% 留美學生回國）；

第三，中國國營企業不滿美國保護主義勢力抬頭；

第四，中國人民解放軍不滿美國批評中國向中東、巴基斯坦及泰國售賣武器。

而美方的不滿則表現在以下各方面：

第一，美國勞工界（尤其是紡織業界）不滿中國廉價產品入侵美國市場，並要求美國政府限制中國貨品（尤其是紡織品和成衣）進口；

第二，美國投資者不滿中國投資環境不穩定、欠缺健全的法制，以及官僚作風氾濫；

第三，美國人權分子不滿中國政府有關節育及對待異見分子和西藏的政策［美國國會對在 1987 及 1989 年於拉薩發生的騷亂反應激烈──1987 年，美國眾議院通過《西藏人權問題修正案》，批評中國政府侵犯西藏人權，並支持達賴流亡集團；1988 年，達賴到了美國，美國國會授予他第一個人權獎；1989 年，美國參議院又要求布什政府（the Bush administration）把美國對西藏的態度作為美中關係的一個

重要部份，令中美兩國在這方面的矛盾進一步激化﹞；

第四，美國防止核擴散組織不滿中國政府沒有盡本分遏止核武器擴散。

中美兩國雖然存在許多解決不了的矛盾，但是兩國關係還能穩步前進，總體良好，這大概是因為雙方政府皆願意在「求同存異」的基礎上執行務實的政策。

布什（George Bush）在 1989 年 2 月當選美國新總統，並於同月訪華，與中國領導人就共同關心的國際問題及雙邊關係交換了意見。雙方都認為中美關係發展是穩定的，儘管存在一些問題和分歧。惟「六四事件」使中美關係頓時逆轉——它不止砸碎了美國某方面人士想按美國的價值觀來塑造中國政經體制的美夢，更使整個中美關係陷入自尼克松訪華以來最嚴重的危機。「六四事件」發生後，美國反華勢力立即結合起來，迫使布什政府對中國實施制裁，項目包括：停止軍售、停止高層官員（包括軍官）的接觸，以及停止新的對華貸款兼美國可以影響的國際對華貸款。而中共中央不少高層幹部則認為，中國在近幾年來一再爆發學潮與民運，主要是因為它與美國發展過份廣泛和密切的關係。對這些幹部來説，1989 年民運的最終目的，正如鄧小平指出，就是要在中國「建立一個完全西方附庸化的資產階級共和國」；整場運動是美國（至少是一些美國人）企圖在中國搞「和平演變」的結果。保守意識形態及反美情緒，再次在中共領導層活躍起來。值得慶幸的是，鄧小平堅決採取低調姿態以渡難關。為了促使中美關係回到正常發展的軌道，中國政府於 1989 年 10-11 月間先後邀請前美國總統尼克松、前國務卿基辛格來華訪問，共同探討改善中美關係的途徑。另一方面，美國總統布什雖然帶頭制裁中國，但他還是暗地裏派特使到北京進行秘密外交。是年 12 月，鄧小平會見美國總統特使、

總統國家安全事務助理斯考克羅夫特（Brent Scowcroft）時，向其表達了中國保持國內穩定的必要性：「中國在國際上有特殊的重要性。關係到國際局勢的穩定與安全。如果中國動亂，問題就大得很了，肯定要影響世界。這不是中國之福，也不是美國之福。」上述原因解釋為何中美關係在「六四事件」後雖然變得嚴峻，但是沒有完全脫軌。

# 3、中國在 1990 年代（後冷戰初期）的對外關係

## 3.1　1990 年代初期的外交困局與中國的對策（1990-1992 年）

「六四事件」後，中國不只陷入人心不穩與經濟滑坡的困境，它還備受美國、西歐大國及日本的制裁。東歐劇變和蘇聯解體，又給正在忙於應付西方制裁的中國帶來新一輪的衝擊。在這四面楚歌的情況下，鄧小平提出了「冷靜觀察、穩住陣腳、沉着應付、韜光養晦」的「十六字方針」，以指導中國如何應付困境、走出危局。

紓解制裁是當務之急。為了達到這個目的，中國政府擬訂了三項具體措施：第一，通過外交機構和外交官與制裁國家進行交涉；第二，對實行制裁的國家採取相應的「逆向制裁」；第三，有針對性地做西方國家來訪者的工作。事實證明，上述對策有顯著成效——日本率先撤銷對中國的制裁，兩國政府於 1989 年底簽署了向中國提供無償資金援助 50 億日元的協議；西班牙、葡萄牙、德國、英國、澳大利亞、新西蘭及歐共體亦於 1990-1991 年間與中國恢復高層接觸以及在各領域裏的關係；美國則於 1992 年底成為最後一個停止制裁中國的國家。

1990 年 7 月，鄧小平在會見加拿大前總理特魯多（Pierre Trudeau）時説：「國際關係新秩序的最主要的原則，應該是不干涉別國的內政，不干涉別國的社會制度。」這番話明顯地是針對西方國家在「六四事件」後譴責和制裁中國而説的。由於中共批評西方國家干涉中國內政，因此，在東歐發生巨變和蘇聯宣告解體後，中共並沒有干預或公開評論東歐、蘇聯的事態，以免給西方國家找藉口批評中國干涉別國內政。北京審慎地處理東歐、蘇聯劇變的另一個原因，是它要防止東歐和「獨聯體」〔即「獨立國家聯合體」（the Common-wealth of Independent States）〕的新政權承認台灣。無怪在冷戰結束後，中國在「和平共處五項原則」的基礎上保持和發展與東歐各國的雙邊關係；又同樣在「和平共處五項原則」的基礎上跟俄羅斯及俄以外的 14 個「獨聯體」國家建立邦交。這樣做可以説是體現了鄧小平「十六字方針」的精神。

上述精神也體現於中國在處理海灣（波斯灣）戰爭的超脱態度上。1990 年 8 月，伊拉克進攻及佔領科威特。1991 年 1-2 月，以美國為主的多國部隊打敗伊拉克，使科威特恢復獨立。在這被總稱為海灣戰爭的事件中，中國一方面反對伊拉克對科威特的入侵和吞併，另一方面又反對美國立心控制中東石油。故當美國帶頭要求聯合國批准它向伊拉克採取軍事行動時，中國代表在安理會投了棄權票。

## 3.2 世界格局走向多極化時期的中國外交 （1992-2000 年）

隨着冷戰結束，國際原有格局不復存在，代之而起的是一個走向多極化的國際新秩序。在後冷戰初期，中國決定遵循「和平」、「發

展」、「求同存異」的原則,實行睦鄰政策,並致力於廣交朋友,將 1980 年代「不結盟」的外交戰略擴展為「全方位」的外交戰略,藉以「推動建立國際政治經濟新秩序」。下文分別論述 1992-2000 年間中俄及中美關係。

### 3.2.1 中俄關係

蘇聯解體後的第一年,因俄羅斯領導人推行親西方政策,在亞洲又將注意力集中在改善與日本的關係,故中俄關係一度處於冷漠狀態。但由於這一政策收效甚微,所以俄羅斯政府進行了一場外交政策的辯論,最後決定把改善和發展與中國的關係放在其亞太政策的優先地位。

1992 年 12 月,俄羅斯總統葉利欽(Boris Yeltsin)首次正式訪華,與中國國家主席楊尚昆簽署了第一個《中俄聯合聲明》,宣佈兩國「互視為友好國家」及「發展睦鄰互利合作關係」。兩國政府官員還簽署了經濟、貿易、科技、文化等方面的多項文件。中俄關係隨着葉利欽訪華走上了第一個新台階。雙邊貿易迅速增長;1993 年,中俄貿易總額達 78 億美元,創兩國貿易史上的最高紀錄。

1994 年 1 月,由於「北約」東擴,葉利欽經外長科濟列夫(Andrey Kozyrev)將一封親筆信交給中國國家主席江澤民,建議中俄兩國建立「面向廿一世紀的建設性夥伴關係」。9 月,江澤民對俄羅斯進行友好訪問,簽署了第二個《中俄聯合聲明》,正式宣佈兩國要建立「面向廿一世紀的建設性夥伴關係」,還從政治關係、經貿和科技關係、軍事關係、國際關係四個方面規定了中俄兩國應當採取的步驟。這次訪問標誌着中俄關係上了第二個新台階。

1996 年 4 月,葉利欽再次訪華,簽署了第三個《中俄聯合聲明》,

宣佈雙方「決定發展平等信任的、面向廿一世紀的戰略協作夥伴關係」和建立熱線電話，並簽署了一系列具有戰略意義的合作協定。中俄關係上了第三個新台階。

1997年4月，江澤民訪俄，簽署了第四個《中俄聯合聲明》，確立兩國將共同努力建立國際新秩序、通過邊境裁軍實現睦鄰友好的新安全模式，並成立了「中俄友好、和平與發展委員會」。同年11月，葉利欽第三次正式訪華，簽署了第五個《中俄聯合聲明》，作為對中俄不斷發展的一個總結。是年，雙方簽署了17項國家和政府間協定。

1998年11月，江澤民訪俄，簽署了第六個《中俄聯合聲明》，另加一個有關中俄邊界問題的聯合聲明，宣佈中俄東、西兩段邊界的野外勘界作業已全部結束。

1999年6月，中俄兩國堅持必須由聯合國出面以和平方法解決科索沃問題。12月，葉利欽最後一次訪華，與江澤民一起重申「推動建立多極世界，加強聯合國在國際事務中的主導地位」。

2000年3月，普京（Vladimir Putin）當選俄羅斯總統，把發展中俄關係作為既定政策。

儘管中俄關係發展良好，但還是存在一些問題需待解決，包括：

第一，中俄經貿合作上的問題——中方批評在俄羅斯投資風險大，又不滿貿易逆差逐步擴大；

第二，中國人移民俄羅斯問題——隨着邊境口岸開放，中國公民越界進入俄羅斯增多，引起俄羅斯的不滿，又加強了所謂「中國威脅論」的主張；

第三，中俄邊界問題——俄羅斯部份地方和軍隊領導人對中俄已達成的邊界協定持反對立場；

第四，台灣問題——俄羅斯內部出現了一股親台勢力，並主張將

先進武器賣給台灣。

### 3.2.2 中美關係

冷戰結束後，中國與唯一超級大國（美國）尚能在「求同存異」的基礎上維持以合作和對話為主流的關係，雖然雙方仍然存在摩擦和矛盾。1990年代中美關係的曲折發展大致如下：

1990年代初，中美關係雖憑特使外交得以維持，但由於東歐劇變、蘇聯解體及冷戰結束，美國政府認為中國的全球戰略作用已降低，故對改善中美關係呈消極態度。而中國直到1992年12月（即在美國未正式宣佈高層接觸禁令結束前）的對美原則是：「增加信任、減少麻煩、發展合作、不搞對抗」。

克林頓（Bill Clinton）於1993年初就任美國總統後，曾在人權、延長最惠國待遇（MFN，Most-Favoured-Nation Treatment）、核不擴散等問題上對中國採取強硬的態度，使中美關係繼續下滑。惟中美關係不斷惡化，對美國實無裨益可言。有見及此，克林頓遂於1993年9月提出對中國實行「全面接觸」政策（an "all-out engagement" policy），即既與中國接觸、對話、合作，同時又防範、制約中國，藉以實現美國的利益兼影響中國的發展方向。11月，美國倡議在西雅圖召開亞洲太平洋經濟合作會議（APEC，Asia-Pacific Economic Cooperation）。克林頓與江澤民在該會上首次會面，並達成改善兩國關係的共識。此後，克林頓逐步調整對華政策，決定同中國增加建設性的接觸，目的是要把中國納入由美國主導的國際新秩序裏，以減少中國勢力上升所帶來的挑戰。

1994年5月，克林頓宣佈人權問題與中國最惠國待遇脫鈎，大大鼓舞了中美經貿交流合作。然而，在隨後的兩、三年間，中美關係

又因「台灣問題」蒙上了陰影，面臨倒退危機。究其緣由，可追溯到 1994 年 9 月克林頓批准了美國對台政策調整方案，使美台關係升級。1995 年 5 月，美國不顧中方強烈反對，公然批准李登輝「以私人身份」訪問康奈爾大學（Cornell University）。對此，中國作出了一系列強烈反應，包括：第一，立即推遲甚至中止了雙方原定的一些高層往來，並召回中國駐美大使李道豫，何時返美沒有説明；第二，於同年 7 月在東海海域進行導彈試射演習；第三，於 1996 年 3 月再次在台灣海峽附近海域進行導彈發射訓練和軍事演習。在上述最後一次演習時，美國居然派遣兩個航空母艦編隊到台灣海峽附近巡弋，使中美關係更趨緊張。鑒於中國保持強硬態度，又為自身的戰略利益和經濟利益起見，美國最後選擇同中國恢復對話。1996 年 11 月，克林頓與江澤民在馬尼拉舉行的亞太經合會議會晤，雙方就包括兩國元首在內的高層互訪達成一致意見。

1997 年 10 月，江澤民訪美，這是中國國家最高領導人 12 年來首次正式訪美（上一次是 1985 年 7 月國家主席李先念到美國進行國事訪問）。訪美期間，江澤民公開指出，發展面向 21 世紀中美關係的指導方針是：「一、堅持用戰略眼光和長遠觀點來審視和處理中美關係，牢牢把握兩國關係的大局。二、積極尋求共同利益的匯合點，既要考慮自身利益，也要考慮對方的利益。三、恪守中美三個聯合公報，這是發展中美關係的基礎。四、本着相互尊重、平等協商、求同存異的精神，正確處理兩國間的分歧。五、妥善處理台灣問題。」誠然，江澤民此行正式確立了中國對美國的新原則——「增進了解、擴大共識、發展合作、共創未來」。

1998 年 6 月，克林頓回訪中國。這是美國總統九年來第一次訪華（上一次是 1989 年 2 月布什訪華）。訪華期間，克林頓在北京大學

發表了演講，他說：「我們需要彼此增進了解——了解彼此的利益和願望以及彼此的分歧。我相信，公開、直接的交流將進一步澄清、縮小我們之間的分歧，使人們有信心把生活變得更好。」克林頓在結束訪華前還重申美國「三不」承諾，即美國不支持「兩個中國」或「一中一台」、不支持台灣獨立，以及不支持台灣加入以主權國家為成員的國際組織。中美雙方皆表示同意繼續努力建立建設性戰略夥伴關係，以維護世界和平及穩定。

總的來說，中美兩國自建交以來，雖然歷經了不少波折，但整體關係還是有很大發展的，其中以經貿關係尤其發展迅速。1979 年，中美雙邊貿易總額只有 24 億美元，1997 年則高達 489.9 億美元，增長了 20 倍。20 世紀末，美國已成為中國第二大貿易夥伴，而中國則成為美國第四大貿易夥伴。另一方面，美國是在華最大投資國。截至 1997 年底，美國在華投資項目達 2.44 萬個，實際投人金額 174.9 億美元。至於科技、文化、教育以至軍事和其他方面的交流與合作，也不斷擴大。

最後要交代的，是後冷戰初期阻礙中美關係發展的幾個重大問題：

影響中美關係各問題中最嚴重和最敏感的，可說是「台灣問題」，亦即是中美三個《聯合公報》的核心問題。冷戰結束後，由於美國運用「以台制中」策略的空間擴大，故台灣對於美國的戰略價值也相應地提高。在此形勢下，美台關係迅速升溫。最影響中美關係的，無疑是美國向台售武及「台獨」問題。1992 年 9 月，美國總統布什宣佈向台灣出售 150 架 F-16 戰鬥機，使 1993 年美國售台武器總額比上年度猛增 12 倍多，嚴重損害了中美關係。1992 年 11 月，布什又派美國貿易代表希爾斯（Carla Hills）訪台，打破了美國實行了 13 年的禁止內閣級官員訪台的禁令。克林頓於 1993 年初上台後，先後在不同場合

稱台灣是一個「國家」，令北京不悅。1994 年 7 月，美國參議院表決通過一項對《與台灣關係法》的修正案，聲稱「台灣『總統』和其他高級官員可以在任何時間訪美」及「美台官員互訪為美國政策」等等。9 月，美國國務院又宣佈了經克林頓批准的美國對台政策調整方案。宣佈後不久，美台就簽署了《貿易與投資架構協定》（TIFA，Trade and Investment Framework Agreement），以解決兩地雙邊貿易問題及加強雙方經濟合作。1995 年 5 月，美國公然批准李登輝「以私人身份」訪問康奈爾大學。李於 6 月在該所大學發表了〈民之所欲，長在我心〉的演講，為「台獨」尋求國際承認，迫使中國展示武力——7 月，中國在東海海域進行導彈試射演習；1996 年 3 月，再次在台灣海峽進行軍事演習，引起一場中美外交風波。李登輝又於 1999 年 7 月宣稱，兩岸關係是「特殊的國與國的關係」，製造了新一輪的緊張氣氛，最後迫使克林頓公開表態，重申美國支持「一個中國」的立場。民進黨候選人陳水扁贏得 2000 年台灣總統大選後，「台獨」勢頭猛增，令海峽兩岸形勢及中美關係同時變得更加嚴峻。

其次是人權問題。自 1990 年開始，美國政府每年都發表包括抨擊中國人權狀況的《人權報告》（*Human Rights Report*），矛頭直指中國一系列涉及人口、異見分子、出口勞改產品、西藏等等的政策；又每年帶頭在聯合國人權理事會（United Nations Human Rights Council）上提交反華提案。美國國會還多次通過關於中國人權、西藏和香港的決議、法案，嚴重影響中美關係。眾所周知，美國插手西藏問題最令中方不滿。1991 年，布什接見達賴喇嘛，這是美國現任總統首次接見達賴，給中美關係投下了陰影。1993 及 1994 年，克林頓又接見達賴，還敦促北京和達賴恢復對話。有消息指出，1989-1994 年間，美國向達賴集團提供經援達 875 萬美元；之後每年給「西藏流亡政府」

200 萬美元的經濟援助。1999 年，美國國務院多次公開批評中國對西藏的政策，並以各種形式對北京施壓。

與人權問題拉上關係的，是最惠國待遇問題。中國早在 1980 年已取得最惠國待遇，但由於 1974 年通過的有關條文規定，「最惠國待遇不能給與一個不准人民自由出入的共產主義國家，除非得到美國總統的特別批准」，所以中國一直未能直接享受最惠國待遇。直至 1994 年，美國國會每年都對給予中國最惠國待遇這問題進行審議，又每每以中國「違反人權」為理由而向北京施壓，使中美經貿關係難以正常、穩定地發展。克林頓終於在 1994 年 5 月宣佈，人權問題與中國最惠國待遇脫鈎，這樣才完滿地解決了上述問題，但每年審定一次的程序依然存在。

經濟貿易和知識產權問題也不容忽視。從 1990 年起，美國把通過第三國或地區（如香港）向美國轉口的中國紡織品貿易額計算在中國向美國出口貿易額中。儘管中方指出這種計算方法並不合理，美國卻一而再、再而三地單方面扣減中國紡織品輸美的配額，使中國感到無理受壓。美國又從 1990 年起提出美國知識產權在中國缺乏保護的問題。雙方於是在 1992 年 1 月簽署了《中國政府與美國政府關於保護知識產權的諒解備忘錄》。1994 年，中國全國人大常委會通過了《關於懲治侵犯著作權的犯罪的決定》；中國國務院隨即下發《關於加強保護知識產權、查處侵權盜版活動的緊急通知》，並要求各地抓緊檢查侵權違法活動。然而，美國認為中國打擊侵權、盜版活動不力，遂向中國提出苛刻的要求，導致談判破裂。同年 12 月，美國公佈對華貿易報復清單；中國外經貿部又於同日公佈擬對美國的貿易反報復清單，以作回應。一場中美貿易戰如箭在弦，一觸即發。1995 年 2 月，兩國再度恢復談判；3 月，中國外經貿部部長吳儀和美國總統特使、

貿易代表坎特 （Mickey Kantor）分別代表中美兩國政府重新簽署關
於知識產權的協議，中美貿易戰才免於發生。中國自 1986 年就正式
要求恢復在「關貿總協定」 （GATT，General Agreement on Tariffs
and Trade） 這個國際經貿組織中的創始成員國地位，但由於中國爭
取用發展中國家的身份「復關」和不願意更大程度的開放市場，故這
要求一直受到美國阻撓。1995 年 1 月，「關貿總協定」改組成為「世
界貿易組職」 （WTO，World Trade Organization） ，中國「復關」
問題於是延續下來成為中國參加「世貿組職」的問題。之後，中國與
美國在這方面的談判、磋商並沒有取得任何突破性的進展，直到 1999
年 11 月美國貿易代表巴爾舍夫斯基 （Charlene Barshefsky）到北京進
行作為「最後一次機會」的訪問時，始與中國外經貿部部長石廣生達
成關於中國「入世」的雙邊協定。至於中國正式加入「世貿組職」，
要到 2001 年 11 月才實現。

　　此外，中美關係也受到一些突發事件影響，如 1999 年 5 月美國
所謂「悲劇性誤炸」中國駐南斯拉夫大使館事件；又如 2001 年 4 月
美國 EP-3 偵察機在中國近海撞毀一架中國戰鬥機事件。這些事件都
給中美關係增添不穩定的因素。

　　幸好，中美雙方存在廣泛的共同利益；更重要的是，這種共同利
益在 21 世紀的新形勢下，不是減少，而是增加。只要兩國政府能繼
續致力尋求共同利益的匯合點，並堅守「求同存異」這基本原則，中
美關係的發展將會是樂觀的。

# 4、「中國威脅論」：西方對中國的恐懼合理嗎？

## 4.1 「中國威脅論」（the "China threat" theory）有何論據？

　　1990 年代初首先流行於日本和美國的「中國威脅論」，是昔日「黃禍論」的翻版。第一個炮製此論調的人，應是日本防衛大學教授村井友秀（Tomohide Murai）——他在 1990 年 5 月於《諸君》月刊發表了一篇題為〈論中國這個潛在的威脅〉的文章，從國力的角度把正在崛起的中國列為一個潛在的敵人，只是該文並未引起廣泛注意。到 1992 年 6-9 月，美國和日本新聞媒體開始大唱「中國威脅」的論調——聲稱中國正在狂熱地向俄羅斯採購武器以實現軍隊現代化，以及向南中國海、東海乃至印度洋擴展以謀求建立海洋霸權；它們又把中國經濟發展與「威脅」一詞聯繫起來，還別有用心地提醒國際社會，說中國的力量如果越來越強大，將可能仗勢欺壓周圍國家。在美日輿論的推動下，不少亞太乃至西方國家開始對中國抱有疑慮和保持高度警惕。進入 1993 年以後，「中國威脅論」甚囂塵上，引起了國際社會（特別是政界和學術界）的廣泛注意，其市場至今不衰。從 1990 年代到本世紀初，鼓吹「中國威脅論」者所提出的論據，大致上可從歷史、意識形態、經濟及軍事四個方面來說明：

### 4.1.1 建基於歷史的論據
　　有論者認為，當今中國已成為亞太地區和平的最主要不穩定因素，這是有歷史因由的。他們指出：
　　第一，歷史上的中國是一個「霸主」（宗主國），所以當今中國

將會力圖恢復這個傳統，重建其在亞洲的「霸主」地位，從而威脅該地區的安全；

第二，中華人民共和國曾在其周邊地區參與甚至挑起戰爭，這顯示當今中國不無侵略他國的傾向。

### 4.1.2 強調意識形態分歧的論據

另有論者認為，當今中國對世界和平及安全造成了威脅，此乃其意識形態所使然。他們指出：

第一，中國在蘇聯解體後是僅存的一個社會主義大國，對它決不可掉以輕心；

第二，中國政府違反人權，抗拒政治自由化，是西方現代文明的對立象徵，嚴重威脅民主自由的發展；

第三，中國的民族主義一向是一種製造擴張的意識形態，其威脅力因中國海外華僑人數眾多而大增；

第四，中國新興的民族主義更具強烈的反美性質，它體現於 1996 年出版的《中國可以說不》[1] 一書，以及 1999 年 5 月中國駐南斯拉夫大使館被炸後和 2001 年 4 月「EP-3 事件」發生後的反美示威。

### 4.1.3 把經濟成就等同威脅的論據

很多論者把中國在改革開放後的經濟迅速發展看成是一種威脅。他們指出：

第一，後毛澤東時代中國的經濟增長令人震驚，倘若年均增長率保持在 8% 上下，其經濟實力將會每九年翻一番，這必將威脅國際貿

---

1　宋強、張藏藏、喬邊、古清生等：《中國可以說不──冷戰後時代的政治與情感抉擇》，北京：中國工商聯合出版社，1996 年。

易的正常進行，並影響原來貿易格局和利益劃分；

第二，中國海外華僑人數達 3,000 多萬，而中國謀求建立的「大中華經濟圈」或「大中華共同市場」，實際上是二次世界大戰期間日本倡議的「大東亞共榮圈」的翻版；

第三，中國低成本的工業製成品大量進入國際市場，嚴重打擊西方的製造業，並導致全球性貿易保護主義抬頭；

第四，自 1996 年起，美中貿易逆差已超過美日貿易逆差，差幅更逐年擴大；

第五，中國已成為外匯儲備金最多的國家之一；

第六，中國快速的經濟發展嚴重威脅世界自然環境；

第七，中國對能源的需求破壞了地區性的穩定（如對石油的需求就嚴重威脅南中國海的安全）；

第八，中國把經濟力量變成外交工具（如迫使克林頓宣佈人權問題與中國最惠國待遇脫鈎）；

第九，中國資助反美活動；

第十，中國的經濟發展與它發展軍事力量是分不開的（有說美國加州很多中國公司有人民解放軍背景，甚至有說加州已成為中國第 22 個省）。


### 4.1.4 把增強國防力量等同威脅的論據

還有不少論者把中國的軍事發展及國防現代化當作是一種威脅。他們指出：

第一，中國的軍費開支缺乏透明度，應把它加大十倍或以上才能反映真實情況；

第二，中國在冷戰結束後的軍事擴張令人擔心，它將填補前蘇聯

和美國從東南亞撤出後所留下來的「真空地帶」；

第三，中國售武問題亦令人擔心（有說美國的敵人就是中國的客戶）；

第四，台灣極可能成為中美戰場。

以上列舉的，都是「中國威脅論」的常見論據。

## 4.2　西方對中國的恐懼合理嗎？

一個正在崛起的中國真的具備威脅鄰國乃至全球的實力和野心嗎？這是一個值得探討的問題。下文嘗試對鼓吹「中國威脅論」者所提出的各種論據逐一分析。

首先要說的，是基於歷史的論據。過去中國曾因當宗主國而傲視「天下」。但到了 19 世紀末葉，傳統的天朝觀和它的體現——朝貢制度，已被列強的炮火打得稀爛，最終掉進了歷史的廢堆。有論者認為，中國將乘崛起之機恢復「霸主」地位，這無非是憑空揣度。平心而論，現今中國政府致力爭取的，是與世界強國政府平起平坐而非稱霸世界；況且，客觀環境也不容許它去稱霸。另有論者認為，當今中國政府有參戰甚至挑起戰爭的前科紀錄，所以強大了的中國將成為世界和平的主要威脅。上述說法聽起來似乎持之有故，其實並不公允，因為論者每每單方面強調軍事行動以突出中國的「侵略性」行為，對於中國參戰或開戰的動機和歷史背景少加分析。直至現在，中華人民共和國一共打過三場戰爭——1950-1953 年的朝鮮戰爭、1962 年的中印戰爭，以及 1979 年的中越戰爭。這三場戰爭分別發生在中華人民共和國剛剛成立、「大躍進」剛剛失敗、「文化大革命」剛剛結束的時候，亦即是中共急於重建政治社會經濟秩序、落實「調整」政策、

推行改革開放的關鍵時刻。面對經濟失調、百端待舉的嚴峻局勢，中共理應集中精力解決國內問題，但它卻在如此緊張關頭面前下令出兵，這是否顯示中共真有「侵略性」傾向，抑或另有因由？其實中共三次出兵，都是回應他國挑釁行為的體現——1950年出兵朝鮮，是對聯合國軍隊進逼鴨綠江（中朝邊境）的回應；1962年出兵印度，是對印度軍隊在中印邊界的東段和西段同時向中國方面推進的回應；而1979年出兵越南，則是對越南政府蓄意排華及製造大量邊境衝突事件的回應。為鞏固政權起見，中共一直把處理及解決國內問題視為首要任務，故當邊界地區出現嚴重挑釁情況而直接或間接影響到中國的社會建設和穩定時，它就會對挑釁者作出包括出兵的強烈反應，以表示不滿和抗議。中共大概認為容忍挑釁行為不但不能解決問題的癥結所在，反而會令挑釁者更加氣焰囂張，所以它決定：一旦挑釁行為超越了容忍的極限就主動出擊，以達徹底解決問題的目的。中共雖然相信展示軍事力量甚至使用武力是應付別國挑釁的有效方法，但這並非意味着中共具有「侵略性」傾向，因為它只會在出於無奈的情況下才選擇動武，藉以消除挑戰和威脅中國的外來力量。

其次是有關意識形態的論據。中國是社會主義國家，仍然奉行馬列主義，這是不可爭辯的事實。但現今中國沒有把無產階級國際主義作為指導外交的基本原則，也沒有企圖把自己的制度和價值觀強加於別國。既然如此，中國怎會對世界安全構成威脅呢？此外，把中國的民族主義看作是洪水猛獸，也是不必要的恐懼。國力提升，民族自信心和凝聚力自然增強。中國在崛起之後出現《中國可以說不》這類著作，實不足為怪。當中國人聲稱中國有權「說不」時，他們「不是尋求對抗，而是為了更平等的對話」，西方實在無須對此畏懼。況且，不是所有中國人都同意《中國可以說不》的看法——1998年就出版了

持相反意見的《中國不當「不先生」》[2]，惟西方對此書較少注意而已。至於中國各大城市在 1999 年中國駐南斯拉夫大使館被炸後，以及在 2001 年「EP-3 事件」發生後出現大規模的反美示威，這不過是中國人對美國霸權行為所作出的本能反應而已。中國政府亦在上述兩起事件中表現得審慎和冷靜，免使局面失控。

再其次是經濟論據。儘管中國經濟總量因改革開放迅速增長，但它仍是一個發展中國家，其人均國民收入還處於很低水平。經濟改革確實令中國逐漸強大起來，但若據此斷言中國將會對他國構成威脅，無疑是妄下結論。如果一個國家強大後，便構成對別國乃至世界的威脅，那麼長期以來居世界首富地位的美國，豈非全球最大的威脅？其實，中國商品市場與資本市場的不斷擴大，正好為眾多面對經濟困難的西方及發展中國家提供了適時的商機；由此觀之，中國經濟發展非但沒有對世界經濟構成甚麼「威脅」，反而發揮了幫助他國擺脫經濟困境的作用。至於「大中華經濟圈」一類說法，只不過是一些海外華人學者提出來的一種設想，既沒有得到中國政府的認同，也沒有人知道其實現的可能性有多大。近年來海外華人向中國投資數量的確大增，究其原因，不外希望獲得豐厚的回報和可觀的比較利益，絕非出於政治認同或受中國政府誘導所致。

最後是軍事論據。有論者認為，中國在冷戰結束後將填補東南亞地區的「真空地帶」，這是沒有根據的。首先，「真空」之說與事實不符，因為美國在亞洲依然擁有強大的軍事力量，而俄羅斯在越南的金蘭灣基地仍留有龐大的電子偵察設施和不少軍事技術人員。其次，一般東南亞國家在近年來皆改善了其防衛性的軍事裝備，所以它們已

---

2　沈驥如：《中國不當「不先生」——當代中國的國際戰略問題》，北京：今日中國出版社，1998 年。

第二部份
從「對抗性」到「非對抗性」外交

有能力肩負起捍衛該區安全的使命；即使美、俄軍事力量全部撤離東南亞，也無須由區域以外的國家前去填補所謂「真空」。況且，冷戰結束後，中國實行睦鄰政策，力主通過和平談判來解決亞太區內的矛盾。為了緩和南中國海海域的爭端，中國主動提出了「擱置爭議，共同開發」的倡議。至於解決「台灣問題」，中國再三表明，若非台灣當局宣佈獨立，將必通過和平途徑以達統一的目的。儘管西方猛烈抨擊中國政府拒絕放棄使用武力解決「台灣問題」，北京卻一直堅持保留使用武力的權利。北京這樣做大概是基於下列兩個原因：第一，保留使用武力的權利是防止台獨發生的唯一有效方法；第二，這是行使國家主權的象徵，因為選擇國策的自由是每個獨立自主國家應享有的基本權利。還要說明的是，近年來中國的國防預算雖有增加，但新增的國防費用中，很大一部份是用來保障和改善軍事人員生活條件的，這包括提高工資、津貼，以及安置退休、轉業軍人等等。

總而言之，「中國威脅論」欠缺令人信服的論據，實在難於成立。現今中國政府亟需要的，是一個和平安定的國際環境來進行社會經濟建設，以穩定民生、鞏固政權。

**總結：**

# 斷裂與延續：
# 用歷史的角度看
# 鄧小平時代的改革開放

# 1、歷史性的大轉折

　　1978 年 12 月召開的中共十一屆三中全會，是中國當代歷史的轉捩點，因為它標誌着毛澤東、華國鋒「左」傾時代的結束與鄧小平改革開放時代的開始。1981 年 6 月，中共十一屆六中全會通過了《關於建國以來黨的若干歷史問題的決議》；該文件指出，社會主義中國所要解決的主要矛盾，「是人民日益增長的物質文化需要同落後的社會生產之間的矛盾」，這與 1956 年劉少奇在中共「八大」所指出的一樣，即意味着當前的工作重點將重新「轉移到以經濟建設為中心的社會主義現代化建設上來」。1982 年 9 月，中共召開「十二大」，鄧小平在該會上強調，要力爭使全國工農業的年總產值由 1980 年的 7,100 億元增至 2000 年的 28,000 億元，即「翻兩番」。至此，以鄧小平為核心的「實踐派」全面掌權。從那之後，中國取得了驚人的經濟發展，儘管它還有很多重大問題仍待解決。

　　歷來有關改革開放的論述，大多局限於十一屆三中全會以來的「新時期」。給人的印象是，1979 年至今的新中國與 1979 年以前的新中國沒有多大關係。不僅如此，論者在肯定改革開放的卓越成就時，往往對新中國的前 29 年先來個全盤否定，這意味着只有全面否定前 29 年才能夠解釋「新時期」改革的成功。近年又冒起了一種反主流論述，論者着眼於改革開放所帶來的種種問題而提出批評，並用新中國的前 29 年來否定其後 30 多年的發展。應當指出的是，上述兩種觀點雖截然相反，卻同樣將中華人民共和國的歷史一分為二，即把前 29 年和後 30 多年截然劃分為兩段，並將之對立起來。

　　筆者向來從事歷史教學與研究，認為前述兩種觀點皆有商榷之餘地，因為那些論者漠視了歷史的延續性。在人類歷史的進程中，斷

總結：
斷裂與延續：用歷史的角度看鄧小平時代的改革開放

裂與延續兩股對立力量是交錯發展、循環不息的。當歷史進入大轉折的年代，斷裂性勢必明顯，但延續性（即對舊時代某些遺產的繼承）還是有的。誠然，歷史的發展不是一項嶄新政策的實施，或是一個政權的轉變，或者一場大革命所帶來的變革可以完全割斷的。我們不能否認，中國當代歷史在 1979 年大轉折——鄧小平在領導中國告別革命的同時，還推動了一系列搞活經濟的措施，結果為中國的經濟發展開創新紀元。問題是，我們應否視鄧小平時代的經濟發展為對毛澤東時代留下來的經濟遺產的全盤否定？我們又應否視鄧小平時代的經濟騰飛為鄧白手起家的奇蹟？下文嘗試用斷裂與延續的歷史觀點去解讀 20 世紀末葉中國改革開放的得失，旨在彌補那種把新中國歷史腰斬為毛、鄧前後兩段的論述之不足。

## 2、用斷裂與延續的歷史角度去解讀改革開放的成就

若說毛澤東時代是一個以階級鬥爭為綱，以群眾運動方式辦事的一人專政的極權時代，那麼，鄧小平時代可說是一個以發展經濟為中心，社會走向開放但仍須堅持共產黨領導的威權時代。鄧小平對毛澤東的功過，無疑有深刻的認識。他於 1985 年 4 月 15 日會見坦桑尼亞聯合共和國副總統姆維尼（Ali Hassan Mwinyi）時坦誠地說：「毛澤東同志是偉大的領袖，中國革命是在他的領導下取得成功的。然而他有一個重大的缺點，就是忽視發展社會生產力。不是說他不想發展生產力，但方法不都是對頭的，例如搞『大躍進』、人民公社，就沒有按照社會經濟發展的規律辦事。」鄧小平領導改革成功，在一定程度上是因為他大膽地摒棄了毛澤東時代一些不利經濟發展的根本原則和政策：

第一，鄧小平摒棄了「以階級鬥爭為綱」的主張──由於鄧小平是一個作風強硬、不喜歡空談、急於抓出成效來的人，所以他上台後就擺脫了意識形態框框的掣肘，用務實的態度領導改革。鄧小平堅信「實踐是檢驗真理的唯一標準」，又認為若要實行改革開放則首先要摒棄「以階級鬥爭為綱」的方針。鄧小平深明改革開放對中國的重大意義，他說：「不改革開放，不發展經濟，不改善人民生活，只能是死路一條。」儘管中國在鄧小平時代仍然出現反「自由化」的政治運動（如 1979-1981 年的「反資產階級自由化」運動、1983 年的「清除精神污染」運動、1987 年的第二次「反資產階級自由化」運動、1989年的「六四」鎮壓及其後的「反和平演變」），但毛澤東時代那種翻天覆地、拼得你死我活的大規模政治鬥爭卻不復見。況且每當鄧小平覺察到反「自由化」運動將導致「左」傾回潮時，就會當機立斷下急煞車令。無怪改革開放能在相對穩定的局勢下站穩腳跟、向前邁進。

　　第二，鄧小平摒棄了用動員群眾的方式和「多快好省」的口號來搞經濟建設──由於鄧小平相信發展經濟不能漠視客觀經濟規律、不能鼓動群眾盲目亂幹、不能置專業知識於不顧，所以他上台後便着手糾正毛澤東過份依賴農民、不信任知識分子的失誤，重新重用專家，但同時讓農民多勞多得，鼓勵他們發揮生產積極性。鄧小平還考慮到改革開放是個新嘗試，不可急躁冒進，所以他採用摸索法及循序漸進的方式進行改革。經濟體制改革（從批准農村落實「承包制」到擴大城市企業的自主權，再到實行國營企業股份制）、價格改革（從實施「雙軌價格」到全面開放價格）、對外開放（從創立經濟特區到設立沿海經濟開放區和技術開發區，再到實行全方位的對外開放），以及計劃體制市場化理論的制定（從提出發展「社會主義有計劃的商品經濟」到提出「國家調節市場，市場引導企業」，再到確立「社會主義

　總結：
斷裂與延續：用歷史的角度看鄧小平時代的改革開放

市場經濟」的概念），都充份反映出改革開放的過程猶如「摸着石頭過河」。儘管鄧小平的各項改革措施往往欠缺周詳的應變方案，但它們卻具靈活性和相對穩定性。毛澤東時代那種動員式、「躍進」式、荒唐的經濟建設運動自鄧小平上台後就銷聲匿跡，而鄧的經濟政策更使中國避開了休克療法式改革的風險，無怪改革開放在中央適時調控下得以穩步向前邁進。

第三，鄧小平摒棄了新中國長期以來不是「聯蘇反美」就是「聯美反蘇」的對抗性外交——由於鄧小平上台後估計世界將趨向和平而非戰爭，又考慮到中國需要一個和諧及穩定的國際環境以發展經濟，所以決定實行以「獨立自主」、「不結盟」、「和平」及「發展」為基本內容的非對抗性外交。1980年代中蘇關係的解凍和正常化，以及中美經貿關係的長足發展，都為中國的改革開放提供了有利的外在條件。冷戰結束後，中國繼續堅持貫徹務實的外交政策，一方面實行睦鄰政策及致力於廣交朋友，另一方面則與世界上的唯一超級大國（美國）在「求同存異」的基礎上維持以合作和對話為主調的關係。總而言之，改革開放年代的中國外交，不再是為對抗「主要敵人」而制訂，它是為促進中國經濟發展服務的。

上述三點正好顯示由「以階級鬥爭為綱」年代轉入改革開放年代的斷裂性。毋庸置疑，鄧小平否定了毛澤東時代的基本走向和政策，但我們不能因此說鄧小平領導改革開放一點兒也沒有繼承毛澤東時代留下來的遺產。毛澤東着實在一定程度上為鄧小平加速發展中國經濟奠下了基礎：

第一，中國經濟改革並非如蘇聯改革那樣完全依賴國營企業改革，它是由中央計劃以外的地方（農村）經濟發展起來的，而中國農村經濟改革能夠順利開展，又與毛澤東時代經濟決策特別向地方政府

傾斜不無關係。新中國雖跟蘇聯行計劃經濟，但兩國的實施情況並不一樣。在蘇聯，中央政府控制城市及農村的一切經濟活動，以致中央計劃之外幾乎沒有經濟，即全國一本賬、一盤棋。戈爾巴喬夫上台後推行的改革，即以重工業為突破口；優先發展機器製造業的「加速戰略」及隨之而來的「企業改革」，都是在舊的體制框架內進行的。換言之，蘇聯經濟改革完全取決於國營企業改革的成敗，而國企改革因涉及無數利益關係及無數工人的福利，要取得成效是極困難的。在新中國，無形甚至有形的市場始終廣泛地存在，農民的自留地、家庭副業、集體企業都分別在不同程度上受市場的影響。因此，市場對經濟的調節功能，以及人民對市場的適應能力並沒有徹底泯滅。毛澤東又一直傾向於把相當大的財政權和企業經營管理權給予地方。他反對西方式的市場經濟，也不喜歡蘇式的僵硬的計劃經濟。嚴格說來，計劃經濟最着重比例和平衡，它要求一絲不苟，按章辦事——這明顯與毛澤東不講常規、不拘約束的性格，以及他反秩序、反平衡的革命衝動格格不入，無怪毛澤東與劉少奇、周恩來、陳雲和鄧小平這些主管經濟、按常識辦事的技術官僚常有衝突。實際上，毛澤東所策動的「大躍進」（1958-1960 年）和「文化大革命」（1966-1976 年）長期破壞國家建立中央計劃的工作。可以說，嚴格意義上的計劃經濟體制在中國事實上沒有真正建立起來。因此，在鄧小平上台之際，中國的經濟已是一個多層次的、區域化和地方化的體制。「新時期」經濟改革之所以成功，是因為它能夠在計劃的國營企業之外發展了一套新的經濟主體，讓地方先富起來；到國家要推行棘手的國企改革時，經濟改革已順利邁出了第一步，且站穩了腳跟。有經濟學家把這個由農村起步的、有別於以國有經濟為重點的改革，稱之為「體制外先行」新戰略。

第二，改革開放初期中國地方經濟的崛起，主要是由鄉鎮企業

帶動的，而這些地方企業又與毛澤東力圖把工業化引進鄉村，以及把企業下放到社會基層不無關係。從「大躍進」開始到「文化大革命」結束，中國經歷了三年大饑荒和十年動亂，可謂災來如山倒，這是眾所周知的事情。較少人注意的是，在同一時期，交通、水電、中小型企業、中小學教育、赤腳醫生等等都一一進入農村，這無疑為後毛澤東時代的地方經濟發展打下基礎。農民出身、現執教於美國一所大學的韓東屏教授在其闡述故鄉（山東省即墨縣）歷史的專著[1]中指出，家鄉農務採用現代生產技術（包括機器和有機肥料）是在「文化大革命」期間開始的，這是因為當時的鄉村教育改革與知青下鄉使知識普及化，結果是即墨縣的農業生產在該時段增長了一倍多，而鄉村工業也有長足的發展，到1976年佔該縣的經濟比重達36%。誠然，在「文化大革命」後期，社隊企業[2]出現了自「大躍進」後的另一個發展高潮。1976年底，全國社隊企業已發展到111.5萬個，職工1,769.8萬人，總收入272.3億元，佔人民公社三級總收入的23.3%。到1978年底，社隊企業增至152.4萬個，安置農村勞動力2,826.5萬人，總收入達431.4億元，佔人民公社三級總收入的29.7%。改革開放初期，中國政府鼓勵建設農村新型的集鎮，以助農村剩餘勞動力就近轉移，離土不離鄉，不向城市湧流。這是1979年中共十一屆四中全會議決「社隊企業要有一個大發展」的背景。其後，面對市場、生產消費品的「新五小」（棉紡、針織、製煙、釀酒、製糖）地方企業在中國遍地開花，其中不少是從「文化大革命」期間由社隊創辦的「老五小」（小鋼鐵、小機械、小化肥、小水泥、小能源）「支農」企業轉化過來的。

---

1　Han Dongping, *The Unknown Cultural Revolution: Educational Reforms and Their Impact on China's Rural Development*. New York: Garland Publications, 2000.

2　社隊企業，指農村人民公社和生產大隊辦起來的集體所有制企業，涉及農、林、牧、副、漁、工、商等各個行業。

到 1983 年，社隊企業的總體規模擴大了，企業個數雖然比 1978 年有所減少，但職工人數和總收入都有較大幅度的增加：職工人數由 1978 年的 2,826.5 萬人增至 3,234.6 萬人；社隊企業總收入則由 1978 年的 431.4 億元增加到 928.7 億元。由於人民公社正在解體，社隊企業中的「社」已不復存在，故中共中央、國務院於 1984 年 3 月 1 日發出通知，正式把包括原社隊企業在內的各種形式的農村企業一律統稱為「鄉鎮企業」。

第三，改革開放無疑受惠於鄧小平所推行的務實外交，但我們不能否認毛澤東時代的外交政策也有務實的一面。可別忘記，中美關係解凍及由此掀起的一股與中華人民共和國建交熱潮，都是在毛澤東晚年發生的。到 1976 年，世界上 130 多個國家當中，就有 108 個與中國建立了邦交，這個轉變不僅為中國造就了一個良好的國際環境，同時也在開放意識、現代化等方面影響着中國國內政治的變動。從 1972 年起，經毛澤東、周恩來批准，北京政府動用 43 億美元外匯儲備和 200 億元人民幣，從西方和日本引進 26 個大型先進成套技術設備，建成了幾十個冶金、化肥、紡織大型企業，為改革開放後的經濟發展打下了基礎。中國農業在 1979-1984 年連續五年增產，與 1972 年後大規模引進化肥生產技術、大幅度增加化肥產量委實是分不開的。還有值得注意的是，對外開放之正式起步，是在華國鋒主政期間發生的，旨在引進外國資金和先進科技以實現「四個現代化」。但由於華國鋒在「大幹快上」的「左」傾思想指導下盲目投資，使已經失衡的中國經濟結構進一步失調，所以他在十一屆三中全會上被批評搞「洋躍進」並旋即失勢。儘管上述會議把對外開放確立為基本國策，惟 1979 年初爆發了中越戰爭，令中國財政出現困難，剛掌權的鄧小平遂宣佈中國將進入三年經濟調整期，開放政策因此一度受到影響。直至 1984

年底城市經濟體制改革開展以後，對外開放才進入黃金期。以上所述正好顯示 1979 年前、後兩段歷史不應斷然分割。

改革開放之所以成功，主要是因為鄧小平在關鍵時刻能審時度勢，果斷地清除阻擋改革前進的障礙。但如上所述，毛澤東時代留下來的一些遺產對 1978 年後新政策的開展是有幫助的。無可否認，中國經濟在 20 世紀末葉取得了長足的發展。1978 年，中國的 GDP 為 3,624 億元；到 2000 年，增至 89,404 億元。人均 GDP 則從 1978 年的 379 元增至 2000 年的 7,078 元。從鄧小平掌權的 1979 年到他去世的 1997 年計算，中國在這 18 年間的 GDP 年均增長率達 9.6%。對一個如中國那麼龐大的經濟實體而言，這個數字足以使全世界驚訝得目瞪口呆。較少人注意但同樣令人感到驚奇的一個事實，是中國在 1952-1978 年間的 GDP 年均增長率竟然也高達 6.1%（這是 1979 年後中國國家統計局的官方數字）。前香港中文大學經濟系教授郭益耀在其《不可忘記毛澤東：一位香港經濟學家的另類看法》[3] 一書中，對毛、鄧兩個時期的 GDP 數字作比較時說：「毛時代年均 6.1% 的 GDP 高增長率，假如剔除期間前後六年的負增長，即大躍進失敗後的三年（1960-1962），以及文革中的那三年（1967-1968 和 1976），應該不比鄧小平時代遜色多少。」有需要補充的一點是，「改革開放前的 GDP 增長主要是靠資本投入的不斷擴充，而非靠經營效率的改善或生產技術進步所帶動的。」郭氏認為，儘管毛澤東時代的經濟發展體現了「低效率而 GDP 高速增長」的悖論（paradox of inefficiency but high economic growth），但它還是為鄧小平時代的加速發展奠定了強而有力的經濟基礎；再經過鄧小平承先啟後、繼往開來的一番努力，

---

3 郭益耀：《不可忘記毛澤東：一位香港經濟學家的另類看法》，香港：牛津大學出版社，2010 年。

中國終能崛興。

有關「承先啟後、繼往開來」這一點，最好的佐證莫過於鄧小平把毛澤東訂定「以工業為主導」的發展方針貫徹到底，終於改變了中國自古以來以農立國的面貌。中共第一、第二代領導人對工業化和現代化不懈的追求及成效，可從 20 世紀下半葉中國第一產業（廣義上的農業）、第二產業（廣義上的工業）、第三產業（廣義上的服務業）在國內生產總值構成中之比例的變化得知。1952 年（即推行第一個五年計劃前一年），中國第一、第二、第三產業在其 GDP 中所佔的比重分別是 50.5%、20.9%、28.6%。1978 年（即推行改革開放前一年），三者的比重已轉變為 28.1%、48.2%、23.7%。到 2000 年，則為 15.9%、50.9%、33.2%。上述三組數字充份顯示中國在這半個世紀內已大大縮小了同發達工業化國家之間的差距，而毛澤東時代中國工業化已漸趨成熟是一個無可否認的事實。

鄧小平在開展改革開放時講過一句話：「從許多方面來說，現在我們黨是把毛澤東同志已經提出、但是沒有做的事情做起來，把他反對錯了的改正過來，把他沒有做好的事情做好。今後相當長的時期，還是做這件事。當然，我們也有發展，而且還要繼續發展。」薄一波把鄧小平與毛澤東的關係歸結為「始於毛、成於鄧」一句話，大概就是這個意思。

筆者認為，中國當代歷史大轉折後最重大的突破（也是改革開放最巨大的成就），是讓數億窮人脫了貧。世界銀行（The World Bank）在 2009 年發表的報告《從貧困地區到貧困人群：中國扶貧議程的演進》（"From poor areas to poor people: China's evolving poverty reduction agenda"）中指出，按照世界銀行的貧困標準計算，從 1981 年到 2004 年，中國在這一貧困線以下的人口所佔的比例從 65%

下降到 10%，貧困人口的絕對數量從 6.52 億人降至 1.35 億人，有 5 億多人擺脫了貧困。毋庸諱言，中國農民和工人的生活狀況仍然存在很多問題，但如上述報告所說，在過去四分之一個世紀裏，中國扶貧工作取得的進展是令人稱羨的。

## 3、用斷裂與延續的歷史角度去解讀改革開放的局限與問題

不能否認，改革開放年代的中國社會和經濟仍然面對很多困難。這大概可歸咎於改革開放的局限性和新政策所帶來的問題。前者又在一定程度上顯示「新時期」尚未能完全擺脫舊時代某些阻礙經濟發展因素的影響。下面談兩點：

第一，毛澤東時代龐大臃腫的官僚體制與官僚主義的種種弊端繼續嚴重影響「新時期」政府的工作效率。早在 1980 年，鄧小平就強調中國亟需推行政治體制改革，並提出了很多重大的改革措施。值得注意的是，鄧小平所講的「政治體制改革」並非外界所認識的「政治改革」，其目的決不是要取締現行的社會主義政體，而是要使它更趨完善，以提高行政效率，為「四個現代化」服務。可以說，政治體制改革即外界所稱的「行政改革」。由於鄧小平在這方面的主張受到既得利益集團的阻擾，政治體制改革遂遠遠落後於他原先的設想。直到城市經濟體制改革開展後的 1986 年，鄧小平再次強調政治體制改革的迫切性。他說：「現在經濟體制改革每前進一步，都深深感到政治體制改革的必要性。不改革政治體制，就不能保障經濟體制改革的成果，不能使經濟體制改革繼續前進，就會阻礙生產力的發展，阻礙四

個現代化的實現。」鄧小平又明確指出，政治體制改革的目的是「調動群眾的積極性，提高效率，克服官僚主義」。至於改革的內容，他解釋説：「首先是黨政要分開，解決黨如何善於領導的問題。這是關鍵，要放在第一位。第二個內容是權力要下放，解決中央和地方的關係，同時地方各級也都有一個權力下放問題。第三個內容是精簡機構，這和權力下放有關。」「十三大」後，中共中央總書記趙紫陽推出一套較全面的政治體制改革方案，但因為這意味着權力和利益將會重新分配，一般黨政幹部都視他的政改措施為洪水猛獸，以致改革舉步為艱。「六四事件」後，中共對政治體制改革的態度顯得審慎，政改收效甚微。

　　第二，毛澤東時代農業現代化水平偏低與人口過剩、耕地糧食不足的情況在「新時期」沒有改善，繼續對中國社會經濟產生壞影響。1954-1956年農業社會主義改造期間，毛澤東因為相信改變生產關係是解決當前農業問題的最佳方法，故突然棄用蘇聯「先機械化、後集體化」的發展模式而採用「先集體化、後機械化」的策略。結果是，當中共於1956年底宣佈農業集體化基本完成時，中國只有5%的農田使用拖拉機耕作（蘇聯農業集體化於1937年完成時，其90%的耕地已使用拖拉機）。及後，農業現代化一直處於低水平。改革開放初期，農業總產量創了歷史高峰，但這只是因為當時盛行的「承包制」令生產積極性得到充份發揮而已。在「新時期」，農業現代化水平並沒有相應提高，是故農業難以取得持續發展。至於人多缺糧的老問題，實在變本加厲——農村人口在多勞多得的鼓舞下持續增長，直接削減人均經濟得益；而隨着農村形勢普遍好轉、「指令經濟」失效，以及農村副業復興，越來越多農民選擇栽種經濟作物，結果是糧食產量逐漸減少。1979至1984年的確是中國農業走出低谷的黃金時期，但好

景不常；自城市經濟體制改革開展以來，由於國家對農業的基本建設投資大幅度減少，又由於農用生產資料價格不斷上漲，加以大批耕地轉化為非農業用地、大量農業勞動力轉向非農業生產，主要農產品產量就出現滑坡下降趨勢，嚴重影響務農者的生計。進入 1990 年代，農村的境況可謂每況愈下；儘管中國有數億農民脫貧（見上文），但它還是出現了「三農」（即農業、農村、農民）問題。

下面談三點有關新政策所帶來的問題：

第一，解散人民公社雖然解決了集體所有制壓抑農民積極性的老問題，但新的問題卻接踵而來。人民公社成立於 1958 年，是當時所謂「政社合一」、「工農商學兵五位一體」的大綜合體，一般是一鄉一社。上文提到的韓東屏教授在其專著中也指出，公社最大的缺點是它把決策權力（包括經濟決策權）高度集中在公社幹部手裏，這導致地方幹部權力過大，從而影響地方經濟發展。不過，公社長期為農民提供「五保」的福利，確實收到紓解民困之效。1983-1985 年間，中國的 52,789 個人民公社全部解體，農民頓時失去他們一向享有的福利，生活變得缺乏保障。更甚的是，基層政府的管治素質在人民公社解體後不但沒有提高，反而變壞。這個現象不難解釋。在人民公社解體之前，鄉鎮政府所有辦公經費一律由縣撥給，它既無錢也無權增設機關或增聘人員。公社解體後，中國出現了 61,766 個財政獨立的鄉鎮政府。由於國家允許它們將地方收益（如鄉鎮企業上繳的利潤、集資款項、捐款、罰款等等）作為鄉鎮財政的自籌收入，不少鄉鎮政府便乘機增設機構、增聘人員，攤子越鋪越大。同時，地方上又普遍出現所謂「三亂」——「亂徵收、亂集資、亂罰款」的情況，總之是苦了農民。在改革開放當初，據估計農村一畝地平均負擔鄉鎮政府經費約 10 元，到 20 世紀末，少的要負擔 100 多元，多的更漲到 200-300 元。

儘管中央政府曾三令五申遏制「三亂」，地方政府卻聽而不聞，反為更嚴厲對待上訪告狀的人。《中國農民調查》[4]作者陳桂棣和（吳）春桃夫婦花了三年時間跑遍安徽，發現省內 50 多個縣沒有一個按照國務院規定辦事，地方主義的膨脹表露無遺。還有，自 1980 年代中期開始，地方政府購買農業副產品往往不支付現金，卻長期發「白條」（即欠單），令農民生計大受影響。1990 年代又掀起房地產熱潮，農民更飽受「圈地運動」之苦。1998 年，湖北村幹部李昌平上書總理朱鎔基，論述「農民真苦、農村真窮、農業真危險」，披露嚴峻的「三農」問題。

　　第二，發行國債（即財政部代表中央政府發行，由國家財政信譽作擔保的國家公債）雖有助經濟發展，但長期靠赤字開支來推動經濟增長不無隱憂。1953 年，新中國進入加速工業化的「一五計劃」時期。面對國民經濟基礎薄弱的情況，中央政府遂決定從 1954 年起，連續五年發行國家經濟建設公債以籌集建設資金，這對「一五計劃」的完成，起了積極作用。1958 年，國務院為了落實財政平衡的思想，又決定從 1959 年起停止發行國債；直到 1980 年，中國每年的財政預算都大致保持平衡，即使有赤字，規模也很小，主要靠向中央銀行透支解決。鄧小平上台後，為了籌集經濟建設資金及彌補財政赤字，遂於 1981 年恢復發行國債。1981-1993 年，中國國債累計發行量為 2,106 億元，年均發行量為 198 億元。可以說，這一階段國債發行額不大，增幅比較平穩。1994 年，為了支持財政金融體制改革、理順財政與銀行關係，國務院正式確立財政赤字不得向中央銀行透支制度，至此，發行國債就成了彌補財政赤字和債務還本付息的唯一手段，從而導

---

4　陳桂棣、春桃：《中國農民調查》，北京：人民文學出版社，2004 年。

總結：
斷裂與延續：用歷史的角度看鄧小平時代的改革開放

致國債發行量大幅颷升，該年度發行額首次突破了 1,000 億元大關。1995 年以後，國債每年發行量均比上年增長 30% 以上，遠高於同期財政收入年均增長速度和 GDP 的年均增長速度。尤其自 1998 年開始，為了帶動內需及應付亞洲金融危機對中國經濟的衝擊，又為了保持一定的經濟增長，中國實行了積極的財政政策，擴大政府投資，國債發行量遂節節攀升，年年創新高。

中國政府的債務規模是否還有進一步擴展的餘地呢？要了解中國的應債能力，我們可參看它的「國債負擔率」（國債餘額／當年 GDP）。按 1992 年歐洲貨幣聯盟簽訂的《馬斯特里赫特條約》（Maastricht Treaty）中有關「國債負擔率」的規定，60% 的比率是國債最高警戒線。1990 年代末，美國、日本、德國的「國債負擔率」分別是 66%、100%、60%。而中國這一指標到 1998 年才上升至 10%，此後一直保持較高水平，2000 年為 14.54%，2002 年接近 20%，但還是遠遠低於發達國家的水平。從這方面看，其承受能力（至本世紀初）還具有較大的彈性空間。那麼中國的償債能力又如何？我們可參看另一個指標——「國債償債率」（國債還本付息額／當年財政收入）以解答這個問題。據有關資料顯示，中國的「國債償債率」在 1994-1998 年間急升，1998 年達 23.82%，已遠遠超過《馬斯特里赫特條約》中規定的 10% 警戒線。這表明當時國債正處於還本付息高峰期，並已進入了不斷攀升的「發新債還舊債」的惡性循環時期。由於國債規模不斷膨脹，加上新發國債期限較短，所以還本付息的支出負擔日益沉重，償債壓力逐步擴大。簡而言之，從應債能力角度看，中國還具有一定的發債空間；但從償債能力角度看，繼續依賴發債實具有不容忽視的風險。

第三，整體而言，鄧小平推動改革開放功不可泯，但新政策亦導

致若干不良現象湧現。其一是分配不公的現象——地域之間與社會階層之間皆出現嚴重分配不公的現象;其二是商品化的現象——勞動力、土地、醫療、教育、文化全都被商品化;其三是生態環境日益惡劣的現象,促使居住環境和糧食短缺問題惡化;其四是貪污腐化、道德淪亡的現象,促使罪案日增、治安日壞。上述現象正好解釋為何改革開放年代的中國社會仍然呈現不安和不滿的情緒,儘管人們在工作和生活中已有較多的選擇和機會。

## 4、結論

人類歷史是一個新舊交錯、貫穿着的連續體。從歷史的角度看中國改革開放,就會覺察到它一方面是對毛澤東時代很多基本原則、方針、政策的否定,但另一方面卻是對毛澤東時代留下來的某些遺產的繼承,這些遺產有部份是促進改革開放的,也有部份是阻礙改革開放的。無可否認,改革開放是一場大變革,它開創了一個新時代,但舊時代打下的烙印仍隱約可見。

# 參考書目

## 中文

人間：《共和國元首之死》，香港：海明文化事業公司，1989 年。

中共中央文獻研究室：《關於建國以來黨的若干歷史問題的決議註釋本（修訂）》，北京：人民出版社，1985 年。

中共中央黨史研究室：《中國共產黨新時期歷史大事記》（增訂本 1978.12-2002.5），北京：中共黨史出版社，2002 年。

中國社會科學院當代中國研究所：《當代中國史研究》，北京：當代中國史研究雜誌社，1994 年 –。

中國國家統計局、民政部編 ：《1949-1995 中國災情報告》，北京：中國統計出版社，1995 年。

《中華人民共和國憲法（1982）》，北京：人民出版社，1982 年。

王丹：《王丹回憶錄──從六四到流亡》，台北：時報文化出版企業股份有限公司，2012 年。

王若水（遺著）：《新發現的毛澤東──僕人眼中的偉人》上、下冊，香港：明報出版社，2002 年。

毛毛：《我的父親鄧小平──「文革」歲月》，北京：中央文獻出版社，2000 年。

孔恩著，王道還編譯：《科學革命的結構》，台北：允晨文化實業股份有限公司，1985 年。

古華：《芙蓉鎮》，香港：天地圖書有限公司，1987 年。

史景遷著，溫洽溢譯：《追尋現代中國》，上冊：《最後的王朝》，中冊：
　　《革命與戰爭》，下冊：《從共產主義到市場經濟》，台北：時
　　報文化出版企業股份有限公司，2001 年。

白樺：《苦戀》，台北：中國問題研究出版社，1981 年。

安建設編：《周恩來的最後歲月，1966-1976》，北京：中央文獻出版
　　社，1995 年。

托馬斯・塞繆爾・庫恩著，金吾倫、胡新和譯：《科學革命的結構》，
　　北京：北京大學出版社，2003 年。

米鶴都：《紅衛兵這一代》，香港：三聯書店，1993 年。

李志綏：《毛澤東私人醫生回憶錄》，台北：時報文化出版企業有限
　　公司，1994 年。

李敏：《我的父親毛澤東》，瀋陽：遼寧人民出版社，2001 年。

李銳：《廬山會議實錄》，鄭州：河南人民出版社，1994 年。

赤男、明曉等著：《林彪元帥叛逃事件最新報告》，香港：香港中華
　　兒女出版社，2000 年。

汪東興：《汪東興回憶：毛澤東與林彪反革命集團的鬥爭》，北京：
　　當代中國出版社，1997 年。

亞歷山大・潘佐夫、梁思文著，林添貴譯：《毛澤東——真實的故事》，
　　台北：聯經出版事業股份有限公司，2015 年。

亞歷山大・潘佐夫、梁思文著，吳潤璿譯：《鄧小平——革命人生》，
　　台北：聯經出版事業股份有限公司，2016 年。

林克、徐濤、吳旭君：《歷史的真實：毛澤東身邊工作人員的證言》，
　　香港：利文出版社，1995 年。

吳法憲：《歲月艱難：吳法憲回憶錄》，香港：北星出版社，2006 年。

吳國光：《趙紫陽與政治改革》，香港：太平洋世紀研究所，1997 年。

周明主編：《歷史在這裏沉思：1966-1976年紀實》，1-3卷，北京：
　　華夏出版社，1986年；4-6卷，太原：北岳文藝出版社，1989年。

周倫佐：《「文革」造反派真相》，香港：田園書屋，2006年。

周敬青：《解讀林彪》，上海：上海人民出版社，2015年。

金春明：《「文化大革命」史稿》，成都：四川人民出版社，1995年。

金春明編：《評〈劍橋中華人民共和國史〉》，武漢：湖北人民出版社，
　　2001年。

封從德：《六四日記》，台北：自由文化出版社；香港：晨鐘書局，
　　2009年。

香港中文大學當代中國文化研究中心：《中華人民共和國史，1949-
　　1981》（全十卷），香港：中文大學出版社。

　　第一卷，楊奎松：《斷裂與延續——中華人民共和國的建立
　　（1949-1952）》（未出版）。

　　第二卷，林蘊暉、辛石：《向社會主義過渡——中國經濟與社會
　　的轉型（1953-1955）》，2009年。

　　第三卷，沈志華：《思考與選澤——從知識分子會議到反右派運
　　動（1956-1957）》，2008年。

　　第四卷，林蘊暉：《烏托邦運動——從大躍進到大饑荒（1958-
　　1961）》，2008年。

　　第五卷，錢庠理：《歷史的變局——從挽救危機到反修防修
　　（1962-1965）》，2008年。

　　第六卷，卜偉華：《「砸爛舊世界」——文化大革命的動亂與浩
　　劫（1966-1968）》，2008年。

　　第七卷，王海光：《創建「新世界」的頓挫——鬥、批、改運動
　　和林彪事件（1969-1971）》（未出版）。

第八卷，史雲、李丹慧：《難以繼續的「繼續革命」——從批林到批鄧（1972-1976）》，2008年。

第九卷，韓鋼：《革命的終結——從「階級鬥爭為綱」到「經濟建設為中心」（1976-1978）》（未出版）。

第十卷，蕭冬連：《歷史的轉軌——從撥亂反正到改革開放（1979-1981）》，2008年。

馬立誠、凌志軍：《當代中國三次思想解放實錄》，北京：今日中國出版社，1998年。

馬繼森：《外交部文革紀實》，香港：中文大學出版社，2003年。

姜華宣、張尉萍、肖甡主編：《中國共產黨重要會議紀事（1921-2001年）》，北京：中央文獻出版社，2001年。

唐希中、劉少華、陳本紅：《中國與周邊國家關係（1949-2002）》，北京：中國社會科學出版社，2003年。

高文謙：《晚年周恩來》，香港：明鏡出版社，2003年。

柴玲：《一心一意向自由——柴玲回憶》，香港：田園書屋，2011年。

徐京利：《解密中國外交檔案》，北京：中國檔案出版社，2005年。

徐勇：《包產到戶沉浮錄》，珠海：珠海出版社，1998年。

凌志軍：《歷史不再徘徊：人民公社在中國的興起和失敗》，北京：人民出版社，1997年。

凌耿著，劉昆生、丁廣馨譯：《天讎：一個中國青年的自述》，香港：新境傳播公司，1972年。

梁恆、夏竹麗著，傅依萍、莫昭平譯：《革命之子》，台北：時報文化出版企業有限公司，1983年。

梁曉聲：《一個紅衛兵的自白》，成都：四川文藝出版社，1988年。

浦興祖等著：《中華人民共和國政治制度》，香港：三聯書店，1995年。

莫理斯‧邁斯納著，杜蒲、李玉玲譯：《毛澤東的中國及後毛澤東的
中國──人民共和國史》，成都：四川人民出版社，1990 年。

陳永發：《中國共產革命七十年》修訂本，上、下冊，台北：聯經出
版事業公司，2001 年。

陳桂棣、春桃：《中國農民調查》，北京：人民文學出版社，2004 年。

陳勤、李剛、齊佩芳：《中國現代化史綱》，上卷：《無法告別的革命》，
下卷：《不可逆轉的改革》，南寧：廣西人民出版社，1998 年。

陳凱歌：《少年凱歌》，台北：遠流出版事業股份有限公司，1991 年。

陸學藝主編：《當代中國社會流動》，北京：社會科學文獻出版社，
2004 年。

張戎著、張樸譯：《鴻：三代中國女人的故事》，台北：台灣中華書局，
1992 年。

張佐良：《周恩來保健醫生回憶錄 1966-1976》，香港：三聯書店，
1998 年。

張良：《中國六四真相》，香港：明鏡出版社，2001 年。

張家敏：《建國以來 1949-1997》，上、下冊，香港：香港政策研究所，
1997 年。

張剛華：《李鵬六四日記真相：附錄李鵬六四日記原文》，香港：澳
亞出版有限公司，2010 年。

張湛彬、劉杰輝、張國華編：《「大躍進」和三年困難時期的中國》，
北京：中國商業出版社，2001 年。

連浩鋈：《中國現代化與蛻變的歷程（1900-2000 年）》，香港：香
港教育局課程發展處個人、社會及人文教育組，2009 年。

連浩鋈：《改革－革命－再革命－繼續革命－告別革命（改革開放）
的歷程（1900-2000 年）》，香港：香港教育局課程發展處個人、

社會及人文教育組，2009年。

郭金榮：《毛澤東的黃昏歲月》，香港：天地圖書有限公司，1990年。

郭益耀：《不可忘記毛澤東：一位香港經濟學家的另類看法》，香港：牛津大學出版社，2010年。

章詒和：《最後的貴族》，香港：牛津大學出版社，2004年。

葉永烈：《1978：中國命運大轉折》，廣州：廣州出版社，1997年。

葉永烈：《陳雲全傳》，香港：明報出版社有限公司，1995年。

傅高義著，馮克利譯：《鄧小平時代》，香港：中文大學出版社，2012年。

馮客著，郭文襄、盧蜀萍、陳山譯：《毛澤東的大饑荒——1958-1962年的中國浩劫史》，香港：新世紀出版及傳媒有限公司，2011年。

楊繼繩：《天地翻覆：中國文化大革命史》，上、下篇，香港：天地圖書有限公司，2016年。

楊繼繩：《中國改革年代的政治鬥爭》，香港：Excellent Culture Press，2004年。

楊繼繩：《墓碑——中國六十年代大饑荒紀實》，上、下篇，香港：天地圖書有限公司，2008年；修訂版，香港：天地圖書有限公司，2010年。

楊繼繩：《鄧小平時代》，香港：三聯出版社，1999年。

趙紫陽：《改革歷程》，香港：新世紀出版社，2009年。

鄭宇碩、石志夫編：《中華人民共和國對外關係史》，第一卷：1949-1964年，第二卷：1965-1978年，第三卷：1978-1989年，第四卷：1989-1999年，香港：天地圖書有限公司，1994、1996、1999、2000年。

鄭宇碩、謝慶奎主編：《當代中國政府》，香港：天地圖書有限公司，

　　1992 年。

鄭念著，鄭凱譯：《上海生與死》，台北：大鴻，1987 年。

鄧力群：《十二個春秋（1975-1987）》，香港：博智出版社，2006 年。

劉愛琴：《我的父親劉少奇》，瀋陽：遼寧人民出版社，2001 年。

蕭延中編：《晚年毛澤東》，北京：春秋出版社，1989 年。

冀朝鑄口述，蘇為群採訪整理：《從洋娃娃到外交官——冀朝鑄口述
　　回憶錄》，北京：北京大學出版社，2000 年。

錢理群：《毛澤東時代和後毛澤東時代（1949-2009）——另一種歷史
　　書寫》，上、下冊，台北：聯經出版事業股份有限公司，2012 年。

謝益顯主編：《中國當代外交史，1949-1995》，北京：中國青年出版
　　社，1997 年。

鍾延麟：《文革前的鄧小平：毛澤東的「副帥」（1956-1966）》，香
　　港：中文大學出版社， 2013 年。

羅德里克‧麥克法誇爾著，魏海生、艾平譯：《文化大革命的起源》，
　　第一卷《人民內部矛盾，1956-1957 年》，第二卷《大躍進，
　　1958-1960 年》，第三卷《大動亂的來臨，1961-1966 年》，北京：
　　求實出版社，1989 年。

羅德里克‧麥克法誇爾、沈邁克著，關心譯：《毛澤東最後的革命》，
　　香港：星克爾出版（香港）有限公司，2009。

羅德里克‧麥克法誇爾、費正清合編，謝亮生等譯：《劍橋中華人民
　　共和國史》，第 14 卷《革命的中國的興起，1949-1965 年》，北京：
　　中國社會科學出版社，1990 年。

羅德里克‧麥克法誇爾、費正清合編，金光耀等譯：《劍橋中華人民
　　共和國史》，第 15 卷《中國革命內部的革命，1966-1982 年》，
　　上海：上海人民出版社，1992 年。

蘇曉康、羅時敘、陳政：《烏托邦祭：廬山會議紀實》，香港：存真社，
　　1989 年。

權延赤：《走下神壇的毛澤東》，香港：南粵出版社，1990 年。


# 英文（只包括有中文譯本的英文著作）

Dikötter, Frank, *Mao's Great Famine: The History of China's Most
　　Devastating Catastrophe*. London; New York: Bloomsbury, 2010.

Han Dongping（韓東屏）, *The Unknown Cultural Revolution: Educational
　　Reforms and Their Impact on China's Rural Development*. New York:
　　Garland Publications, 2000.

Ji Chaozhu（冀朝鑄）, *The Man on Mao's Right*. New York: Random House,
　　2008.

Kuhn, Thomas S, *The Structure of Scientific Revolutions*. Chicago:
　　University of Chicago Press, 1962.

Lin, Alfred H.Y.（連浩鋈）, *China: Modernization and Transformation (1900-
　　2000)*. Hong Kong Education Bureau, Personal, Social and
　　Humanities Education Section, 2010.

MacFarquha, Roderick, *The Origins of the Cultural Revolution*. Vol. 1,
　　*Contradictions among the People, 1956-1957*. Vol. 2, *The Great
　　Leap Forward, 1958-1960*. Vol. 3, *The Coming of the Cataclysm,
　　1961-1966*. London: Oxford University Press, 1974, 1983, 1997.

MacFarquhar, Roderick & Fairbank, John King (eds.), *The Cambridge
　　History of China*. Vol. 14, *The People's Republic*, Part 1, *The*

*Emergence of Revolutionary China, 1949-1965*. Cambridge: Cambridge University Press, 1987.

MacFarquhar, Roderick & Fairbank, John King (eds.), *The Cambridge History of China*. Vol. 15, *The People's Republic*, Part 2, *Revolutions within the Chinese Revolution, 1966-1982*. Cambridge: Cambridge University Press, 1991.

MacFarquha, Roderick and Schoenhal, Michael, *Mao's Last Revolution*. Cambridge, Mass.; London: Belknap Press of Harvard University Press, 2006.

Meisner, Maurice, *Mao's China and After: A History of the People's Republic*. New York: Free Press, 1986.

Pantsov Alexander V. with Levine, Steven I., *Mao: The Real Story*. New York: Simon & Schuster, 2012.

Pantsov Alexander V. with Levine, Steven I., *Deng Xiaoping: A Revolutionary Life*. Oxford: Oxford University Press USA, 2015.

Spence, Jonathan D., *The Search for Modern China*. New York: W.W. Norton & Co., 2$^{nd}$ edition, 1999.

Teiwes, Frederick C. & Sun, Warren ( 孫萬國 ), *The Tragedy of Lin Biao: Riding the Tiger During the Cultural Revolution*. London: C, Hurst & Co.; Hong Kong: Hong Kong University Press, 1996.

Vogel F. Ezra, *Deng Xiaoping and the Transformation of China*. Cambridge, Mass.: Belknap Press of Harvard University Press, 2011.

附錄：

# 附錄一：認識毛澤東

## 1、 毛澤東的性格特點是甚麼？

要認識毛澤東，就要從他的性格特點開始，這又可從他的行事看出來。總而言之，他一生反叛、任性、自信心強、不怕邪、倔強、不求人、不認錯、有領袖慾、有霸氣及記仇。

我們可從毛澤東的詩詞看出他的抱負和霸氣：

獨坐池塘如虎踞，綠楊樹下養精神。春來我不先開口，哪個蟲兒敢作聲？

（《詠蛙》，1909 年，時年 16 歲。）

獨立寒秋，湘江北去，橘子洲頭。看萬山紅遍，層林盡染；漫江碧透，百舸爭流。鷹擊長空，魚翔淺底，萬類霜天競自由。悵寥廓，問蒼茫大地，誰主沉浮？

（《沁園春·長沙》，1925 年，時年 32 歲。）

江山如此多嬌，引無數英雄競折腰。惜秦皇漢武，略輸文采；唐宗宋祖，稍遜風騷。一代天驕，成吉思汗，只識彎弓射大雕。俱往矣，數風流人物，還看今朝。

（《沁園春·雪》，1936 年，時年 43 歲。）

多少事，從來急；天地轉，光陰迫。一萬年太久，只爭朝夕。四海翻騰雲水怒，五洲震盪風雷激。要掃除一切害人蟲，全無敵。

（《滿江紅》，1963 年，時年 70 歲。）

# 2、毛澤東喜歡甚麼？

他喜歡：

一、接受挑戰；

二、讀書——毛澤東尤愛讀《資自通鑒》，又認為不讀完《紅樓夢》、《三國演義》、《水滸傳》不算中國人；

三、游泳——毛澤東酷愛游泳，但不喜歡在游泳池或風平浪靜的水面游泳；他曾向那些反對他游長江的人說：「凡水皆是可游的，這是個大前提，除了一寸之水不可游，100 溫度之水不可游，零下溫度之水結了冰不可游，有鯊魚不可游，有漩渦不可游，除此之外，凡水皆是可游的，這是個真理」；

四、吸煙——毛澤東煙癮極大；1958 年 7 月底，蘇聯最高領袖赫魯曉夫來到中南海與毛會談，儘管大家都知道赫魯曉夫最討厭人吸煙，毛澤東還是煙不離手，邊談邊吸；

五、吃乾焙辣椒、紅燒肉、活鯉魚、腐乳、苦瓜、青菜——毛澤東一般喜辣和鹹，不喜甜；即使毛澤東有特別為他而設的菜譜（起自 1956 年 6 月，止於 1976 年 9 月 8 日），但他對任何有計劃的菜譜都堅決反對，吃飯又無定時，不願意受到約束；

六、喝湯和喝茶——毛澤東一生主要喝龍井茶葉，還習慣把茶葉吞下肚子裏；

七、看京劇、看雪（能打斷毛澤東工作的只有下雪）、看梅花。


## 3、毛澤東討厭甚麼？

他討厭：

一、錢——毛澤東連錢也不願碰一碰；

二、搞特殊化——毛澤東於 1965 年對女兒李敏說：「幹部子弟是一大災難」；

三、貪污和浪費——毛澤東認為這是最大的可恥。


## 4、毛澤東日常生活的大問題是甚麼？

他的大問題是：

一、失眠——毛澤東不吃安眠藥便睡不着覺，失眠使他易發脾氣；

二、便秘——毛澤東每週一般要灌腸兩三次，這毛病在他情緒壞時特別嚴重；

三、血管神經病——毛澤東多年來因血管衰弱而飽受盜汗、頭痛、暈眩、腰痛和關節、手指、腳趾神經痛之苦，令他經常急躁、容易發脾氣。

## 5、最後要指出，毛澤東是個集矛盾於一身的人：

一、他一人專政、享有極權，卻因保安關係享受不到普通人可以隨意到處走動的自由。毛澤東的日常行動常受制於負責保安的羅瑞卿及負責警衛的汪東興兩人的決定；還有，毛澤東所做的一切都要首先考慮政治影響，生活上很多事情都是組織決定的，這使他內心感到受約束、被黨專政，要繼續造反；

二、他想聽真話、想知到實情，卻不能容忍不合自己心意的真話，這就助長了假話、空話的氾濫；

三、他喜歡挑戰權威，卻不容許別人挑戰他的權威。毛澤東反對迷信權威，他於 1950 年代後期曾多次指出：對經典著作要尊重，但不要迷信。馬克思主義本身就是創造出來的，不是抄書照搬。學習馬列主義要有勢如破竹的風格，只有超越馬克思才是馬克思主義者。實際的情況是：毛澤東本人甚麼都可以想、甚麼都可以説。但只有他能想，別人不能想；只有他能説，別人不能説。若説了毛澤東認為只有他才有資格講的話就是僭越，若反對他講的話就成了「反革命」；

四、他酷愛讀書，又明白到知識分子是改變社會的主要力量，但由於毛澤東知道知識分子的獨立思想會對他的權力構成嚴重威脅，所以他對知識分子（特別是人文知識分子）不以為然，強迫他們接受思想改造，並長期把他們當作打擊對象；

五、他深信抓權會令共產黨腐化，但又深信共產黨非抓權不可，不抓權必然天下大亂，因此，毛澤東認為只有發動黨外的純潔力量來端正黨紀黨風才能解決這個矛盾，但他每次這樣做（1956-1957 年、1963-1965 年、1966-1967 年）都是適得其反；

六、他一生以捍衛農民的利益為己任，但由於他要中國走工業化、

現代化的「富國強兵」道路，故長期實行「工佔農利」的政策，除向農民「統購」外，部份地區為保障工業建設更將農民的口糧作為公糧上交，結果嚴重傷害了農民。毛澤東心裏大概明白這點，但他解決不了這個矛盾；

七、他渴望中國國強民富，但他又擔心人民會因物質富裕而喪失革命性，因此，毛澤東發動無休止的鬥爭，以保持思想革命化，結果導致中國經濟落後；

八、他迷戀一個「公正、平等、純潔……離開了時間、空間和歷史條件的空中樓閣」（毛澤東秘書李銳語），儘管他認識到其理想國的彼岸性，但他又相信，憑他的領導及中國人民的主觀能動性，就可以將理想國變成此岸的現實。還有，毛澤東雖然強調人的意志力和主觀能動性，卻又死抱歷史唯物主義不放；

九、他構建並強化了全面專政的極權體制，但又通過不斷革命來衝擊這個體制，以達到他的烏托邦夢想，故其思想實具有「構建與強化體制」及「反體制」的兩重性。其人亦有巨大的開創能力和可怕的破壞能力；

十、他從理性上要刻意敵視傳統、破舊立新，但在感情上卻戀舊，且生活保守（如從不穿新鞋，衣服全補丁，只吃紅糙米，用牙粉不用牙膏，睡木床等等）；

十一、就性格而言，他有仁慈、斯文的一面，又有無情、粗暴的一面；有追求理想、瘋狂的一面，又有務實、冷靜的一面；有時儼如學者，有時卻像個土包子。

# 附錄二：概述 1989 年民運及「六四事件」之經過與結果

1989 年 4 月 15 日，胡耀邦逝世。22 日，十萬學生在人民大會堂外悼念胡耀邦；學生代表郭海峰、張智勇、周勇軍三人在大會堂台階頂下跪，向總理李鵬提交《請願書》，惟李鵬始終沒有露面。[1]

4 月 23 日，「北京市高等院校學生自治聯合會」（「高自聯」）成立，學潮迅速蔓延到西安、長沙等大城市。由於學生爭取民主的行動得到教師、知識分子及新聞界的普遍支持，運動遂向社會蔓延，形勢急轉直下。

4 月 25 日，即在趙紫陽出訪朝鮮後的第二天，中央政治局常委李鵬和楊尚昆在會見鄧小平後決定將學運定性為「動亂」。26 日，《人民日報》根據這個決定的精神發表〈必須旗幟鮮明地反對動亂〉的社論。（1995 年 12 月，趙紫陽在接受楊繼繩訪問時表示：「『四‧二六』社論把大批人推到另一邊，引致那麼多人聲援，那麼多人擔憂。『六四』的根本問題是『四‧二六』社論，引出空前規模的群眾抗議。」）

5 月 4 日，趙紫陽在亞洲開發銀行理事會第 22 屆年會上講話時說：「他們〔學生們〕絕對不是要反對我們的根本制度，而是要求我們把工作中的弊病改掉。……中國不會出現大的動亂，我對此具有充份的

---

1 近年在網絡上流傳《李鵬六四日記》特別透露他當時並不知情而非失信沒露面：「由於我（李鵬）在追悼會後就離開大會堂，對那裏所發生的事並不知道。」此說是否屬實，不得而知。

信心。」趙紫陽的溫和講話與「四‧二六」社論的基調明顯不同，這直接激化趙紫陽與李鵬及元老派之間的矛盾。鄧小平更無法原諒趙紫陽推翻他自己對這場運動的評價。

5月11日，王丹、吾爾開希、馬少方、程真、王文及楊朝暉等人考慮到蘇聯改革派領袖戈爾巴喬夫快將訪華，決定在13日發起絕食。13日，20多個院校的200多名學生，在千多人的護衛下，進入天安門廣場絕食，藉此行動向中央施壓。儘管趙紫陽勸說學生必須克制，以免破壞中蘇高峰會議的進行，學生的情緒卻轉趨激烈，並否定所有妥協的主張。〔封從德在其《六四日記》中指出：「本來，學運組織並不贊同絕食，尤其是名義上是最高組織的北高聯〔高自聯〕。……然而，一些個人借助『明星效應』，拋開組織，居然成功發動『個人絕食』，外界就更把這些明星誤認為學運領袖，這些『領袖』也就更能凌駕於組織之上。十分滑稽的事，外界不知道，發起絕食的吾爾開希與王丹雖被普遍認為是北高聯〔高自聯〕的主席、領袖，而實際上他們當時連正式常委都不是」；「非程式行為從違反組織決議的『個人絕食』開始，打開潘朵拉的盒子，學運亂象自此一發而不可收拾。這是我以後才明白的。」王丹寫的有關「六四」的回憶錄證實了絕食不是高自聯的決定，它是以「個人身份」發起的：「儘管我〔王丹〕現在與當時的高自聯核心人物王超華是好朋友，但是在絕食的問題上我們是針鋒相對的，因為她是堅決反對絕食的一方」，「之所以是以個人身份，是因為現在我和〔吾爾〕開希等都已經不是高自聯的常委。」在動機方面，王丹表示發起絕食的主要考慮有三點：第一是其他手段（請願、靜坐、遊行、罷課、對話）都已經試過，但全不奏效；第二是因為絕食是非暴力抗議方式，符合他們的「和平、理性、非暴力」的原則；第三是希望通過絕食行動來喚起各階層人民及世界媒體

的關注，進一步向政府施加壓力。[2]

5月15日，戈爾巴喬夫抵京。由於廣場急需一個能代表絕食同學的權威組織，因此「絕食團」指揮部就產生了。而高自聯開始意識到喪失對運動領導權的危機，反過來支持絕食，試圖重新取得運動的領導權，在廣場上同指揮部的摩擦就不可避免。（封從德在其《六四日記》中說，不清楚他當時的妻子柴玲是何時、在何等情況下成為「絕食團」的總指揮。王丹在其有關「六四」的回憶錄中則披露，柴玲早於12日晚就與他聯手在北京大學廣播站進行演講，動員同學參加絕食。）

5月16日，趙紫陽與戈爾巴喬夫會晤時公開表示：「十三屆一中全會有一個正式決定，就是遇到最重要的問題，仍需要鄧小平掌舵。」17日，北京爆發了百多萬人上街聲援絕食的大遊行，不少人將矛頭直指鄧小平。同日，全國有27個城市的170所高校學生上街遊行，聲援北京的絕食學生。（趙紫陽後來憶述這段往事時說：「我的這篇講話，一舉解決了兩個問題：為甚麼鄧戈會晤是中蘇的高級會晤；鄧目前仍是中共最高決策者是中央全會決定的，組織上是合法的。我當時感到這次講得非常得體，既解決了問題，形式也很自然」；「後來我才知道，鄧的家人及鄧本人對我的講話不僅不高興，甚而非常惱怒」；「『六四』後，他〔鄧小平〕在接見美籍華裔學者李政道教授時說過，趙在學生動亂時把他搬了出來，實際上是講我把鄧拋了出來，社會上也有這種看法。我在會見戈爾巴喬夫時，談了有關鄧在我國我黨的地位。這番話完全是要維護鄧，結果引起大誤會，認為我是推卸責任，關鍵時把他拋出來。這是我萬萬沒有想到的。」[3]）

---

2　見王丹：《王丹回憶錄——從六四到流亡》，台北：時報文化出版社企業股份有限公司，2012年。

3　見趙紫陽：《改革歷程》，香港：新世紀出版社，2009年。

5月18日上午，李鵬、李鐵映、李錫銘、陳希同、閻明復等人在人民大會堂會見吾爾開希、王丹、王超華、程真、邵江、熊焱、王志新等絕食學生代表，會談沒得出結果。是日下午，鄧小平在中央政治局擴大會議上作總結性講話時說：「這是一場演變為有組織、蓄意製造的政治動亂，已發展到反革命性質的暴亂」；又批評趙紫陽「公開黨內分歧，站到支持動亂的立場上」，建議即時「暫停趙的黨內職務，又明日召開會議，宣佈實行戒嚴以維護首都社會治安。」

5月19日凌晨四點，趙紫陽到廣場看望絕食學生，並對他們說：「同學們，我們來得太晚了，對不起同學們。⋯⋯現在最重要的是希望盡快結束這次絕食。」是日晚上，李鵬在中共中央、國務院首都黨政軍機關幹部大會上宣佈戒嚴令，並從外地調派解放軍進京，這表明黨內強硬派取得勝利、溫和派徹底失敗。

5月下旬，北京學生及市民無懼戒嚴令，繼續大規模地上街遊行示威，要求「撤出軍隊」、「取消戒嚴」、「維護憲法」。又組成糾察隊和各類自治團體，包括「保衛天安門廣場指揮部」、「首都各界愛國維憲聯席會議」、「外省赴京高自聯」、「北京知識界聯合會」、「北京工人自治聯合會」、「北京工人糾察隊」、「北京市民敢死隊」等等，令中共擔心中國出現波蘭團結工會那樣的獨立群眾組織。北京遂陷於半癱瘓、無政府及人民自治的狀態，而學運也轉化為一個龐大的民眾運動。隨着大量外地學生陸續湧進北京，整個運動變得更加強大、複雜、激烈及難以控制。27日上午，由十個廣場組織召開的聯席會議經過討論後決定：正式建議廣場學生在5月30日結束廣場保衛戰，回到學校，轉以校園民主、全國巡迴演講等方式繼續民主運動。王丹回憶說，當時柴玲作為「廣場指揮部」總指揮也在座，並同意了撤出廣場的決定；沒有想到的是，當他在是日下午向廣場學生宣佈聯席會

議的決定後，柴玲突然向學生表示聯席會議的聲明只是建議，廣場上的全體同學才是最後的決定者。隨後進行了 300 多所在場高校代表的表決，大部份代表否決了撤離廣場的建議，撤出的努力就此失敗。對這一次關鍵性的決定，柴玲在其回憶錄中解釋說，她本來同意了撤出的建議，但是回到廣場之後，遭到李祿的強烈反對，最終令她改變了想法。[4] 28 日，柴玲批評廣場上一些不良現象：「外地來的同學，本來是說到北京聲援，現在卻要在廣場上奪權！有的同學來北京白天遊長城，晚上回廣場睡覺。你們想一想，你們到底是來幹甚麼的？！」29 日，封從德在回應記者的問題時同樣指出：「目前廣場上多是外地同學，各個糾察隊各自為陣，山頭主義嚴重，使廣場上一切管理陷入混亂，包括財務」。[5]

6 月初，廣場秩序日難維持。〔封從德在 6 月 2 日的《日記》中解釋說：「〔這〕是因為廣場人員結構變化所致：外地同學佔八九成，北京同學幾乎都回校休整去了。……外地同學既成主體，他們不僅通過『營地聯席會議』參與決策，自然也要求參與廣場運作。……他們有些人為了取得領導權，一次次發動『政變』騷擾指揮部和廣播站。……這使我聯想到中國〔二十世紀〕二三十年代的軍閥混戰。」〕由於戒嚴令未能生效，而民眾又堅守天安門廣場，中共強硬派終於在 6 月 4 日出動軍隊清理天安門廣場，以武力結束 1989 年民運，造成震驚一時的「六四事件」。

根據來自政府的數個資料，「六四」死亡人數由 300 至 900 不等。但據當時在北京的獨立觀察家估計，平民死亡人數在 2,000 至 7,000 之間，而傷者的人數要數倍於此。「六四事件」後又出現了全國範圍

---

4　見柴玲：《一心一意向自由——柴玲回憶》，香港：田園書屋，2011 年。
5　見封從德：《六四日記》，台北：自由文化出版社；香港：晨鐘書局，2009 年。

的逮捕浪潮。據有關估計，僅在 6-7 兩個月就逮捕了約 4 萬人，其中數千人被判有期徒刑，數百人被處死刑，大多數被判刑的和所有被處死的都是工人和其他普通市民。